U0327484

通安文脉

李志军　金德政　黄忠华 ◎ 主　编

苏州大学出版社

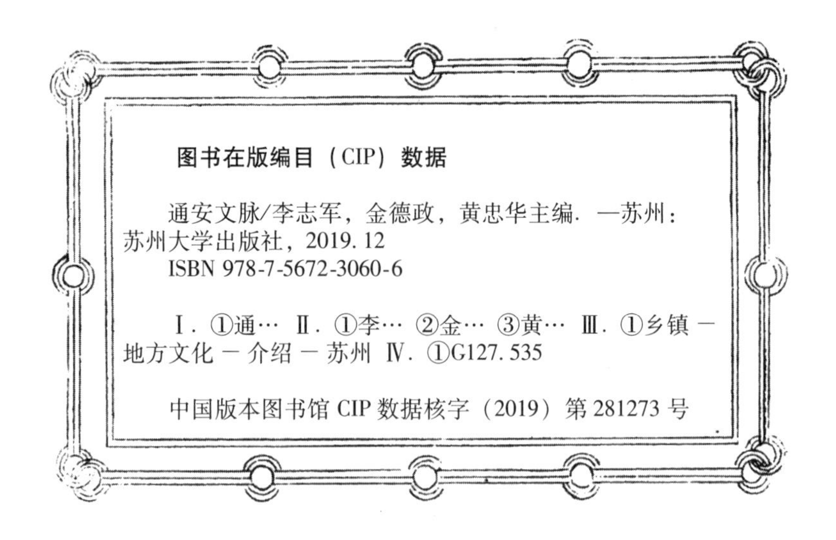
图书在版编目（CIP）数据

通安文脉/李志军，金德政，黄忠华主编. —苏州：苏州大学出版社，2019.12
ISBN 978-7-5672-3060-6

Ⅰ. ①通… Ⅱ. ①李… ②金… ③黄… Ⅲ. ①乡镇－地方文化－介绍－苏州 Ⅳ. ①G127.535

中国版本图书馆 CIP 数据核字（2019）第 281273 号

Tong'an Wenmai
通安文脉

主　　编：李志军　金德政　黄忠华
责任编辑：倪浩文

出版发行：苏州大学出版社（Soochow University Press）
社　　址：苏州市十梓街 1 号　邮编：215006
印　　刷：镇江文苑制版印刷有限责任公司
网　　址：www. sudapress. com
邮购热线：0512-67480030
销售热线：0512-67481020

开　　本：700 mm×1 000 mm　1/16
印　　张：17
字　　数：246 千
版　　次：2019 年 12 月第 1 版
印　　次：2019 年 12 月第 1 次印刷
书　　号：ISBN 978-7-5672-3060-6
定　　价：85.00 元

发现印装错误，请与本社联系调换。服务热线：0512-67481020

编 委 会

目 录

风雅通安文脉长（代前言）

通安位于茫茫太湖和巍巍阳山之间，倚山傍湖，坐拥湖光山色，地理位置可谓得天独厚。通安的名字来源于横跨浒光运河之上的通安桥，有通达安康之意。虽然独立建置时间不长，但千百年来，无数先民在这片热土上辛勤耕耘劳作，弦歌不断，在创造了物质文明的同时，也留下了悠长的文脉，其影响至今未绝。

一

早在新石器时期，通安就有人类活动的痕迹。通安境内的华山遗址就曾出土过从马家浜文化到良渚文化，以至商周时期的相关器物，年代跨度长达数千年之久，内涵十分丰富，在江南乡镇中极为罕见，可见先民们对通安这片土地的钟爱。

春秋时期，通安因和轰轰烈烈的吴越争霸事件密切相关而名垂青史。通安的阳山一带因风水绝佳而成为吴国王室及达官显贵的葬地，吴王夫差在穷途末路之际，亦逃向阳山，最终被越军俘虏自杀后礼葬于此，吴越争霸至此曲终。但通安至今仍留有殳山、淹马、平王山等地名，见证着当年杀声震天的激战场面。

除了夫差墓外，通安一带还安葬了夫差小女琼姬。虽然琼姬生平不详，但无碍于后世文人墨客的追慕。检诸典籍，有关琼姬墓的诗篇颇多，其中不乏高启、徐贲等著名才子的佳什。明人刘炳春天来此凭吊，留诗云：“野花凝粉钿，琼姬醉时面。夕露柳丝长，琼姬晚黛妆。行人坟上莫回首，一顾春风一断肠。”清人顾宗泰秋日来此访古，亦撰诗云：“一夜乌啼月，香魂闷小邱。花疑红颊恨，柳似翠眉愁。罗绮浑非昔，泉台已入秋。若知倾国怨，肠断五湖舟。”红颜已去，香魂已远，但山林间春日的野花柳丝、秋夜的月落乌啼依然如故。无论是春天来的刘炳，还是秋天来的顾宗泰，都不约而同地写到了“肠断”二字。正是因为琼姬墓，使吴越争霸给通安留下刀光剑影之外，还留下了一曲温柔的遗响。

吴越争霸还在通安留下了可以触摸得到的珍贵财富。1986 年 4 月，在通安严山石矿开采过程中，发现了 400 余件珍贵的文物，其中软玉器 200 余件，有璧、钺、环、璜、瑗、琮等贵重礼器，还有珮、镯、珑、珌、珠等精美装饰品。其余为各色玛瑙、绿松石、水晶器等。其品种之多、纹饰之美、雕琢之精、工艺品位之高，令人叹为观止，显示出了吴国当时的强盛和典雅。通安严山玉器的发现引起了巨大轰动，甚至有人称之为有史以来发现的最精美、最重要的宝藏之一。

二

春秋之后，通安在 2000 年左右的岁月中稍显沉寂，见于史籍中的记载寥寥，直到明代中期以顾元庆为首的隐士群体的出现，此前荒凉寂寞的阳山大石坞一带也因他们的隐居而变得名流云集，风雅无比，甚至名扬天下。

顾元庆出身于世居黄埭的望族埭川顾氏，其父顾岩入赘阳山李氏，徙居通安里，并继承了阳山李氏的丰厚家产。这使得顾元庆从小就无生计之忧，肆力于学问，师从吴中大儒都穆，后来又成为位高权重的王鏊的妹夫，再加上其学识渊博，热情好客，一时名重士林。顾元庆还在大石坞中营造了玉麈涧、青松宅、毛竹磴、杨梅冈、拜石轩、宜晚屏、款云亭、招隐桥八景，并为诗咏之，为文记之，产生了广泛影响。

在顾元庆的感召之下，隐士们纷纷前来。岳岱隐居于阳山白龙坞，王济隐居于阳山戈家坞，都和顾元庆隐居的大石坞相距不远。三人均博雅好古，于仕宦、治生等俗务了无措意，意气相投，同时隐于阳山，结为泉石之盟，一起访古探幽，往来频繁，留下了众多诗篇。他们隐居的白龙坞、戈家坞、大石坞至今均为通安所辖，葱茏依旧。

在此前后，沈周、李应祯、文徵明、徐祯卿、吴宽、王鏊、都穆、唐寅、王穉登等在中国文化史上贡献卓越的文化巨匠都曾登临过通安大石山，在此雅集唱和，歌之以诗，图之以画，刻之以石。“大石联句”甚至成为一种流行的文化活动，持续多年。今天的我们仍然可以在泛黄的古籍里，在明人的书画中，在大石山斑驳的摩崖上，欣赏到这些脍炙人口的联句诗篇，追慕前贤们远去的风流。

除了大石联句外，明代大石山还曾因介石书院的存在而扬名。介石书院位于大石山下，是太仓名宦顾存仁在隆庆年间捐田一百亩所建，“介石”二字出自《易经》中的“介于石，不终日，贞吉”，有“操守坚贞”之意。介石书院里还设有子游祠堂，祭祀有“道启东南、文开吴会”之功的言偃。顾存仁经常于此讲学，培养了不少人才，贡献卓著，当时的文学大家李攀龙特撰《介石书院子游祠堂记》以表彰，此后的陈继儒甚至将顾存仁和范仲淹相提并论，可见评价之高。

崇祯年间，介石书院已经破败，云泉庵僧人欲将其占为己有，顾存仁的玄孙顾苓在大学士文震孟、兵科给事中宋先之的帮助下，驱逐了僧人，恢复了介石书院。此后又请宋先之题写了“鸣泉阁”匾，请巡抚张国维题写了“介石书院”匾，并请文坛盟主钱谦益撰写了《复介石书院记》，著名画家文从简绘《介石书院图》。《介石书院图》现藏国家博物馆，图中有黄道周、文震孟、陈继儒、侯峒曾、文震亨等人手迹及题跋，具有重要史料和艺术价值，是难得的珍贵文物。

三

在清军下江南的铁蹄声中，《介石书院图》题跋者黄道周、侯峒曾、文震亨均以身殉明。不肯与清廷合作的士大夫们不少入山做了遗民，隐居通安一带的韩洽和徐枋就是其中的代表。韩洽字君望，入清后隐居羊山（即阳山），号羊山畸人，足迹不入城市。他精研字学，尤擅诗歌，朱彝尊称其诗为明季以来吴中第一。徐枋字昭法，明亡后隐居阳山一带，自号秦余山人，为当时名满天下的“海内三遗民”之一。徐枋曾隐居金墅，“不入城市，不见一客”，因谋生无术，生活困顿，颇得金墅人张英甫所助。据徐枋自己所述，“余遘疾病，则英甫任医药之费；余遘祸患，则英甫挺身捍之”，甚至在徐枋渡太湖时，张英甫还“怀刃自随”，可见对徐枋照顾之周全。张英甫去世后，徐枋为撰《张英甫传》，对这位金墅人的感念之情，溢满字里行间。

土生土长的通安文人中，清初的陈炳最为著名。陈炳字虎文，世居阳山西二里的裘巷村，他弱冠丧父，侍母至孝，其妻俞氏去世后不再娶，虽苦志读书，但不屑于科举，致力于学问，工诗，擅书法，精篆刻。其诗远追魏晋，曾有“松顶红裙拖绿上，山腰白鸟破青飞”之句被传诵一时。他虽仅为一介寒儒，但名满吴下，时人均尊其为阳山先生。陈炳著有《阳山草堂诗集》十卷传世。当时的名士彭开祜、黄中坚、王闻远、蔡家驹等人均为其作序，陈炳去世后，黄中坚和蔡家驹还为其撰写了小传，探花徐葆光也为其撰写了墓表，可见陈炳在当时的影响。

陈炳之外，清代金墅有两位烈女也颇值得关注。一是康熙年间的周烈女，史载其“容质端丽而性贞静”，善于持家，勤于纺织，并烧得一手好菜。周烈女从小就许配给了彭山人何衷宸，两人尚未成婚，某日何衷宸忽然病卒，周烈女之父在外经商未归，其母以为女儿可能不会为未婚夫过于伤心，就没放在心上，不料得到消息的次日，周烈女就悬梁而死，死前还梳妆打扮一新，年仅十九岁。无独有偶，乾隆初年，世居金墅的儒士夏汧有一女，“幼有至性，父母甚爱之”，许配给本县人王本石，未婚而王本石夭亡，得知消息后，夏女在当天晚上就趁家人不备，怀揣着王家的大红聘帖自尽，年仅二十六岁。周、夏二位烈女同为金墅人，同是以身殉未婚夫，凋谢在花样年华中。这样的人间悲剧却被当时的官府和文人们树为榜样，广泛宣扬，封建礼教对女性的毒害由此可见一斑。

颇值一书的还有通安、东渚交界处的阳抱山。该山海拔仅 20 余米，但“山不在高，有仙则名”，用唐人刘禹锡的这句名言来形容阳抱山确实恰如其分，这座普普通通的小山曾安葬了在中国历史上颇有影响的廉石主人陆绩、著名画家朱德润、状元朱希周、大儒朱用纯等人，可谓明星云集，堪称苏州的文化圣地之一，他们也是通安文脉的重要组成部分。

四

历史上的通安物产丰富，明清时期，今通安一带所产的优质大米被称为芦花白，九月方熟，米粒饱满，享誉苏州。所产的杨梅也颇有佳名，以至于清初官至巡抚的直隶定州（今属河北）人郝浴也曾前来购买。而白墡岭的白墡、白龙坞的兰花笋和白龙茶，以及阳山的松花蕈均是众多文人墨客吟咏不绝的名产，也为通安的文脉增添了绚烂的篇章。

今天的树山村有白墡岭、白墡坞，均因曾盛产白墡而得名。白墡即白垩的别名，属于高岭土的一种，用途广泛。早在唐代，白墡岭的白墡就成为法定贡品，《元和郡县图志》《吴地记》均有记载。南宋人范成大在《吴郡志》中详细记载了阳山白墡的开采和质量情况："凿山为坑，深数十百丈始得。初如烂泥，见风渐坚。腻滑精细，他处无比者。"从"他处无比者"的记载中，可见阳山白墡的质量之高。清代官府还屡次禁止私采白墡，相关碑文至今仍存。清初阳山朱鸣虞之所以能够"富甲三吴"，据说就和独占了白墡开采权有关。不过白墡开采风险很大，不少人因此葬身其中，自宋人范成大，到清人凌寿祺，都曾为此作诗感叹，哀民生之多艰。

兰花笋产于白龙坞中，大石坞亦有所产，因笋有兰花香而得名。惊蛰后新笋出时，满山兰花香，正所谓"修竹万竿茁新笋，错疑空谷有兰花"。最好的兰花笋出自隐士岳岱的岳园里，这里周围都是红土，只有岳园中竹林里的土是黑色，面积虽然只有半亩多，但是产笋肥大，香似幽兰。由于产量极少，兰花笋颇受追捧，很多文人墨客都竞相到此尝鲜，并且发明了风雅的射笋游戏。由于兰花笋的广泛影响，文人墨客们也留下了不少脍炙人口的诗句，清初诗人沈朝初曾作系列的《忆江南》词，其中有云："苏州好，香笋出阳山。纤手剥来浑似玉，银刀劈处气如兰，鲜嫩砌磁盘。"可见沈朝初是把兰花笋当作苏州风物的代表了。

白龙茶原产白龙坞及文殊寺龙井石壁间，只有几株，采摘困难，十分珍稀，尤其是用白龙泉的泉水烹茶，更是味道绝佳。据明人岳岱在《阳山志》中记载，白龙茶"颇异别土者，汲泉烹之，其色碧绿，香而味佳，诚不厌啜”，可见其对白龙茶的评价之高。值得一提的是，明代隐居于阳山大石坞的顾元庆为著名茶学家，编纂有《茶谱》一书，成为中国茶文化史上的名著之一，影响深远，这和阳山特产白龙茶应该也是分不开的。今天通安的云泉茶可以说和旧时的白龙茶是一脉相承了。

通安近山一带盛产蕈类，其中味道最鲜美的当属松花蕈。松花蕈又名黄雷惊，为惊蛰雷生时所产，嫩黄如染色，似松花，故名松花蕈。清人凌寿祺有《松花蕈》诗云："连朝微雨湿青芜，草木华滋清且腴。礼食芝栭崇内则，山家松菌说东吴。茯苓久作仙人馔，兰笋同充香积厨。颜色拟来名未称，中馗曾记释蔬无。"松花蕈和兰花笋曾并列为阳山两大美味，故清人宋元枢有诗句云："那知松菌兰花笋，独占此间判食单。"

五

通安的文脉不仅仅存在于辉煌的历史上，存在于尘封的古籍内，也存在于传承至今的多姿多彩的民俗活动及门类众多的非物质文化遗产中。

由于地处文化昌盛的江南地区的核心位置，通安的民俗活动也体现着崇尚礼仪、重节好游、讲究生活品位的民风特色，充满了不少风雅的篇章。无论是节庆节令中的翻经晒书，还是人生礼仪中的堂名宣卷，都带着浓郁的文化氛围。抬猛将、祀龙母、草鞋香、轧莲花等独具特色的民俗活动都在通安产生过重大影响。农历七月晦日金墅莲花寺的轧莲花活动至今仍盛况空前，熙熙攘攘的人流、南来北往的香客、此起彼伏的叫卖声好像穿越了历史的时空，每年都会准时在这里重现。

重现的还有一代代通安人传承下来的非物质文化遗产。通安是驰名中外的浒墅关席的主要产区，种席草、割席草、织席、卖席曾贯穿于通安人的日常生活中。悠久的席业生产也孕育出了独特的席文化，广大席农在辛勤劳作的过程中以席为歌咏对象抒发自己的真情实感，创造了不少关于席业的民谚歌谣，这些独特的民谚歌谣有的反映了席业生产的经验，有的反映了席农的辛勤劳动和对生活的祝愿，有的还是情歌，使紧张繁忙的工作过程也充满了柔情蜜意。另外还有"阳山白龙席""龙凤席”“和合席”“织席阿姐和绣花妹”的民间传说故事。这些多姿多彩的席文化也是苏州文化的重要组成部分。

草席编织技艺之外，通安现存还有云泉茶制作、苏帮木桶、刺绣、木雕、九连环、兔子灯等多种非物质文化遗产，每一种工艺背后都是长达千百年经验的口耳相传，通安的文脉也就从手艺人的指尖不断延伸，从过去到现在，从现在到将来。

山歌也是通安民间艺术中绚丽的奇葩，从金墅街到通安桥，从阳山到树山，曾经流传过很多脍炙人口的山歌，又称田歌。这些山歌是当地百姓在耕田、捕鱼、恋爱等劳动生活中创作积累而成，并经过长时期的流传发展，以抒情与叙事为主，内容丰富，形式活泼，积极向上，音律优美，成为表达情感的方式之一，具有浓郁的乡土气息，深受人民大众喜爱，至今仍传唱不绝。

古人云：“鉴于往事，有资于治道。”今天，我们对通安文脉进行系统性的梳理，不仅仅是为了回顾和纪念，更希望通过这项工作，推动通安的文化建设继续走向深入，在新的时代，创造出新的辉煌。

第一章 考古文物

早在1万多年前的旧石器时代，苏州就有人类活动的痕迹。20世纪80年代中期，位于通安镇西南部的太湖三山岛村民，在采石时发现有哺乳动物化石的裂隙堆积，随后考古人员进行了田野发掘，出土了大量石器以及哺乳动物化石，三山岛古文化遗址从此揭开了神秘的面纱。这是已知最早的吴地先民生活遗存，也是长江三角洲地区仅有的旧石器时代古文化遗址。

通安地区开始有人类活动是从新石器时代开始的，华山遗址就是其中的代表。此后的鸡笼山、金刚山石室土墩及真山墓葬、严山窖藏、古井群等都是商周时期的文化遗存。尤其是真山墓葬和严山窖藏，出土了大量精美的文物，成为我们了解春秋时期国力强盛的吴国相关情况的重要桥梁。至今通安区域还存在有古桥、古宅、古街、古寺院及摩崖石刻等文物古迹，默默地见证着这片土地的发展历程。

第一节　华山遗址：自新石器时代而来

华山遗址位于通安东北苏钢厂内的华山南麓，312 国道东。东边不远即为京杭大运河。遗址现仅残留在集团办公楼西南的绿地范围，其余则被公路与厂方所占压破坏，现面积约有 14000 平方米，遗址堆积层厚约 1.5 米。

华山遗址在 1957 年由南京博物院调查发现。在山体南北两麓的耕地上采集到很多陶片与石器。陶片以几何形印纹硬陶为主，也有泥质红陶与粗砂红陶片等。地面上还有唐、宋及现代瓷片。

1965 年，南京博物院曾经试掘了 160 平方米，试掘得知，表土 0 至 0.5 米为黄土，与山坡地表相同，内有含夹砂陶碎片，还有许多具有春秋战国特征的印纹硬陶，以及汉代绳纹砖瓦等。之下有比较纯净的良渚文化地层，出土有良渚文化的小口平底弦纹黑陶壶。在最下层的地层中，还普遍存在有红烧土遗存。其中有木炭渣、兽骨、红衣陶釜、红衣陶罐等。

这次考古出土有马家浜文化的豆、釜，另出土有良渚文化的泥质灰陶豆、壶，以及石刀、石斧、石镞和商周时期的几何印纹硬陶。遗址年代跨度大，内涵丰富，揭示了从马家浜文化时期起一直就有人生活在这里。

2010 年，苏州市考古研究所和中国社科院考古所组成的联合考古队对华山墓地 D15 进行了发掘，在墩内又发现多座墓葬，以三座战国墓葬时代为早。其中编号为 M5 的墓地由山体下凿形成竖穴式墓坑，墓口南北长 3.4 米、东西宽 2.8 米、深 1.5 米，南面有一条南北长 3 米、东西宽 1.85 米、深 0.25—0.5 米的墓道，平面呈“甲”字形。墓内随葬器物大部分放在东侧边厢内，出土器物 29 件，主要为陶器，有鼎、豆、钫、匜、盆以及陶郢爰、陶俑头以及铜镜、玉璧等。

编号为 M7 的墓地墓坑南部打破基岩，其余部分堆筑碎石与泥土形成墓坑。墓口南北长 4 米、东西宽 3.1 米、深 2.4—2.6 米，共出土器物 30 余件，除有陶礼器鼎、豆、壶以外，还出土青瓷提梁盉、盖豆，出土 1 件玉带钩，钮部刻有“趞”字，可能为人名。另外还出土铜器物件，盆、耳杯、镜等以及铜“砝码”。华山调查发现此类土墩墓共有 15 座，其中多为竖穴岩坑墓，埋葬集中，规格较高，应为贵族墓葬区。从此次出土文物来看，此地应属于战国中晚期楚国墓葬区。

第二节　金刚山土墩：史上首次发现石室建造的工作台面

树山村位于大阳山北麓，北靠通安镇区，整个村坐落在阳山与鸡笼山的环抱之中。金刚山位于树山村南，为一座高约 27 米的南北向小山岭，南侧与阳山相接。2013 年春季，苏州市考古研究所和中国社科院考古所组成的联合考古队在调查中发现南北走向的金刚山山岭上有 3 座土墩遗存，自北向南依次编号为 D1、D2、D3。D1 位于南北走向的金刚山山岭最北端，南距 D2 约 50 米，呈馒头状，东西径 15 米，南北径 20 米，高 4 米。D1 上发现有被盗掘的痕迹，发现有深约 2.6 米的盗洞。2013 年 5 月至 9 月，联合考古队选择 D1 和 D2 进行抢救性发掘。

发掘采用实时动态技术，纳入大地坐标系统进行测绘。先采用二分法，保留南北向隔梁，了解封土情况。揭掉表土后发现了东西向石室，遂打掉隔梁。同时为了解土墩的结构和黄土台的堆积状况，在局部采用小探坑发掘的方法。

在土墩的封土下，紧贴石室南部发现土台 1 个。土台呈东西向长方形，与石室走向基本一致。经发掘确认土台分 3 层。在土面上发现柱洞（柱坑）、沟槽等遗迹。地表土揭掉后发现石室。石室为东西向，长约 11 米，底宽约 2 米。石室最高 2.35 米，是用块石垒砌而成的。石室顶部仅残存 2 块盖顶石。石室整体向北倾斜。北壁向北倾斜，南壁向北倒塌在石室里。

对 D1 现代盗洞的剖面进行清理后，发现石室的后壁由一块巨石封堵，盗洞打在巨石之外，所以盗墓者并未通过盗洞进入墓室内。石室上部已经塌陷，大量石块倒塌在石室内。盖顶石共发现有 5 块，石室中部偏东位置 2 块盖顶石仍覆压在两壁之间，另外 3 块已被移位，坍塌倒置在石室北部。大量硬陶片夹杂在石头缝隙中。经过拼对发现两件硬陶坛，无法复原完整，据推测，可能在唐宋时期盖顶石尚未坍塌，石室空间尚好时被盗扰。

墓室包括石室、封门、喇叭状通道三部分。石室为东西向，长约 11 米，底宽约 2 米。石室最高 2.35 米，是用块石垒砌而成的。石室顶部仅残存 2 块盖顶石。封门位于石室东侧，封门外有一条喇叭状通道。通道长达 3.8 米，西宽约 1.2 米，东宽约 1.5 米。通道北壁与石室北壁呈一条直线，通道南壁与石室南壁呈 15°夹角。石室内发现有叠压关系的墓葬 2 座（M1、M2）。M1 出土有原始瓷碗和印纹陶罐，时代为春秋时期。M2 出土有原始瓷豆、印纹陶坛和泥质陶盒等，时代为西周中期。

根据土质、土色和包含物的不同，可将土墩的堆积分为 6 层。第 3 层为夹杂大量碎石的红土层，为早期的墓葬封土。石室和黄土台 T1 开口于此层下。在土墩发掘过程中一直注意是否有器物坑的存在，在紧贴石室南部外侧发现有比较纯净的黄土台面。土台开口于第 3 层下，呈东西向长方形，已发掘部分长 9—10 米，宽 4—5 米，台面平整，紧贴石室南壁，与石室走向基本一致。受限于发掘面积，只揭露了黄土台的部分范围。

经解剖确认 T1 堆积分 3 层。第 1 层为纯净的黄土堆积，在黄土面上发现柱洞 13 个，沟槽 6 条。第 1 层边缘部分有疑似版筑痕迹。第 2 层为灰黑土堆积，发现柱洞1个，灰沟3条。第3层为黄土堆积，发现柱洞2个，沟槽2条。柱洞直径一般长10—20厘米，部分柱洞存在有柱坑内套柱洞的情况。沟槽剖面基本呈圆形或半圆形，直径长20—30厘米。沟内填夹杂碎石的红土。柱洞和沟槽推测为圆木腐朽后的孑遗。

对于黄土台的第2、3层未做全面发掘，只揭露出局部。根据沟槽的走向可以看到圆木或竖直或斜撑或平铺的不同状态。圆木及经过平整的台面组成了一处工作台，应当是建筑石室的工作面。黄土台建筑在山体基岩表面，经过三次修整堆筑加高，形成三个工作面，反映了石室逐步修建的过程。工作面的作用可能包括堆筑石室的两壁和起吊、安置盖顶石。

D2发掘采用四分法，在山顶的土墩中心布十字隔梁。发现墩内有一座东西向石室，石室上部没有盖顶石，在发掘过程中亦未发现盖顶样式的石块。石室长6.15米，底部宽1.2米，上部宽约0.8米，石室顶部因生产建设略有破坏。石室范围的中部和后部填有倒塌的石块。随葬品集中分布在墓室东部，计有夹砂陶鼎、原始瓷豆、印纹硬陶坛、泥质陶簋等12件。D2的南北向剖开小探沟面继续向下发掘至基岩，了解了石室的营建，发现山顶基岩表面铺垫了一层纯净的灰土。

金刚山D1与D2均为东西向石室土墩墓，垂直于山岭（山脊）走向。墩内2座石室土墩墓的始筑年代大致相同，但营建方式略有不同。D2是先将基岩山顶平整，清理掉山顶基岩的风化表土层，再从山下取土铺垫，待山顶形成平整的台面后再垒筑石室，石室规模较小。D1是建立在山岭的北部边缘，利用山势构建石室。具体做法是先垫土堆出构筑石室的平面，再构筑石室。由于自然地势南高北低，同时可能地基处理欠妥，加上岁月流逝，造成石室向北倾斜、倾倒。D1石室土墩为土石结构，均为就近取土取石。鸡笼山山下有多处形状不规则池塘，推测可能与取土有关。

建造石室、挡土墙等所用石料，分为两种，一种石料与鸡笼山山体本身石质一致。在D1土墩附近，发现两处石坑，可能与建造该石室时取石有关。另一种石料为花岗岩，分别是门楣处石块和石室后壁大石，这两处大石均为较大型石材。苏州花岗岩分布在西部山区，主要出产于高景山、白鹤山、横山、狮子山、金山、天平山、灵岩山、天池山、金山等山，其中距离鸡笼山 D1 最近的花岗岩山为白鹤山、高景山一带，距离约 5000 米。

鸡笼山 D1 发掘时，考古人员对土墩西北角进行过解剖，发现两道挡土墙。挡土墙用大石块堆砌，堆筑在石室四周，呈长方形或方形。根据考古发掘，可以复原石室的建造。首先在外围堆筑长方形挡土墙，然后在内侧填塞石块泥土，等形成平面后，再进一步在此平面上起阶，这样逐渐建立石阶，从而形成不同高度的平面，再在此平面上堆筑起石墙通道。

埋葬制度作为意识形态中的一种，也必然会反映出许多特点来。石室墓的产生，正是由于水网地带人民经济生活所决定的。水乡的人活着的时候生活在动荡不安之中，而死后期望能葬在高处，以免受风浪之扰。这种择高而葬的埋葬方式也是江南葬俗的渊源。

石室内“一室多墓”现象是石室土墩墓中广泛存在的一种现象。在浙江长兴弁山，慈溪市彭东、安东等地都有发现。石室内“一室多墓”现象实际上也是一墩多墓现象的另一种表现。石室的“多次利用”，不仅存在于先秦时期，也存在于先秦以后。先秦时期，石室构筑好不久，“多次利用”表现为利用石室再次埋葬。先秦以后，江南地区的墓葬形式发生了巨大变化，从山脊走向平地，在汉代新出现了大量平地堆筑土墩埋葬的现象。此时开始，具有空间结构的石室被用作其他用途，比如通安鸡笼山石室内发现的汉代五铢钱钱范，浙江也有六朝墓葬埋在石室内的情况。石室土墩墓性质的多元说，实际上是石室在不同历史时期被人类用作不同用途的反映。

这次金刚山虽仅发掘两座土墩，但从多方面促进了对石室土墩墓这一江南地区独特的墓葬形制的认识，石室建造的工作台面及相关遗迹在石室土墩考古中首次发现。虽保存情况不佳，目前尚不能复原当时的构筑方式，但为研究石室的营造方式以及当时的工艺技术水平提供了切实资料。两座石室由于位于山体不同位置，采取了不同的构筑方式，这一发现为研究此类墓葬的营建方式提供了资料。两处石室土墩的建造年代为西周至春秋时期，早于木渎古城，也为探讨木渎古城建城前本地历史状况及建城基础提供了线索。

第三节　鸡笼山土墩：建造牢固，规模宏大

通安鸡笼山是阳山北麓余脉，一名鸡峰、启龙山、憩龙山。山体由流纹岩构成，位于阳山北部的树山村。距离太湖东岸约10千米。山北面约400米处即是浒光运河。真山吴楚贵族墓地在北部4至5千米处，山的西边1000多米为树山。鸡笼山主峰海拔109.5米；次峰朝西山位于主峰北400米，海拔70.1米；次峰珠冠山位于主峰东北600米，海拔45.8米，最高峰实际上是一座石室土墩。

苏州博物馆早在1995年就对鸡笼山土墩进行过调查，共发现石室土墩9座，由于秉承着原址保护、最小干预的原则，并未主动进行考古介入。2006年，位于鸡笼山山顶的石室土墩墓遭到了盗掘与破坏，其中D1顶部出现2处盗洞，并有部分文物出土。有群众捡到石室内出土的器物上交，有玉璜、玉珏以及青铜器残件等。热心群众向市里的文物部门反映了这一情况，于是苏州市考古研究所、苏州博物馆、高新区教育文体局联合对盗掘比较严重的3座土墩进行了抢救性发掘。这次情况特殊，在向国家文物局申请的同时，又重新对周边做了调查，并对其中3座土墩进行物探调查。经过调查，在之前基础上新发现2座，共发现有石室土墩11座，对位于西侧的主峰上最大的一座编号D1。

鸡笼山D1是一座大型的石室土墩，土墩形状呈馒头形，顶部略平。

墩顶东西长17米、南北长10米，墩底南北长30米、东西长40米，高有10米。考古人员首先对封土进行了解剖，按照土质和土色把封土分5层，了解了封土的堆筑过程和分布状况。土墩最上面一层为表土层，下面共堆筑了四层封土。第3层封土下整个表面覆盖有大量大小不一的石块。石块的作用可能一方面利于攀爬堆土，另一方面可以防止盗挖。第4层土内也夹杂一些石块。第5层为红褐色土，基本都是由棕红色的小石块堆积而成，填满整个通道以及石室的上方，形成整个土墩坚固的中心。

封土下即为石室，石室呈西北东南走向，石室内部长10.6米，底宽1.84米，高4.6米，有一个狭长的内部空间；石室底部宽上部窄，向上逐渐内收，形成“A”字形断面。石室后壁用一块巨大的三角形石块封堵，石块高4米，厚0.3米左右。石室的顶部用长条形大石横向平铺盖顶。石室内地面还平铺了一层石板，厚约1厘米。由于年岁已久，盖顶石也有松动，水土流失，封土顺着盖顶石间和盗洞等地方淤积进来。日积月累，石室内也已经淤塞满了填土。考古发掘按照层位对石室内的填土进行了清理。

鸡笼山D1共出土文物合计218件（粒）。种类有陶器、瓷器以及玉石器等。这些文物主要出土在3个地方。有封土内，还有盗洞内，大部分在墓葬的石室内。在石室填土的第5层下出土了13件红陶钱范。陶范呈长方形，为夹砂红陶，分背范、面范两种。面范模印反文“大布黄千”四字篆文。石室填土第6层下就是石室底部，铺有一层石板。铺地面上共出土玉璜、玉玦、玉冲牙以及绿松石珠、玉片等198件（粒）。鸡笼山D1出土的夔纹玉璜，在真山大墓D9M1也有发现，形制接近；松石珠、管也与真山大墓出土器相似；拣选出的一件小玉器，鸡骨白色，与严山窖藏出土玉珑相近。发现的玉璜与真山大墓D9M1的形制很接近。

通过考古发掘，了解到整个土墩结构包括封土、石室、甬道、通道、外围挡土墙5部分。每一部分的构筑当时都消耗了大量的人力与物力。这是一座高等级高规格的大墓，石室为墓葬的墓室。这个土墩是鸡笼山西部最高峰，是所有的这些石室土墩中最大的一座。石室的建造和挡土墙建造，用了很多石料，都是从附近采石搬运上山的。石室营建好以后，又从山下大量取土搬运上山。在生产力低下的青铜时代，如此大体量的建筑工程，也是耗费了大量的人力物力。这是一座高等级的贵族大墓，只可惜墓室经过盗掘，也没有出土有关文字或其他材料，墓主人到底是哪位曾显赫一时的显贵已经无从知晓。

这个石室墓葬在营建好以后就一直矗立在山巅，成为鸡笼山的最高峰。在汉代的时候，有人发现并且进入石室内部，利用石室私铸铜钱，出现了“大布黄千”的铜钱陶范。从汉一直到清，也一直处于暴露的状态下。明清时期有人利用石室存放亲友的骨灰罐，把石室当作亲人的墓地使用。

鸡笼山石室规模宏大，运用了大量的石材，建筑材料本身具有坚固性，加上合理的选材和结构设计，室内的剖面上窄下宽，呈梯形，还在上面盖上厚重的条石，石墙外设置有护坡等，使得石室的建造非常牢固。在生产力低下的两周时期，能够大规模地采石、取石、搬运，协作配合，构筑如此巨大的石室，并且很多石室一直屹立在山巅，历两三千年不倒，称得上是吴越地区的独特奇观。

第四节　真山墓地：吴楚寻踪，王侯归处

真山古代称甑山，旧方志称山巅有七穴，如瓦甑，故名甑山。真山位于阳山以北的通安境内，312 国道的西南侧，北西走向，长 1.2 千米，宽 0.6 千米，由 3 座小山组成，中间为主峰，东面小山称为小真山，合称大小真山。山体是火山岩。山下原有甑山寺，还有曾担任过安定与和

靖书院山长的郑震墓葬，现在均已无存。

1992 年 11 月 25 日，几位农民一起拿着一件残缺的青铜提梁盉盖，行色匆匆地赶到苏州博物馆，说是真山采矿二厂的采石场在炸山采石时发现的。苏州博物馆研究人员意识到这是一个高级别的罕见文物，马上通知相关部门。市文化局、文管会、公安局、博物馆的相关人员火速赶到文物出土地点，发现小真山的山顶上有一座竖穴大墓被炸，部分文物散失，保护现场、追缴文物的工作立即展开。到当天中午，大部分流失文物已被追回。江苏省文化厅文物处的领导随即也赶到真山视察，了解情况，布置方案。

11 月 27 日开始，由苏州博物馆和南京博物院联合组成的考古队进驻真山，开启了真山的第一次抢救性发掘工作，这次发掘了位于小真山的编号为 D1M1、D3M1 及 D6 的 3 个土墩。

小真山海拔 32. 8 米，D1 位于小真山主峰最高处，该土墩封土被炸，从北部开始发掘。D1M1 为"甲"字形大墓，凿山为穴，方向 180°，北部有一条斜坡墓道。随葬铜器 26 件，包括鼎、盉等礼器，戈、剑、弩机、箭簇等兵器，灯、印等生活用品。D1M1 出土了陶质郢爰冥币 2 块，玉璧、玉珩、玉管、玉坠等玉石器 7 件。墓中还出土了"上相邦鉨"铜印，说明墓主曾担任过楚相一职。根据出土遗物和墓葬形制判断，这是座战国晚期墓葬。有的学者认为是楚国春申君黄歇之墓。D3M1 是一座竖穴岩坑墓，时代为战国晚期。这次对 D6 的东南部也进行了发掘，这个墩是一墩多墓，发掘了其中的七座墓，均为汉代竖穴岩坑墓。

在考古发掘的同时，还对整个真山进行了勘查，共发现土墩 57 座。这些土墩位于山顶或山脊，小真山上有 6 座（编号 D1—D6），大真山上有 51 座（编号 D7—D57）。

考古队撤离以后，当地采石场又继续在大真山两侧炸山取石，即将威胁到主峰上的 D9M1。不久，国家文物局领导和专家到现场指导，在省市有关领导的关注下，苏州成立了"真山发掘领导小组"，对真山的最高峰 D9M1 进行抢救性发掘。

大真山主峰海拔 76. 9 米，最高点其实是一座土墩墓葬。调查后编号

D9。上面有高大的封土堆，封土呈覆斗形，顶部东西长 26 米，南北宽 7 米，底部东西长 70 米，南北宽 32 米。发掘采用土墩墓葬常用的四分法，以便控制地层。

D9 封土的土方量高达万余立方米。这些封土是从山下取运到山顶的，至今山下还有十几个取土所致的水塘。

D9 的整个封土由内封土和外封土组成。内外封土内都建筑有挡土墙。外封土分为上下两层，下层外封土在内封土之上，向四周扩展，形成平台。为了克服山坡下滑，使得平台的营建更加牢固，在平台上用石块垒筑 20 余道南北向石墙，中间填以泥砂。石墙、泥砂混合堆筑，形成上层外封土。

外封土底部有一周挡土墙，南北两墙间距约 27 米，其中北墙长 30.5 米、宽 0.4—0.8 米、高 0.3—0.6 米，南墙长 29 米、宽 0.5—1 米、高 0.3 米。内封土直接覆盖在墓穴之上，呈馒头状，由泥与砂石混合夯筑而成。内封土南北两端各有一条用石块垒砌的东西向挡土墙，即内挡土墙。其中南墙长 6 米，宽 0.7 米，高 0.2—0.3 米，北墙长 8.6 米，宽 0.3—0.7 米、高 0.2 米。南北两墙平行，间距约 13 米。封土内发现有大量陶片，主要是几何印纹陶，纹饰有席纹、回纹、斜方格纹，这些纹饰可以帮助我们断定时代，为西周晚期到春秋时期。

D9 的整个墓室位于主峰正中，稍微偏向封土的东南部。墓室是在基岩上向下开凿形成岩坑，岩坑为长方形竖穴，四壁不甚规整。墓葬平面为东西向长方形，墓壁不很规整，方向 273°。墓室东侧有一条墓道。墓室东西长 13.8 米、南北最宽 8 米。墓口最高处距墓底约 1.8 米。墓道长 3.6 米、宽约 3 米。墓口四周有一圈高 0.15—0.2 米、宽 0.3—0.4 米的二层台。

墓底即是棺床。棺床由石块和泥土混合堆筑而成，棺床中部及东端有两条南北向的沟槽，棺床东西长 4.5 米，南北宽 1.92 米，高约 0.2 米，沟槽宽 0.25 米，深 0.2 米。墓内棺椁已朽，根据残留漆皮的位置和范围推断，棺椁位于墓室最西端的棺床上。

D9 的墓葬经大规模盗掘，有一条长条形盗沟从封土顶部直至整个墓室，随葬物品所剩无几，主要出土在棺床上。在棺床东部发现一件已经腐朽的漆盒，里面装有天然海贝和绿松石贝；棺床中部散落着大量牌形玉片；棺床西侧发现一件腐朽的长方形漆盒，里面有玛瑙珠、水晶珠、绿松石珠和管形饰片等串饰，排列整齐。棺床西北部有八件玉器，系虎形玉牌、玉瑗、玉拱形器、玉琀等，集中放置，根据出土情况，被复原为玉覆面。在棺床西北部，还发现一件漆盒，里面装有摆成梅花形的七件原始瓷碗，再往北侧有一件盆形陶三足器。

在发掘过程中发现了一条自上而下的盗沟，盗沟上口长约 18 米，宽 3—5 米。盗沟从上至下，打破内外封土直达墓底，整个墓室内部大面积都被盗扰。盗沟内出土有遗物和陶片，可以断定为春秋时期者，说明这是一个早期的盗沟。发掘者认为属于大规模破坏性的盗掘，可能具有一定的政治因素。

D9M1 在苏州市历年出土的东周墓葬中，为最大的一座。出土文物以玉器、料器、绿松石器为主，单件算的话达万余件。绿松石、玛瑙、水晶、孔雀石珠管饰件经过统计有 1 万余粒，还有海贝 1160 枚，绿松石贝 122 枚。其中较大件玉器 30 余件，有 2 件玉虎形璜，长度 15. 5 厘米，为历年来出土于墓葬中的片雕虎形璜中之最大者。还有拱形器 9 件，也是很少见的。根据发掘者研究推断，这座规制宏伟的大墓墓主应该是吴王寿梦。

这次发掘，墓室内出土了大量玉器。特别是在棺床西北部和中部，再次发现了玉殓葬的形式，具有重要历史价值。棺床中部的牌形玉片被复原为玉衣。棺床西北部的一组玉器被复原为玉覆面。

大真山各山脊共有 53 个墩，除靠近山脚的几个墩外，均为春秋墓葬。其中仅 9 号墩为大型墓，其余均为小型墓葬。封土直径在 7—34 米之间，沿山脊分布，越往山顶规模越大。其他的土墩仅 16 号墩经抢救性发掘。

16 号墩位于大真山的北山脊上，南距真山大墓约 200 米。封土直径 34 米，高约 5 米。该墓构造也是凿山为穴，在其周围堆筑石块做成四面墓壁，石块长约 45 厘米，宽 40 厘米，高 30 厘米。墓室上宽下窄，墓口长6.9米，宽5.6米；墓底长4.3米，宽2.9米；自深3.5米，方向273°。棺已朽烂。在墓室西部出土了7个原始瓷盖碗，呈梅花瓣状排列。放置棺木后，用碎石、泥土填入墓室内掩埋堆高，没有经过夯筑。然后在墓室上继续堆高，形成封土。出土的随葬物总计为原始瓷盖碗7只、印纹硬陶瓿2件、硬陶纹轮4件、陶盘1件。这也是一座春秋时期的墓葬。

从1992年到1994年，苏州博物馆共对真山5座土墩进行了抢救性考古发掘，通过发掘确定了真山是春秋至战国时期吴楚的贵族墓地。真山墓地是目前发现的苏州最重要的东周时期的贵族墓群。在整个江苏和全国来讲，也是非常重要的一次大发现，为研究吴、越、楚文化增添了珍贵资料。

2010年4月，苏州市考古研究所和中国社科院考古所组成的联合考古队又对真山D33M1进行了发掘。D33位于真山北麓，为一座东西向土墩墓，该墓为石郭土墩墓，先在山体上铺垫碎石形成平整基础，再在其上垒砌石构建筑石郭。石郭呈长方形，分两重，其中外围东西长13米，南北长9.3米；内郭东西长7.2米，南北长6米，最高处为1.8米。石郭建好后，作为墓穴，进行埋葬墓主等活动，之后，再覆土成堆成墓。在内郭的东北角与西北部各发现一个器物坑。其中K1出土器物48件，有印纹硬陶瓿、陶罐、陶鼎、原始瓷盖碗等；K2出土器物10件，有印纹硬陶瓿、陶罐、原始瓷碗等。内郭的西南角与东南角分别被两座西汉墓葬所打破，其余位置未被后期扰动。但内郭主墓范围内不见葬具痕迹及随葬器物，说明D33墓葬在西汉时期或者汉代之前已被破坏。根据墓葬规模与随葬坑内出土器物等分析，M1为一座春秋中晚期的大型贵族墓葬。

第五节　严山窖藏：王室遗珍，巧夺天工

通安严山海拔 22.5 米，位于苏州城西 20 千米，往西距离太湖约 4 千米，往东与阳山相隔 1.5 千米，附近还有平王山、恩古山、彭山、龙山等小山头，这一带是太湖东部沿岸的低矮丘陵区。严山采石自 1958 年就开始了，到 1986 年已经开采了近 30 年，山体只剩下南坡极小的一部分。

1986 年 4 月，在通安严山东麓开山采石的时候发现了一批玉器。当时的严山交通不便，苏州市区到这里需要半天行程。文物工作者得到热心群众的反映，就马上奔赴现场。严山是通安石矿的一个矿区，由于开山，山体仅留下一半，山体全是岩石，山头覆盖着不厚的封土。除了杂草，山上几乎没有植被。

玉石器主要都在东南麓开山的宕口中发现，由于是爆破采石，玉石器的出土地点已经被破坏。根据田野调查，采石的老乡在宕口清理时，距离岩石深约 10 厘米处，发现了一个长约 2 米，宽 1.5 米，略呈长方形的土坑，坑底距离地表深约 0.5 米，被震开一条狭长的裂缝。底部排列着八块大玉璧，有几块已经震碎。坑底也由于开山，震开一条狭长的裂缝。玉器发现后，当时发生了哄抢；而大部分玉器则是在低于地表 8 米左右的开山宕底碎石屑中拣出来的。

文管会的同志马上在矿区办公室搬来两张桌子，立即设摊，不断宣传《文物法》，对上缴文物的人员进行奖励，发奖金，收文物，一直忙到傍晚。第一天征回文物 160 余件，第二天收到的文物更多、更精、更完整，第三天扫尾。文物工作者对玉石器出土地点进行了详细调查，现场

没有发现其他如陶器、青铜器等文物。由于当地爆破采石，玉器出土的原始状况已被破坏，其存放位置和组合情况已经无法知晓，丧失了一些重要的信息。

经过两三天的工作，征集了文物402件，包括玉器、彩石器和料器等。其中玉器204件，大约占了一半，分为礼器和装饰品。礼器有玉璧、玉环、玉瑗、玉璜、玉琮5种。玉璧出土有29件，玉环有10件，玉瑗有3件，玉璜有11件，还有1件玉琮。另外有各种各样种类繁多的装饰品100多件，包括虎形玉佩、鸟形玉佩、长方形玉佩。还有各色玛瑙、绿松石、水晶器和玻璃器。

严山窖藏出土玉器的数量之多，大大超过了寿县蔡侯墓；质量之高、制作之精也超过了殷墟妇好墓；窖藏中还有琮，数量众多的璜、瑗以及大型的璧等礼器发现。窖藏的主人，应当是拥有无上权力的人——吴国的王族。这样多而珍贵的玉器作为窖藏埋入地下，必然是经历了重大的政治变革才造成的，其原因可能与越灭吴的战争直接有关。

严山窖藏玉器有着鲜明的特点，它们以扁薄型的玉饰件为主，但也出现了拱形玉饰件，有的饰件起拱度接近圆周的二分之一。这类装饰件的制作难度较大，为别处所不见。这些玉器以神化、变体的神兽形象为主要装饰纹样。多有螭龙、夔鸟等形象，有的整器制作成昂首张口、匍而欲腾的神兽；有的则在显要部位雕以饕餮、兽头、鸟首等，并与整器融合一体，使这些装饰品更为古雅传神，使佩戴者的高贵、威严之仪大增。严山扁平玉饰件的装饰纹样，也以蟠屈缠绕的蟠螭、蟠虺、夔龙纹为主，细腻而繁妙，以虎形玉佩和蟠虺纹玉璧最为典型。

虎形玉佩长11.9厘米，宽3.8厘米，厚0.1—0.3厘米。共一对，形制大小相同。玉质牙白，内蕴黑斑，呈扁平体，虎形，虎作伏卧待扑状。头微昂，圆目前视，腹下四足屈蹲，前爪待扑，后足欲跃，卷尾高翘。头脊琢出扉棱，正面以减地斜切手法阴刻夔纹。反面光素，留有四道直棱锯痕。这是一对能合为一体的虎佩，据反面锯痕及玉色观察，两佩是从一块器坯上切割琢成的。两虎佩造型生动，纹饰线条遒劲粗犷，雕工豪放、刀法犀利，刻画出了猛虎矫健、凶猛的性格，充满着艺术的美感。

蟠虺纹玉璧直径6.6厘米，孔径2.84厘米，厚0.35厘米。玉色牙白，有棕褐色斑，呈扁平圆形，中有孔。璧面宽大于孔的半径。孔壁与周缘经过二次加工修磨，十分圆整。两面纹饰内外边沿，分别阴刻同心圆周，绕内区璧面浅浮雕蟠虺纹，填以羽状细线纹。该璧形制规整，构图匀称。图案纹饰以隐起的纹样作连续排布，细部适当补白，增强了画面的立体效果，表现出吴国玉工娴熟的琢玉技术。

玉器作为古代先民社会生活的一种遗物，在我国已有8000多年的使用历史。在我国古代不同社会历史发展阶段，玉器在人们社会生活中一直不曾间断地扮演着不同的角色。新石器时代中、晚期，玉器主要作为人们的装饰品使用，常见的玉器是耳饰玦和作为佩饰的玉璜等；良渚文化为代表，常见的玉器是巫师作法时佩戴的玉龙、玉鸟、玉蝉、勾云形佩等佩饰和向各种神祇致祭时使用的琮、璧等礼器。在两周时期，玉器因广泛地使用于各种礼仪活动而成为当时最为重要的礼器种类，用玉制度也相应地纳入了“周礼”的体系，反映了古代玉器的礼制和宗教功能。严山出土的大批玉器属于装饰性器物，并不是祭祀用的礼玉。其埋藏草率，很可能是在匆忙中埋入地下。有的学者认为严山所出土的玉器具有楚国的风格，可能是楚国贵族的遗物，有待更进一步的研究。

严山窖藏的发现，不仅对研究春秋时期的治玉工艺、手工业生产发展水平，以及东周时期的礼制、社会风尚等问题，提供了极为珍贵的实物资料，同时还极大地丰富了吴文化的内涵，从而为进一步探索吴地军事、经济、文化的历史，提供了不可多得的实物史料。

第六节　通安古井遗址群：见证太湖变迁

通安境域占有太湖湖面 10.39 平方千米。1976 年，通安在金墅港口与龙潭江口之间的太湖水域，筑起了一道曲尺形的防洪大堤，围湖造田，并辟为通安种殖场。湖水抽干后湖底曾发现灰黑色的井坑几十座。经调查，在这个区域的麦田内零星散落着石斧、残石镰、残石刀以及许多陶片。陶片的陶质可分为夹砂红陶、泥质红陶、几何印纹陶三种，纹饰有弦纹、叶脉纹、方格纹、细麻布纹、组合纹等。这些文化遗物的特点，与上海戚家墩遗址下层西周时期的遗物相接近，可见这里本应是一处古文化遗址。

1986 年，在通安金墅以西的太湖沿岸修筑防洪大堤，又发现有文物出土。文物部门及时赶到现场，在修筑大堤取土处，发现有古井，并清理了 4 座。这次清理的古井，距离原来的湖岸线 60—100 米。发现时仅残存了下半部。上半部由于水流冲刷，古井的开口层位已经无法判断。

清理的这 4 座古井，分为 3 种。第一种是土井坑，井口直径约 1.3 米，深约 0.8 米，井壁平滑，井内堆积满淤泥。清理出青瓷盆残片，腐烂的树枝、草绳等。第二种是陶圈井，有 2 座。一座直径 0.7—0.72 米，另一座直径 0.78 米。在全部清理完之后可以看到砌筑方式，系先挖好直径为 1.04 米—1.16 米或 0.92 米—0.98 米的圆柱形井坑，然后将陶井圈层层垒筑，坑内四周再填以泥土而形成。这 2 座古井内出土了青瓷器、陶器等文物。第三种是砖井，距离原太湖岸线 110 米。清理时只存井底部分，在井旁采集到双耳平底青瓷残罐、四系青瓷罐各 1 件，以及残井砖 3 块。查询当时该地取土筑堤的民工得知，该井是由一端带卯眼，一端有榫头的长方形带榫砖侧立盘筑而成的。

由于失去了地层，文物工作者于是根据古井的形制、建筑方法和古井内出土的遗物来推断古井的年代。2座具有陶井圈的古井在苏州的其他遗址中比较常见，出土的部分泥质灰陶弦纹罐，为汉代遗物，所以这2座古井应是西汉时期的古井。一座土坑井出土有双耳乳钉足黑陶罐，应该是战国时期的遗物。一座带有榫卯结构的砖井出土有青瓷罐，具有南朝青瓷罐的特点，应当是南朝时期的水井。加之上述提到的西周时期文化遗物的出土，可见这个区域人类活动延续时间非常长，从东周到六朝，一直没有中断。后来由于陆地沉降，水陆变迁，这块曾经颇为兴盛的人类居住点便被淹没于水下。

对太湖的形成和演变过程，目前尚无一致的看法。地质地理学者、历史地理学者依据近年来对太湖的浅地层勘探、太湖平原沉积资料以及古文化遗址、历史地理资料，对太湖的成因及演变，做过各种探索。有学者研究指出，当时今宜兴丁蜀、常州雪堰、无锡南泉、苏州胥口等地的太湖沿岸以外二三十里的湖区，均为可供先人居住的底质坚硬的陆地。至今太湖湖底晚更新世末期硬土层之上，大多仅覆有2—20厘米厚的浮泥，说明全新世开始以后，太湖在大多时间内基本为陆地，即使是潟湖形成期或是太湖成湖期内，太湖的水面和水深也都不会太大。距今2000多年前，由于太湖地区持续沉降，太湖水面因此不断扩大。更重要的是，由于长江和杭州湾边滩的堆积，促使碟缘高地高程增高，以及冈身以东地区快速成陆，导致三江在缩窄中不断淤塞，太湖排水不畅，积水加剧，太湖以及东太湖地区，水域因之显著扩大，这就是通安古井群陷落的真正原因。

通安古井群的发现，证明了现在通安太湖岸线外百米范围内有居民定居点的存在。对研究太湖的形成、变化，以及湖岸线的变迁提供了非常重要的实物例证，据此可以推测古太湖湖岸线的变迁轨迹。

第七节　其他文物遗迹：留住历史记忆

通安现在尚存有众多文物古迹，包括古桥、古宅、古街、古寺、古石刻等，择要介绍如下。

古桥主要有龙塘桥和永福桥。龙塘桥处于通安镇航船浜村龙塘港上，东西走向，为通往太湖的一个重要道口。桥始建年代无考，现存桥梁为清代重建，桥梁局部残存有武康岩和青石少许。永福桥又叫新桥，在通安镇金墅村与东泾村交界处，河道T字交汇口，南北走向，为乡村古道之要津。桥梁整体为花岗岩，跨径约3米，长度约10米，宽度约2.5米，桥两侧不设护栏，周身布满薜荔，古朴可爱，保存尚佳。

古宅主要有金墅秦宅。该宅位于通安镇金市村金市西街6号，是一处清代以来的二层民居。建筑坐北朝南，南临金市街，主厅面阔三间，进深四界，石柱础，青砖地面。宅前方形天井地面。东侧厢房被拆，西侧仍然保留。原为通安地方抗日烈士秦大江旧宅。房屋除东侧厢房被拆外，主体建筑仍在。秦宅南临金市街，东侧为银财官桥，大门正对金墅桥。门前东西向有金墅港，向西流入太湖，地理位置绝佳。

金墅老街位于通安镇政府驻地西3千米，西临太湖，农历每月初五、十五、廿五村民们至老街赶集，称“五上”，此俗沿袭至今。金墅自明代开始置镇建制，属长洲县四都四图，当时有千总驻防在镇上，防范太湖盗匪。民国时期曾设立吴县金墅区，街上有区、镇公所。1927年，金墅镇遭到湖匪洗劫后，大户人家逐渐搬走，集镇才趋于衰落。中华人民共和国成立之初为金墅乡政府驻地，到了1957年因为撤并，金墅被并入通安。旧时街道有“金市”“银街”“铜桥”之称，曾繁荣一时。现存街道全长700多米，宽2米，街面为金山石弹石路，沿河多古旧民宅。

通安镇域内著名的寺庙有金墅的莲华寺和树山村大石山的云泉寺。莲华寺原在金墅街西，又称莲花寺。该寺历史悠久，据记载始建于唐神龙二年（706）。20世纪五六十年代，该寺尚存破旧佛殿。山门内玉带河上有一青石拱形小桥，名琵琶桥，只要在桥一端以手拍、叩弹桥栏杆，另一端的桥栏杆上就能听到“叮咚”之声，酷似琵琶弦音。在寺院左右两侧，有果园30余亩，寺田百余亩。内有大雄宝殿、地藏殿、楠木殿、荷花池等建筑，规模宏大。可惜这座千年古寺在“破四旧”运动中被毁，仅存废址和2棵银杏树。20世纪90年代，当地农民开始出资捐款，经过多年的艰辛经营，古寺开始重新焕发荣光。每年农历七月晦日的轧莲花民俗活动更是盛况空前。

云泉寺原名云泉庵，在阳山北大石坞中。元大德年间（1297—1307），僧觉明入大石岩创置，以庵下有云泉得名。明清时期云泉寺规模颇大，风景优美，为阳山胜地，吸引了很多文人雅士前来游赏。太平天国时期被付之一炬。民国时曾重建，抗日战争时期又遭日寇荼毒。抗战胜利后，广大信众自发重修，自此更名为云泉寺，“文化大革命”中又被毁于一旦。2002年开始重建，经过多年的艰辛努力，现已颇具规模。

大石坞中尚存有多处摩崖石刻。明代大石山就有玉麈涧、青松宅、毛竹磴、杨梅冈、拜石轩、宜晚屏、款云亭、招隐桥八景，文人墨客常常在此雅集唱和。曾有吴宽等名人联吟的“大石联句”石刻而著名。该石刻有数百字，由太仆李应祯书于云泉庵屋壁后，“文化大革命”中被毁。现存有“夕照岩”“仙桥”“大块文章”“仙砰”等明清至民国间的摩崖石刻。

第二章 风俗信仰

通安地区的人文与苏州城区同宗同源，皆属于吴文化核心区域，民间风俗亦大体相同，源远流长，相沿成习。其间亦有别具特色的民俗风情，也是数千年通安文脉丰厚积淀所致，属于吴文化历史遗产的一部分，至今仍在民众生活中具有重大影响。限于篇幅，本章择要述之。其主要为节庆节令民俗、人生礼仪民俗、民间信仰民俗等。

第一节　岁时节令

明《长洲县志》载："吴俗始陋，繁盛荐臻。珠服玉馔，势兼利并。"通安虽先属吴县后属长洲，清朝灭亡后又归于吴县，然风俗与吴县大体无异，故引清乾隆《吴县志·风俗》可知其概："立春日迎春于东郊，竞看土牛，大户皆垂帘门外，妇女艳饰，元旦爆竹三声，然后启户，家之长幼列拜神祇，谒祠堂祖宗像，后拜尊长，以次贺岁，作春盘啖节糕。五日祀五路神，以求利达，上元食油䭔粉丸，采松枝竹叶结棚于通衢，昼则悬彩杂引流苏，夜则燃灯辉煌火树，朱门宴赏，衍鱼龙，列膏烛，金鼓达曙，名曰灯市。……二月始和，游山揽胜。清明前后，扫墓挂纸钱于冢树，人带柳圈。端午为龙舟竞渡，游船聚集，男女喧哗，管弦杂沓，投鸭于河，龙舟之人争入水相夺，以为娱乐。户贴朱符，食角黍、石首鱼，饮雄黄、菖蒲酒，簪榴花、艾叶，以辟邪。近则以金银丝为蒜形、虎形，骑人于虎，名曰健人，极细小，悬髻上。贫家则以铜丝金箔为之。七夕陈瓜果，焚香中庭，僧尼各聚男女烧香者为会，闻古有穿针、观蛛缕、乞巧之戏，今未见也。但以面作花果油煎，名曰巧果而已。十五日中元，修斋荐亡，为盂兰盆会，谓之鬼节。八月朔，取草头露水磨墨，点小儿额腹，名天灸。中秋，倾城游虎邱，笙歌彻夜，作腹会，各据胜地，延名优、清客打十番，争胜负。十二三日始，十五止。十八日昏时，游石湖，观宝带桥下串月。二十四日，以新秫米为糍团，祀灶。重阳登高，游吴山治平寺，牵羊赌采，为摊钱之戏。饮黄花酒，卖糕，作黄色，名重阳糕。十月朔，为下元，再谒墓。冬至，尊长前贺节，入腊，舂白米藏之窖中，为冬舂米，好者名四糙米。十二月朔，给孤园中人或扮灶王，手持竹枝，至人家说好话求钱，亦有扮钟馗者，至廿四日乃止。初八日，以菜果入米煮粥，名腊八粥。二十四日，拂尘祀灶名送灶，用糯米粉团糖饼，云灶神以是日上天言人过失，用此二物粘其口。是夕爆竹三声或五声，至除夜爆竹声达旦，易门神，更春帖，接灶神，封井泉，插松柏芝麻萁于檐端，画石灰于道，象犀角、米囤、元宝之类。”通安地方岁时民俗亦大体如此，故按照四季节令顺序述之如下。

一、 春季

元日，新年第一天，自古及今都是个特别重要的日子。南朝梁宗懔《荆楚岁时记》称“三元之日”。唐末韩鄂《岁华纪丽》卷一则称“三元之始”，“八节之端，三元之始，开甲子于新历，发风光于上春，七十二候之初，三百六旬之首。磔鸡斩羊，放鸠献雀……”并考证云：“《宋书》：岁朔，县官斩羊置其头于门，又磔鸡以祠之，俗说以厌厉气。裴玄以问河南伏君，伏君曰：‘是上气上升，草木萌动，羊啮百草，鸡啄五谷，故磔鸡斩羊以助生气。’”后来演化成为大年初一在门窗上贴画鸡符来驱鬼怪邪气，《荆梦岁时记》又载：“正月一日……贴画鸡户上……按庄周云：有挂鸡于户，或悬苇索于其上，插桃符其傍，百鬼畏之。”后来演变为大门贴鸡为主题的年画。

通安地区对新年第一天也格外重视，俗称大年初一，民间燃爆竹，俗称开门爆仗，穿新衣新鞋，从小孩到长辈依序喝屠苏酒，小辈向长辈敬五辛盘，以为祛邪驱魅，一年康健。明唐寅《岁朝》咏道：“海日团团生紫烟，门联处处揭红笺。鸠车竹马儿童市，椒酒辛盘姊妹筵。鬓插梅花人蹴鞠，架垂绒线院秋千。仰天愿祝吾皇寿，一个苍生借一年。”

为何新年第一天要燃爆竹，据《荆楚岁时记》云：“正月一日，鸡鸣而起，先于庭前爆竹，以辟山臊恶鬼。”宗懔的说法似乎来自汉代东方朔《神异经·西荒经》，其云：“西方山中有人焉。长尺余，一足，性不畏人，犯之令人寒热，名曰山臊。以竹着火中，爆扑有声，臊皆惊惮。”通安乡镇人家，鸡鸣之后，或在庭院或在街头巷尾，燃放爆竹，祛除疫疠，祈求平安，更据其自然属性，寓新年“步步高升”的好口采，故直接称之“高升”。

若新年初一为立春节气，则有“百年难逢岁朝春”之谚。乡农晨起，观风云以卜田事之丰歉。有“正月初一有白霜，一个稻把二人扛”“岁朝墨黑四边天，大雪纷飞报旱年。若得立春晴一日，不用力气不耕田”“初一南风五月干”“初一落雨六月旱”等谚语。至正月初八谷生日，老农要看参星卜庄稼丰歉：“参星参在月背上，鲤鱼跳在镬盖上；参星参在月嘴里，种田种在石臼里。”参星（猎户座），古代星座名，二十八宿之一，常与另外一个星座相对，即商星（天蝎座），但它们此起彼落，参星在西，商星在东，永远不会同时出现在天空中。商星，古代又称之为“大火”或“大辰”。故而《诗经》云：“七月流火，九月授衣。”古人发现大火星逐渐向西方迁移、坠落的时节，天气就开始变凉。明《长洲县志》：“谷日看参星，占水旱，爆谷占吉凶，名曰卜流。”

新年家中悬挂祖先画像（俗称喜神），供糕果、清茶。开门炮仗后，全家长幼依序展拜，清顾禄《清嘉录》：“具香烛、茶果、粉丸、糍糕，兼以糖馓，家长肃衣冠，率妻孥以次拜。”然后全家围坐吃“团圆”（即糕和糯米小圆子的甜汤），以为新年高兴团圆之佳谶。是日，禁忌颇多，有不扫地、不生火、不泼水、不可用刀、不可动用针线等习俗，意为劳碌一年放假，轻松迎新年。

以前的大年初一，作为一家之主的男性第一次出门，均要查黄历，看今年的喜神方向，走的时候要迎着喜神方向，避开太岁。如走到一座香火旺盛的庙宇，则须进去烧灶香，拜拜神灵，保佑全家平安，俗称“兜喜神方”。此日乡邻、亲戚有相互拜年的习俗，袁景澜《吴郡岁华纪丽》：“男女以次拜家长毕，出谒邻族亲友，互相往来拜贺，曰拜年。”通安乡镇老年妇女皆相携烧新年香。顾禄《清嘉录》：“郡城城隍庙及本里土地诸神祠，男妇修行者，年初皆往烧香，必经历十庙而止，谓之烧十庙香。”去的庙宇虽然有不同，但皆忌走回头路。烧香毕，回家必炷香于家堂司命诸神之前，曰回头香。袁景澜《吴郡岁华纪丽》亦云：“自献岁发春，柏烛檀香，烟光塞观宇，缁羽聚点烛钱，充终岁粮。妇女联队出，烧香必历拜十庙。盖礼以多为贵也。归则炷香于司命家宅诸神，曰回头香。”今乡村习俗如故，烧香以中老年妇女为主，并成为新年十分兴盛的民俗信仰活动。

通安一带过去初一不走亲戚，初二才开始互相走动，吃年节酒。初五则金墅镇商户接路头神。袁学澜《吴郡岁华纪丽》：“达旦忘眠，焚香肃拜，求赢横财，名接路头。”并有《接五路》诗云：“送穷迎富乐新春，里俗争酬五路神。”镇上老街店铺开门，先祭祀路头神，祈祷新年财运亨通。伙计如果被请来接路头、吃路头酒，新年的工作算是保住了。老通安人回忆说，接路头最讲究的是要条活鲤鱼，并以为活鲤鱼跳出来为上上吉。鲤鱼放在铜盆里，放少许水，如果跳出来就要大叫：“鲤鱼跳龙门哉!”以为大吉祥。接好路头，这条鲤鱼便放生。此外供桌上有猪头、全雄鸡、青鱼等。有心急的商人甚至直接刀首上撒盐，谐音“现到手”，以求财富快快增长。如今镇乡民众虔诚者年初四夜争先赶至庙宇内财神殿烧香祈财。大年夜祭井封井，初五要祭井开井，有抢水习俗，俗称路头水。抢水意味着新年顺利有财有势，吴语“水”音与“势”近。

通安自古稻作蚕桑发达，百姓殷实，对于新年第一个月圆之夜灯会，乡镇士绅民众都非常重视。正月十三就开始早早挂起灯笼，俗称“试灯”。富裕人家张挂庭院灯，时人称“宅灯”。也有人赶到苏州城里观灯、猜灯谜。宋范成大《灯市行》诗云：“吴台今古繁华地，偏爱元宵灯影戏。春前腊后天好晴，已向街头作灯市。叠玉千丝似鬼工，剪罗万眼人力穷。两品争新最先出，不待三五迎东风。儿郎种麦荷锄倦，偷闲也向城中看。酒垆博塞杂歌呼，夜夜长如正月半。灾伤不及什之三，岁寒民气如春酣。侬家亦幸荒田少，始觉城中灯市好。”20 世纪五六十年代有龙灯队到各村表演，村民聚集看灯，称看蹿龙灯。

元宵节物主要有圆子、油饵。袁景澜《吴郡岁华纪丽》引《三余帖》：“嫦娥奔月，羿日系思，有童子诣告云：‘正月元夕，月圆之候，君宜用米粉作丸，团团如月，置室西北隅，呼夫人名，三夕可降。’如期果然，后世遂有元夕粉团之制。”明吴宽《粉丸》诗云：“净淘细碾玉霏霏，万颗完成素手稀。须上轻圆真易拂，腹中磊块便堪围。不劳刘裕呼方旋，若使陈平食更肥。既饱有人频咳唾，席间往往落珠玑。”

养蚕人家则一定要全家吃茧团，以兆蚕茧丰收。袁景澜《吴郡岁华纪丽》：“上元以粉米为茧团，预祝蚕收之盛，或书吉语置其中，以占一岁之福。谓之茧卜。”正如宋杨诚斋《茧卜》诗云：“去年上元客三衢……儿女炊玉作茧丝，中藏吉语默有祈。小儿祝身取官早，小女只求蚕事好。”

元宵佳节妇女除了观灯外，还有独有的习俗——“走三桥”“拜紫姑”，以为祛病度厄。顾禄《清嘉录》：“妇女相率宵行，以却疾病，必历三桥而止，谓之走三桥……走遍三桥灯已落，却嫌罗袜污春泥。”传说紫姑能卜新年蚕桑之事，“问终岁之休咎”，祭之亦可免除灾愆，故植桑养蚕地区妇女祭之尤勤。宋王千秋有《鹧鸪天·煮茧》词云：“比屋烧灯做好春，先须歌舞赛蚕神，便将簇上如霜样，来饷尊前似玉人。”描绘的就是江南妇女正月十五祭祀蚕神的情景。袁景澜诗云：“夜静持箕赛紫姑，红裙私祝向墙隅。占书报答年丰稔，灶婢簪花献酒脯。”

二月初二龙抬头称“春龙节”，又称“中和节”。起源于古代的星辰崇拜。古人把天上星辰称为东方苍龙、西方白虎、南方朱雀、北方玄武。每当春天到来，龙角星从东方的地平线上出现，整个苍龙尚隐而不见，故称龙抬头。明刘侗《帝京景物略》：“二月二，龙抬头，蒸元旦，祭余饼，熏床炕，曰‘熏虫儿’，谓引龙，虫不出也。”此日是飞龙在天的日子，北方同时祭祀太阳神和土地神，有饮食上吃太阳糕、煎饼习俗，祈求国泰民安、五谷丰收。地处江南腹地的通安乡村这一天，民间必吃撑腰糕应节。农忙时节，农民下地松土、播种、插秧，季节不等人，吃撑腰糕是祈祷不犯腰疾，轻松劳作。清蔡云《吴歈》咏道：“二月二日春正饶，撑腰相劝啖花糕。支持柴米凭身健，莫惜终年筋骨劳。”

通安地处亚热带季风气候，立春、雨水节气后，天气阴晴不定，农历二月初八有“张大帝吃冻狗肉”的谚语，此日为祠山张大帝的诞辰。顾禄《清嘉录》：“相传大帝有风山女、雪山女，归省前后数日，必有风雨，号请客风、送客雨。”二十八日则为“老和尚过江日”，民间传说“老和尚”一旦过了江，江南很难风调雨顺，五谷丰登。作为民间的土地菩萨则想方设法阻拦，于是气候骤变，风雨大作。俗语云：“必有风报，若吹南风，主旱。”民间谚云：“廿八吹得庙门开，螺蛳蚌壳哭哀哀。”

二月十二日为百花生日，俗称花朝节，当地民众有踏青游春、赏花挑菜、赏红、彩花插鬓、吃花糕等民俗活动。老农则关心此日天气阴晴，由此更衍生出有关花朝的俗谚：“有利无利，但看二月十二。”

旧俗，春耕前还有一个娱乐放松活动——看春台戏。顾禄《清嘉录》载：“二三月间，里豪市侠，搭台旷野……演剧，男妇聚观，谓之春台戏，以祈农祥。”蔡云也曾赞曰：“宝炬千家风不寒，香尘十里雨还干。落灯便演春台戏，又引闲人野外看。”此时，也有一些地方无赖借此敛财，因而清代康熙年间汤斌的《抚吴告谕》云：“地方无赖棍徒，借祈年报赛为名，每至春时，出头敛财，排门科派，于田间空旷之地，高搭戏台，哄动远近，男妇群聚往观，举国若狂。”可见春台戏的规模和热闹了。

农历三月三日，民间传说为荠菜花生日，在通安乡镇，人们戴荠菜花，还把荠菜花放在灶头上，说是可以避蚂蚁。谚语云：三春戴荠花，桃李羞繁华。老农有听田鸡（青蛙）报之俗，以卜丰稔。谚云：“午前鸣，高田熟；午后鸣，低田熟。”

清明，二十四节气之一，一般在公历的4月4日至6日之间。按农历冬至后105天是寒食，到108天是清明，《淮南子·天文训》云：“春分后十五日，斗指乙，则清明风至。”后寒食习俗皆融入清明，清明兼节气与节日双重功能，以至于后世只知清明而不知寒食了。长江流域寒食习俗，最早记载见于梁宗懔《荆楚岁时记》：“去冬节一百五日，即有疾风甚雨，谓之寒食，禁火三日，造饴大麦粥。”通安祭祖称“过节”，仪式讲究，大体与顾禄《清嘉录》记载相同：“士庶并出祭祖先坟墓，谓之上坟。间有婿拜外父母墓者。以清明前一日至立夏日止。远则泛舟，近则提壶担盒而出。挑新土，烧纸钱，祭山神，奠坟邻。新娶妇必挈之同行，称上花坟。新葬者，又皆在社前祭扫。谚云：新坟不过社。”

清明上坟，通安习俗只摆水果、青团子。上坟先添土除草、供品摆好，烧锡箔、跪拜祈祷。在家祭祀，则有肋条肉、笋干、鳊鱼、黄豆芽等讨口采菜肴，称“过节”。上坟后往往继之以踏青郊游、放鹞子、戴柳等活动。

城内政府衙门也组织安排活动，抬出本城城隍至虎丘郡厉坛，安抚那些无人祭扫的孤魂野鬼。各乡镇老百姓争先恐后赶到山塘去看出会仪仗。每年清明日、七月半、十月朝，皆有此会，因此称三节会。顾禄《清嘉录》："此日，还可到山塘看会……每会至坛，箫鼓悠扬，旌旗璀璨，卤簿台阁，斗丽争妍……过门之家，香蜡以迎，薄暮反神于庙，俗呼转坛会。"

清明一过便是养蚕时节，植桑养蚕在苏州附近许多乡镇是主要副业，通安亦不例外，俗话："上半年靠蚕，下半年靠田。"蚕妇忙着洗晒蚕具，男子则为蚕室掸尘刷墙，进行卫生消毒，迎候蚕宝宝的诞生。明高启《养蚕词》云："东家西家罢来往，晴日深窗风雨响。二眠蚕起食叶多，陌头桑树空枝柯。新妇守箔女执筐，头发不梳一月忙。三姑祭后今年好，满簇如云茧成早。檐前缫车急作丝，又是夏税相催时。"

通安女子自幼习蚕缫丝，耕作之余刺绣赚取外快，补贴家用。清《震泽编》卷三载："凡女未及笄，即习育蚕。"顾禄《清嘉录》载："环太湖诸山，乡人比户蚕桑为务。三四月为蚕月，红纸粘门，不相往来，多所禁忌。"并引郭麐《樗园销夏录》云："三吴蚕月，风景殊异，红纸黏门，家多禁忌。少妇治其事者，往往独宿。"谷雨前后正是蚕时，故民谣云："做天难做四月天，蚕要温润麦要寒。秧要日头麻要雨，采桑娘子要晴干。"旧时候，蚕农将蚕种窝在胸口，谷雨期间孵蚕，升火温蚕，须日夜留神。由于温种难度较大，有些蚕农往往买现成的三眠蚕，《清嘉录》云："俗目育蚕者曰'蚕党'，或有畏护种出火辛苦，往往于立夏后，买现成三眠蚕于湖以南之诸乡村，谚云：'立夏三朝开蚕党。'"清圣祖玄烨《题耕织图·织·大起》云："春深处处掩茅堂，满架吴蚕妇子忙。料得今年收茧倍，冰丝雪缕可盈筐。"采茧以后，养蚕全过程结束，蚕家大门打开，称"蚕开门"。蚕月大忙告一段落，接下来分箔、煮茧、缫丝。节气进入小满，田中菜花结籽，秧田需要放水育秧，因此有"小满动三车"的民谚，所谓三车即榨油车、水车、丝车。宋范成大《缫丝行》云："小麦青青大麦黄，原头日出天色凉。姑妇相呼有忙事，舍后煮茧门前香。缫车嘈嘈似风雨，茧厚丝长无断缕。今年那暇织绢著，明日西门卖丝去。”袁景澜《吴郡岁华纪丽》云：“惟时，邻翁称庆，蚕妇相邀，挝鼓赛神，缫车鸣雨，花篱人语，柳户风香，景物清和，丝抟白云，各携至中郡庙前卖。收丝客每以四月聚市，到晚蚕成而散，谓之卖新丝。”

立夏节气，民间称“立夏节”。旧时有尝新的习俗。家中有小儿人家，必讨七家茶叶煮来喝，以为可以防疰夏。袁景澜《姑苏竹枝词》咏道：“梅水盈池闹井蛙，比邻分送七家茶。樱桃元麦时新出，四百楼台锁落花。”就此还衍生了称人习俗，顾禄《清嘉录》云：“家户以大秤权人轻重，至立秋日又秤之，以验夏中之肥瘠。”通安乡民立夏则吃立夏饼、甜酒酿、尝三鲜（苋菜、蚕豆、蒜苗），以应节气。俗话云：“叫花子难吃重阳糕，种田人难吃立夏饼，天晴雨落外面蹲。”农忙也在立夏后开始。

四月初八日为佛诞节。明《长洲县志》云：“外教于四月八日名浴佛，治斋供。”佛教信徒均云集庙内，参加浴佛活动，故又称为“浴佛节”。通安一带还有特别的节日食品即乌米饭、乌米糕。通安附近山里有乌饭树（南烛）生长，每年四月间村民采嫩叶捣碎取汁，浸糯米蒸熟即成乌米饭。明岳岱《阳山志》卷下有记载：“青饭者，色青黑，甚香美。山僧至四月八日以一种树叶即曰青饭树，取汁渍米炊以遗人，亦曰佛饭。”如今四月初八吃乌米饭仍很盛行，并发展为乌米粽子、乌米酒酿等，成为现代人追捧的保健食品。

二、 夏季

立夏后进入芒种节气，大麦、小麦等有芒作物种子已将成熟，谓之小满。过十五日则芒种，再过十五日则夏至。中国古代将夏至分为三候：“一候鹿角解，二候蝉始鸣，三候半夏生。”梁宗懔《荆楚岁时记》中已有“六月必有三时雨，田家以为甘泽，邑里相贺，曰贺嘉雨”的记载，田里稻谷正是生长关键期，降水对水稻产量影响很大，有“夏至雨点值千金”之说，而往往热雷雨骤来疾去，故有“夏雨隔条田”的俗谚。

夏至后江南梅雨季节将到，关于梅雨，元高德基《平江记事》载：“吴俗以芒种节气后遇壬为梅，梅凡十五日，夏至中气后遇庚为出梅。入时三时亦十五日，前五日为上时，中五日为中时，后五日为末时。入梅有雨为梅雨，暑期郁蒸而雨沾衣，多腐烂，故三月雨为迎梅，五月雨为送梅。夏至前半月为梅，后半月为时，雨遇雷电谓之断梅。入梅须防蒸湿，入时宜合酱造醋之事。梅雨之际必有大风连昼夜，逾旬而止，谓之舶趠风，以此自海外来舶趠，船上祷而得之者，岁以为常，乡氓不知，讹以为白草风云。”芒种后遇到的第一个壬日就算入梅了，农谚有“芒种一日遇壬，则高一尺；至第十日遇壬，则高一丈”的说法，入梅越晚则霉得越厉害，而小暑是断梅的日子，农谚有“小暑一声雷，依旧倒黄梅”的说法。正逢稻田插秧季节，分为头莳、二莳、三莳，共十五天，农民习惯看何时下雨和打雷以及雨量的多少，来卜梅雨对农作物的利弊，谚云：“梅里西风莳里雨，莳里西风当天雨。梅里东风常落雨，莳里西南日朝晴。梅里不响雷，莳里落得苦。二莳不响雷，三莳雨水多。三莳不响雷，小暑雨水多。雨打黄梅头，四十五日无日头；雨打黄梅脚，四十五日赤膊裸……”农家耕田插秧始于芒种，毕于夏至，了田之时，必买鱼肉荤菜，以祭祀祖先，设酒犒劳自己，并以麦芽磨粉作饼，馈赠亲友，盖此插种皆青，农人可得数日休息，故曰了田过夏至。

顾禄《清嘉录》云：“夏至日为交时，曰头时、二时、末时，谓之‘三时’，居人慎起居、禁诅咒、戒剃头，多所忌讳……”夏至后进入伏日。一般夏至后第三个庚日为初伏，第四个庚日为中伏，立秋后第一个庚日为末伏，总称伏日。伏日江南湿热蒸腾，人易食欲不振，食少而消瘦，吴人俗称“疰夏”。民间开始偷闲消夏，注意饮食补养，官府也停止办公事。通安民间有“冬至馄饨夏至面”的说法。清《吴下田家志·夏九九》云：“夏至后一九二九，扇子不离手；三九二十七，吃茶如蜜汁；四九三十六，争向路头宿；五九四十五，树头秋叶舞；六九五十四，乘凉不入寺；七九六十三，入眠寻被单；八九七十二，被单添夹被；九九八十一，家家打炭墼。”

农历五月，古人认为是毒月，谚云“善正月，恶五月”，避讳称之善月，百事多禁忌。先秦时认为“阴恶从五而生”，故《礼记·月令》云：“仲夏，阴阳争，死生分，君子斋戒；止声色，节嗜欲。”晋人周处《风土记》云：“端者始也，正也。”端午即正午，又称端阳节，太阳位于天空正当中，所以端午又称中天节。关于端午起源，历来众说纷纭，有消毒避疫说、龙图腾说、伍子胥说、恶日说、屈原说、曹娥说等。当代民俗学家钟敬文《民俗学概论》认为：“究其根源，端午的始祖之意当是驱瘟、除邪，止恶气，汉代还是如此。”因为端午是毒月，主题是消毒避疫。

通安乡镇旧时端午有草药沐浴、赛龙舟、挂钟馗像、缠臂五彩丝线、穿五毒衣、吃粽子、喝雄黄酒、插菖蒲艾条等习俗。

最热闹的是赛龙舟活动，两岸人头攒动，河中龙船穿梭，扶老携幼，万人空巷。清乾隆《吴县志·艺文》载顾嗣立《竞渡词》云：“锣挟鸣涛鼓駴雷，红旗斜插蓊波来。锦标夺到轩腾处，风卷龙髯雪作堆。”“香拨琵琶内府调，紫檀截管玉装箫。绝怜天上霓裳曲，吹遍红阑四百桥。”“鼓翻旗飐跃凫鹥，黄篾推开粉颈齐。贪看河心龙影乱，忘人偷眼柁楼西。”

粽子是端午特有的节日饮食。通安民间认为，端午这天一定要吃粽子，有“弗吃端午粽，死仔呒人送”的俗语传世。粽子起源甚早，晋周处《风土记》云：“俗以菰叶裹黍米，以淳浓灰汁煮之，令烂熟。于五月五日及夏至啖之。一名粽，一名角黍。”通安端午的粽子多以箬叶裹糯米为之，形状通常有三角粽（也称菱角粽）、一角粽（也称秤锤粽或小脚粽）、方粽。孩子们最爱的是小角粽，联束成串。宋范成大《吴郡志》还载：“夏至复作角黍以祭，以束粽之草系手足而祝之，名健粽，云令人健壮。”通安习俗，端午用当地名“葱不留根”的植物与黄豆串在一起做成手串给小儿串手上，以为辟邪。

端午以驱瘟除疫草药为装饰，顾禄《清嘉录》云：“戴蒲为剑，割蓬作鞭，副以桃梗蒜头，悬于床户，皆以却鬼。”中堂之上挂钟馗像，以却邪魅。钟馗由来，北宋沈括《梦溪笔谈·补笔谈》云：“明皇开元，讲武骊山，还宫痁（痁疾）作，梦二鬼，一大一小，小者窃太真紫香囊及上玉笛，绕殿而奔。大者捉其小者，擘而啖之，上问尔何人。奏云：‘臣钟馗，即武举不捷之士。誓与陛下除天下之妖孽。’”唐以后有关钟馗的戏曲、小说不断增多。顾禄《清嘉录》卷五载：“堂中挂钟馗图画一月。”以祛邪魅。此外，还有贴五毒图，小儿穿五毒衣、戴虎头帽、穿虎头鞋，可祈辟邪安康。

自古通安养蚕丝织，民间刺绣发达。端午有佩戴香囊的传统，香袋的制作也十分精致，成为端午特有的民间工艺品。如袁景澜《吴郡岁华纪丽》云：“端午节物，兰闺彩伴，各赌神针，炫异争奇，互相投赠，新制日增。有绣荷囊，绝小，中盛雄黄，名叫雄黄荷包。”妇女此日必戴艾叶称蓬头，以为辟邪祈安。

农谚云：“六月弗热，五谷弗结。”若天气一直无雨则民间有求雨活动，蔡云《吴歈》云：“六月不逢夜夜阵，满城扯遍七星旗。草鞋人散松花会，龙挂湖乡雨透时。”此时农民最为辛苦，要耘稻、耥稻，清袁景澜《田家夏日》诗云：“满树凉露树烟青，早作田家望晓星。妪起晨炊翁出户，牵牛前向踏车亭。当午耘苗汗雨蒸，夏畦无处觅凉冰。田中粒米皆辛苦，寄语官仓莫浪征。”此诗是农人脸朝水田、背朝太阳、上晒下蒸、耘稻劳作的生动写照。

农历六月六，古时是翻经晒书的日子。僧人集村妪为翻经会，谓翻经十次，来生可转男身，旧时乡村老年妇女往往结伴去寺庙，顶着烈日翻经，以求来生转世为男身。吴俗还有“狗汹浴”的习俗，吴方言把洗澡叫“汹浴”，俗以为此日牵猫狗浴于河，可避虱蚤。清郭麐《浴猫犬词》云：“六月六，家家猫犬水中浴。不知此语从何来，辗转流传竟成俗。”

农历六月初四、十四、廿四三天，民间有“谢灶”习俗，比户主妇做素馅粉团，俗称“谢灶团子”，另置素菜四样，祭祀灶神，祈祷其保佑全家安康。有“三番谢灶，胜做一坛清醮”的俗语。

通安一带民众亦重视伏天，按照传统阴阳理论，立春、立夏、立冬皆以相生而代。至于立秋，以金代火。金畏火，故至庚日必伏，盖庚者金也。夏至后第三庚为初伏，第四庚为中伏，立秋后初庚为末伏。东汉崔寔《四民月令》："初伏，荐麦瓜于祖祢。"梁宗懔《荆楚岁时记》："六月伏日，并作汤饼，名为辟恶。按，《魏氏春秋》：何晏以伏日食汤饼，取巾拭汗，面色皎然，乃知非傅粉。则伏日汤饼，自魏已来有之。"所谓汤饼即今世面条。故而民谚有"六月六，买点面来落一落"的说法，此日吃面以应节令也是古代遗俗。

农历六月廿四日为荷花生日，民间有观荷纳凉活动。其间有乡村男女相悦者，唱情歌以诉情愫。清张远《南歌子》云："六月今将尽，荷花分外清。说将故事与郎听，道是荷花生日，要行行。　粉腻乌云浸，珠匀细葛轻，手遮西日听弹筝。买得残花去，笑盈盈。"清鲍皋《姑苏竹枝词》亦云："水市南头香压船，卖郎荷叶买郎莲。侍儿只爱玲珑藕，依道心多不值钱。"

七月七为乞巧节。古人观察发现织女星和附近的几颗星连在一起，好像一架七弦琴。又如织机模样，天文学上称天琴座。银河（又称天河）的东南面有排成一条直线的三颗星叫天平星，也叫扁担星，又称河鼓一、河鼓二、河鼓三。其中河鼓二最大最亮是牛郎星，也叫牵牛星。古人用非凡的想象力幻化出了牛郎织女的神话故事，其记载最早见于《诗经·小雅·大东》："或以其酒，不以其浆。鞙鞙佩璲，不以其长。维天有汉，监亦有光。跂彼织女，终日七襄。虽则七襄，不成报章。睆彼牵牛，不以服箱。东有启明，西有长庚。有捄天毕，载施之行。"至汉代牛郎织女的故事开始流传。

七夕主要民俗是乞巧，汉刘歆《西京杂记》载："汉彩女常以七月七日穿七孔针于开襟楼，人具习之。"梁宗懔《荆楚岁时记》亦载："七月七日，为牵牛、织女聚会之夜。传《天问》云：'七月七日，牵牛、织女会天河。'此则其事也……七月七日，是夕人家妇女结彩楼穿七孔。"

江南人家如何乞巧，日本人中川忠英所著《清俗纪闻·巧日》云："七月七日称为巧日，在露台放置桌子，露台系在楼前接出之台架，三面有栏杆，无屋顶。小户人家无露台，则在院中上供。以点心鲜果七种、品种无规定制式，针七根、线七条向牛郎织女二星上供。幼女等夜半拜星，并用线穿入上供之针，称为穿针乞巧。”女孩子相约此夜用凤仙花染指甲，明杨维桢有诗云：“金凤花开血色鲜，佳人染得指尖丹。”相传留至明春元旦，老年人看后，令目不昏。

此日民间应节食物为巧果。七夕后，村农注意看天河显晦，卜米价高低，晦则米贵，显则米贱。古诗云：“天河司米价，太乙照时康。”同时通安乡村有祭猛将习俗。七夕过后，天气转凉，村中妇女捻纱织布，小姑娘学习刺绣。

农历七月十五日，道教称之中元节。在中国传统里，中元节与除夕、清明节、冬至一起组成了祭祖为主题的四大节日。通安习俗，“过节”一年两次，第一次清明前，第二次七月半。“过节”时，家中要备3只荤菜、4只素菜，菜要逢单，不能逢双。桌上3个方向摆好酒、盅、筷，7只菜一齐上好，正南方位点上香和蜡烛，凳子要紧靠台脚，不能脱空，大门关上，外人不得进屋。仪式举行时，男主人要向祖先敬三次酒，每敬一次酒，家中人均要向祖先叩头，主人轻声低念：“保护家人平安健康。”到香烛将烧完，主人在桌前左右两侧烧锡箔给祖先，候锡箔灰冷尽，将大门开一条缝，然后再开直。当年有丧事人家，“过节”只能在正清明日，祭祖同时还对野鬼、孤魂、煞神进行祭祀，或请道士做法超度孤魂野鬼，称为路祭，夜晚还有放河灯的习俗。

“盂兰盆”是梵语，意为解救倒悬之苦。盂兰盆会，是根据西晋竺法护译《佛说盂兰盆经》超荐祖先衍化而来。此节传入中国后，受到提倡孝道的中国人的喜爱。南北朝时，梁武帝首次在汉地创设盂兰盆会，并由此把农历七月十五日定为“盂兰节”。梁宗懔《荆楚岁时记》云：“七月十五日，僧尼道俗悉营盆供诸神。”宋元以降，盂兰盆会逐渐失去本意，由孝亲变成祭鬼，寺僧于是日募施主钱米，为之荐亡。后世更有放河灯、焚法船之举。此外，民间还有斋田头作秋社、祈丰收的习俗。

农历七月晦日，民间有烧地藏香的习俗。《清俗纪闻·地藏诞辰》云：“七月晦日，小月为二十九日。相传为地藏菩萨诞辰，众人前往地藏庙参拜。入夜起各家于门前设桌，香炉焚香，并按家中每人两双蜡烛之数，如十人则用二十只蜡烛，用竹签插起，排列于地上点燃，谓之地灯。”而此日苏州乡镇民众燃香却是为了纪念元末在苏州称王期间有惠政的张士诚。张士诚被害后，百姓十分怀念他，每年七月晦日点燃棒香纪念他，为避开明朝官府的追究，因张士诚小名“九四”，取其谐音，故又称“久思香”“狗屎香”。无名氏《海虞竹枝词》云：“端整今朝拜地藏，阶前灯火发光芒。来生缘自今生始，儿女争燃狗矢香。”七月晦日通安人云集于金墅莲华寺举行“轧莲花”活动，热闹非凡，至今不衰。

三、 秋季

立秋，古时“四时八节”里的“八节”之一，有戴楸叶、食瓜水、吞赤小豆七粒的习俗。宋范成大有《立秋二绝》述其俗，并曰：“戴楸叶，食瓜水，吞赤小豆七粒，皆吴中节物也。”其诗云：“三伏熏蒸四大愁，暑中方信此生浮。岁华过半休惆怅，且对西风贺立秋。”“折枝楸叶起园瓜，赤小如珠咽井花。洗濯烦襟酬节物，安排笑口问生涯。”在立秋前数日，有时阴雨间来，俗为“预先十日作秋天”。又所谓“朝夜立秋凉飕飕，中午立秋热烘烘”。立秋后民间有“廿四个秋老虎”的说法，以为暑天余威未了，白天还是炎热难当。至处暑节气，则早晚凉爽，有“处暑十八盆”之谚，意思是还要连着洗澡十八次。白露节气，民谚有“白露身不露，寒露脚不露”的说法，天气转凉，秋分至也。

通安、浒关镇一带旧时候盛行饲蟋蟀。尤以农时白露前后三天为佳，俗话曰：“白露三朝出将军。”据道光《浒墅关志》载：“蟋蟀产金墅者，健斗。”民间还有饲金蛉子之习俗。金蛉子喜暖怕寒，藏于贴身上衣口袋，夜间藏于枕头底下。

农历八月初三为灶君诞日，通安乡镇家家具香烛素馐，有到道观灶君殿烧香祭祀的；有茹斋为会者，称为灶君素，吃灶君素的乡民以妇女为多。

八月十五为中秋节，顾禄《清嘉录》云：“中秋，俗呼八月半。是夕，人家各有宴会以酬佳节。人又以此夜之晴雨，占次年元宵阴晴，谚云：‘八月十五云遮月，来岁元宵雨打灯。’又云：‘雨打上元灯，云罩中秋月。'"中秋之夜团圆宴后，通安乡镇妇女有走月亮的活动，俗称步月。通安习俗中秋必吃芋艿、月饼应节，有经济实力的人家有烧香升箩斋月之俗，以为并座放在缸里不会引起火灾。家堂、灶山皆供一碗芋艿、两个月饼。

八月廿四俗传为稻藁生日，忌下雨；如雨，被认为稻藁都要腐烂，称之为灶荒，即无干稻柴烧火做饭，所以俗有"烧干柴，吃白米"之谚。民众祈祷天晴，同时祀灶。

九月九为重阳节，九为阳数，其日与月并应，故曰"重阳"。重阳由来流传最广的说法可参考梁吴均《续齐谐记》："汝南桓景，随费长房游学累年，长房谓曰：'九月九日，汝家中当有灾，宜急去，令家人各作绛囊盛茱萸，以系臂；登高，饮菊花酒，此祸可除。'景如言，齐家登山。夕还，见鸡犬牛羊，一时暴死。长房闻之，曰：'此可代也。'今世人九日登高饮酒，妇人带茱萸囊，盖始于此。"《西京杂记》亦云："戚夫人侍儿贾佩兰，后出为扶风人段儒妻。说在宫内时……九月九日，佩茱萸，食蓬饵，饮菊华酒，令人长寿。菊华舒时，并采茎叶，杂黍米酿之，至来年九月九日始熟，就饮焉，故谓之菊华酒。"明《长洲县志》有"九日登高采菊佩萸"的记载，说明当时重阳节登高、采菊、佩戴茱萸十分普及。

旧时重阳当天制五色花糕，糕铺遍插五彩小旗，父母家必迎女儿归安，食糕，九日天明，以方糕置小儿女额上，祝颂："愿儿百事俱高。"自古登高习俗比较盛行，旧时登吴山，游治平寺，有牵羊赌彩之戏。

九月晦日阳山观日出。晦日夜半，旧时有登阳山主峰箭阙"观日月同升"之举，间有云海奇观。通安一带特别是金墅镇的居民甚至苏州城中市民皆至阳山观日出。明陈仁锡《阳山箭阙歌·浴日》诗云："山中清漏彻莲花，翠冷巉岩湿露华。杯引沧溟分席近，杖移星斗过檐斜。梦回兜率空千界，目极扶桑灿五霞。一自咸池歌浴日，天鸡呼醒万人家。"

四、 冬季

十月朔，旧时人家此日要谒茔墓，具酒肴祀先，多烧冥衣，称烧衣节，又叫送寒衣，还要延请僧道作功德，荐拔新亡之人，至亲前往拜祭，称新十月朝。

胡朴安《中华风俗志·江苏·吴中岁时杂记》载：“十月朔，俗称十月朝。人无贫富，皆祭其先，多烧冥衣之属，谓之烧衣节，或延僧道作功德，荐拔新亡，至亲亦往拜露座，谓之新十月朝。”通安民间设案祭祀祖先，俗称“搬十月朝碗”。十月十五下元节，民间纪念三官大帝之一的水官诞辰。盖因通安靠太湖，农村以水稻为主，兼捕鱼捉虾、往来驾舟航船，皆与水有缘分，所以农家与渔家对水官生日特别重视，多于此日“斋三官”（祭祀天官、地官、水官），祈求风调雨顺、渔船出行顺利。旧时俗谚云：“十月半，牵砻团子斋三官。”祭祀三官用团子这是水乡独特的习俗。民间“斋三官”之俗起源甚早，南宋吴自牧《梦粱录》就云：“十月十五日，水官解厄之日。官观士庶设斋建醮，或解厄，或荐亡。”旧时太湖一带乡镇皆有三官庙。后来，随着道教衰落，“斋三官”的风俗也式微了。

霜降后，节气上寒冬将至，通安村民准备冬酿酒，农村又是收稻大忙季节，主妇准备大缸腌雪里蕻、白菜过冬。立冬、小雪、大雪后便是冬至来临。这时北半球白天最短，夜间最长，是冬春转变之时。《周礼》曰：“祀昊天上帝于圜丘。注曰：冬至日，祀五方帝及日月星辰于郊坛。”按照中国传统的阴阳五行理论，冬至是阴阳转化的关键节气，有“冬至一阳生”的说法。《白虎通义·商贾》云：“行曰商，止曰贾。《易》曰：‘先王以至日闭关，商旅不行，后不省方。’”明《长洲县志》云：“冬至三日，仪如元日而馈赠稍亚。”

苏州民间最重冬至节，有“肥冬瘦年”民谚。民间有送冬至盘、拜冬、祭祖、冬至夜吃团圆夜饭、饮冬酿酒、吃冬至团的习俗。清褚人获《坚瓠首集·吴门风俗》：“吴门风俗多重冬至节，谓曰肥冬瘦年。互送物件，宋颜度有诗曰：‘至节家家讲物仪，迎来送去费心机。脚钱尽处浑闲事，原物多时却再归。'" 通安乡村冬至前一夜以糯米粉做团子，以豆沙、萝卜丝、猪肉等为馅，用以荐先，并互相赠送，称冬至团。冬至晨起，吃冬至团子（或南瓜团子）。冬至夜必吃团圆冬至夜饭，饮冬酿酒。清金孟远《吴门新竹枝》咏道："冬阳酒味色香甜，团坐围炉炙小鲜。今夜泥郎须一醉，笑言冬至大如年。" 俗以冬至前后逢雨雪，主年夜晴雪，若冬至天晴，则年末多雨雪，道路泥泞。故有"干净冬至邋遢年，邋遢冬至干净年"之说。凡出嫁妇女须回夫家，倘留在娘家，被认为不利亲人，会穷得"十只饭箩九只空"。南瓜不可放在家里过夜，必须放在露天屋面上，否则被认为将遭灾。祭祖后所有菜必须回锅烧，否则被认为吃了会记忆力变差。新亡之人遇到第一个冬至，家人祭祀，必有脚炉燃砻糠灰放供桌下，桌上放一个粽子，以温暖为吉祥。

冬至民间有贴绘"九九消寒图"的习俗。清徐珂《清稗类钞·时令类》载："宣宗御制词，有'亭前垂柳珍重待春风'一句，各句九言，言各九画，其后双钩之，装潢成幅，曰九九消寒图……自冬至始，日填一划，凡八十一日而毕事。" 过冬至，节气上开始进入"冬九九"，俗称连冬起九，旧时还流行《冬至九九歌》："一九二九，相唤弗出手。三九二七，篱头吹觱篥。四九三十六，夜眠如露宿。五九四十五，穷汉街头舞。不要舞，不要舞，还有春寒四十五。六九五十四，苍蝇埰屋枕。七九六十三，布衲两肩摊。八九七十二，猫狗眠阴地。九九八十一，穷汉受罪毕。刚要伸脚眠，蚊虫獦蚤出。" 民间谚语："头九暖，九九寒。晴干冬至邋遢年，雨雪连绵四九天。冬前弗结冰，冬后冻杀人。" 吴俗则从冬至日数起到春，常有春寒料峭，故又有"春打六九头"之谚。

腊月十七日，相传为弥陀佛降生东土日。农人候风占米价，若吹东南风，主米贵；西北风，主米贱。谚云："风吹弥陀面，有米弗肯贱。风吹弥陀背，无米弗肯贵。" 腊月如下雪，谓之腊雪，亦曰瑞雪，乡民认为腊雪可以杀蝗虫子，主来岁丰稔。谚云："腊天一寸雪，蝗虫入地深一尺。"

进入腊月，通安乡镇已经充满了过年的气息，人们起鱼塘、冬舂米、做年糕、杀年猪、吃口数粥、烧松盆、照田蚕、送年盘、祭灶、掸尘，购置年货，忙年开始……明《长洲县志》云：“二十四日扫舍宇尘，夜祀灶。除夕粔盆爆竹饮守岁酒，夜分祀瘟，易门神桃符，更春帖画灰于道，象弓矢以射祟。”

腊八为佛祖的成道日，通安乡民以菜果入米煮粥烧制腊八粥。或有馈自僧尼者，或有取自寺庙者，名曰佛粥。袁景澜《姑苏竹枝词》咏道：“人秋无耋慰村农，欲发西风宿雾浓。腊八林间喧粥鼓，年丰新米足冬春。”

腊月十五后，通安习俗，要选定日子过年，过年一定要在立春之前，原为酬神，后来主要请亲友吃一顿。新丧人家三年停止过年。

腊月二十四日夜，吴人称“廿四夜”，是送灶君的日子。溯源历史，最初对火的祭祀，称“老妇之祭也，盛于盆，尊于瓶”，逐渐衍化为对灶的崇拜。宋代祭灶重视鱼肉大荤，宋范成大《祭灶词》云：“古传腊月二十四，灶君朝天欲言事。云车风马少留连，家有杯盘丰典祀。猪头烂熟双鱼鲜，豆沙甘松粉饵圆。男儿酌献女儿避，酹酒烧钱灶君喜。婢子斗争君莫闻，猫犬触秽君莫言。送君醉饱登天门，杓长杓短勿复云，乞取利市归来分。”宋末已经简化，宋周密《武林旧事》云：“二十四日祀灶，用花饧米饵及烧替代。”至清相沿，清沈朝初《忆江南》咏道：“苏州好，腊尽火盆红。玉屑饧糖成锭脆，紫花香豆著皮松。媚灶最精工。”

送走灶王爷，家家俱掸尘。清蔡云《掸埃尘》曰：“茅舍春回事事欢，屋尘收拾号除残。”其实，掸尘还含有一定的民间信仰成分，即赶走晦气和除旧迎新，讨吉祥口彩。二十五日吃口数粥，清顾禄《清嘉录》载：“二十五日，以赤豆杂米作粥，大小遍餐，有出外者亦要如此，虽襁褓小儿、猫犬之属亦预，名曰口数粥，以辟瘟气。或杂豆渣食之，能免罪过。”如宋范成大《口数粥行》：“家家腊月二十五，淅米如珠和豆煮。大杓撩铛分口数，疫鬼闻香走无处。”乡村腊月二十五日，还有“烧田蚕”“烧田财”的习俗。

通安旧俗，过年前家家户户自制年糕，并准备年节时一切敬神、祭祖、走亲戚等用品，故而金墅市肆热闹，船来船往，熙熙攘攘。亲朋互赠蹄髈、青鱼、果品，谓之送年盘。大门上贴春联，都为吉祥语。宅内更新年画。是晚，俗称“大年夜”，举行家宴，称“全家欢”。佳肴毕陈，口采丰富，通安乡民较为重视，常年在外者，要尽量赶回家中团聚，俗谓“不吃年夜饭，不算大一岁”。民国时期，一顿普通的年夜饭为“老八盆（冷盆）、一暖锅（荤素花色什锦）、一耳朵（一鱼一肉），其中必有肉圆、蛋饺（象征团圆、财富）。又有青菜，称“长梗菜”；黄豆芽，称“如意菜”；鱼，象征年年有余……红纸包钱，并置橘子、荔枝塞于孩童枕下，称“压岁钱”，讨个吉利口采。家家团坐，通宵不眠，谓之“守岁”。至新年，全家睡时，放爆竹两个，谓之关门炮仗。

第二节　人生礼仪

一、 婚嫁

通安婚礼，自古重“六礼”，至今基本保留。所谓六礼即纳采、问名、纳吉、纳征、请期、亲迎。《艺文类聚》卷四十礼部下“婚”条引郑氏《婚礼谒文》云：“纳采，始相与言语，采择可否之时；问名，谓问女名，将归上（卜）之也；纳吉，谓归卜吉，往告之也；纳征，用束帛，征成也；请期，谓吉日将亲迎，谓成礼也。”整个封建时代基本情形是“妇人因媒而嫁”成为社会风尚。媒人牵线，男女两家同意议婚，则开始“六礼”程序。风俗谓媒成后，媒人要吃十八只蹄髈。通安一带，旧时婚礼前男方先谢媒人，送给媒人圆糕、腿肉、果品等，请吃谢媒酒，新人养子满月与周岁，媒人都要出场。所以至今民间如有人做媒，还戏称“吃十八只蹄髈”呢。

古礼，请回女孩年庚帖，接下来便要策告祖宗，进行订婚前占卜，即所谓的问名。占卜获得吉兆，就要把佳音通知女方，即所谓纳吉。据

《礼经·士昏礼》说，问名之后，男方“归卜于庙，得吉兆，复使使者往告，昏姻之事于是定。”通安旧俗，纳采时，男方家要携礼物到女家，取来女孩年庚帖，把女子的年庚帖放在灶龛前的香炉下，三天平安无事则为吉兆。纳吉则意味着双方正式订立婚约，这一仪式后来逐渐演变成“合八字”，又称“合婚”及定亲礼。

纳吉时，要给女方家送聘礼，用具体的实物和其象征意义来对即将到来的婚姻作认定。聘礼依据家庭条件而定，无论多少，均要有吉祥寓意，且均为偶数，取其成双吉祥之意。乡村旧俗，用两匹靛青色土布，用红绒绳打结，加上若干锡得茶叶、一定现金、“求”字帖，表示红线联姻，姑娘已受茶不再更改。若人家有经济实力，则送本地特产丝绸、茶叶、现金等。女家受后也要具谢，回盘是“允”字红帖、一只“发禄袋”、若干锡得茶叶。男家将发禄袋悬挂在堂中柱上，以示千年发禄。外人一见此物，便知这家儿子已定亲了，同时男家还邀亲朋吃定亲酒。这是通安民间送小盘即定亲之礼。通安旧时有攀小亲的习俗，即定娃娃亲，也要准备六个盘，盘内放两个栲栳大团子、两栲栳蒸糕、干果、绞丝银镯一对。

纳聘之后，男家便开始着手选择婚期。旧时，婚期通常由占卜来决定。吉日确定后，男方家便告知女家，是为请期，俗称送日子。这时女家要忙着为女儿置办嫁妆。然后是送大盘，相当于六礼中的“纳征”礼。通安旧俗，男家送盘，两个栲栳大团子、两栲栳蒸糕，还有核桃、柿子、枣子、桂圆若干，红绿丝绸两块、稻杆把两束，俗语有：“两个稻杆头，种田脚力好。”寓意新娘进门有米饭吃，种田有脚力。还有新娘穿的棉衣裤、单衣裤八件为吉，20 世纪六七十年代增加一件绒线衫。女家回礼用栗子、柿子、糖果等。

拜堂前须铺床，在通安农村婚俗中是一件大事。俗话说“先嫁床，慢嫁郎”。铺床得由一对“花烛夫妻”、身体健康、家庭和睦、有子有女的尊长主持，一般是娘舅来办理。娘舅舅母要准备两栲栳铺床糕和铺床大团子、两根紫皮甘蔗等。床上摆满和合席、和合被、两杆木秤、甘蔗，象征和合美好、称心如意、生活节节高。当地俗话有：“两个甘蔗老老头，越老越鲜头。”新床布置有发禄袋、龙须带。龙须带即用铜钱老绒绳穿就，挂在新床上方，长度要拖到踏板上为吉，还要布置凤穿牡丹在床楣上，当地俗称掩罩。女家嫁妆中，“被子”和“子孙桶”为必备之物。“子孙桶”，内安放五只红蛋，寓意“五子登科”。乡村嫁妆，中等人家一般是抽屉台、箱橱、大箱、中箱、小箱、方杌、铜脚炉、铜面盆、铜茶壶、铜花扦、铜掇炉、锡蜡钎、锡手照、锡酒壶、锡掇、马桶、大小脚桶、浴桶、提桶、饭桶、鞋桶，以及孩子的摇篮、尿桶等。若搬运嫁妆用船，叫“行嫁船”。鞭炮一响，全村人来看行嫁。

旧俗姑娘出嫁时，要有同辈送之，谓之“送亲”。新娘坐花轿中，脚下踏脚炉。花轿一路由轿夫抬行，吹鼓手吹奏喜庆音乐，至男家大门口，主婚人下河“抢水”，桶内插无秤锤的木秤杆一根，在即将靠岸的娶亲船头前各舀半桶水，快步冲进厨房倒进水缸里，厨师高呼“饭镬潽哉！饭镬潽哉！”象征家道兴旺。新娘进门后，男家请亲友吃甜圆子莲心汤，以示团圆、甜蜜。新娘须三请之后出轿，由喜娘搀扶，新娘凤冠霞帔，以红帕覆面，名曰“方巾”。新娘由男方长兄抱进门，并在一对小红烛做成的“踏徵”（音）上象征性踏一下，然后搀扶着进入喜堂行礼。新人在掌礼和喜娘的指导下，男左女右跪拜天、地、和合、父母高堂等，旧俗共有二十四拜。礼毕，以红绿牵巾挽成同心结，俗称红男绿女，由新郎执红，新娘执绿，对立而行，新娘履不着地，地铺棕麻袋，相递前行，谓之“传宗接代”。

旧时洞房中还要进行撒帐、坐富贵、挑方巾、饮合卺酒等礼仪。挑方巾是婚俗中的重要环节。新郎以秤杆、两根甘蔗挑去新娘方巾，用秤杆和甘蔗取称心如意、甜甜蜜蜜之意，喜娘念词：“方巾挑到里床，子孙滚得满床。”然后吃夫妻夜饭，由伴娘夹菜，口念吉祥。肉丝叫金链条全福，笋干叫节节高，肉圆叫团团圆圆，蛋饺叫呱呱叫。但新人通常只是意思一下，意味有余，吃光反而不吉利，未动的饭菜全归伴娘。第二天新娘子起床要扫金地，先用匾盛好剪短的稻秆，抛撒向家堂方向，然后手拿新帚往里扫，意味黄金满地。

新婚三日内无大小，有闹新房越闹越发的习俗。婚礼后新娘回娘家称回门，时间或在成婚当日或在婚后第二、第三天。满月则开家祠拜祖先，谓之“庙见”。月内新妇随往上坟，着红裙，谓之上花坟。然后新妇可归宁，两家互送礼品。至此，婚礼完毕。旧俗因新娘称火脚，婚后一月不能串门；如果违反，新人要上门去给邻居家堂、灶家老爷请罪，人家一盆水要泼出来才算了结，泼水意味着灭火。20世纪80年代前后，物质条件还比较艰苦，男家在家办酒席，婚宴上要有“老八盆”，除蹄髈、青鱼外还有四个荤盆等。

在整个婚礼中娘舅的作用不可或缺，除了铺床外，婚宴的开桌、发桌均由娘舅掌控，当然娘舅出礼也是最多的。

通安靠西太湖，太湖渔民的婚礼，虽较为简单，但其婚俗文化的内涵同样延续了“六礼”，旧时婚嫁限于本帮渔民之间进行。大船对大船渔民通婚，小船对小船渔民通婚，渔民不得嫁娶岸上农民。有出帖、占卜、待媒酒、定亲等。送给女家定亲的礼品，都蕴含吉祥的口彩。核桃、枣子、云片糕、甘蔗、茶必不可少，取其吉兆，还要送若干礼金。上述礼帖、礼品和礼金，分装于六只红漆果盘中，寓意六六大顺，再由六人分乘两条礼船，送至女方渔船上。女方受盘后须“回盘”，至此，婚约遂告正式确立。然后男家确定婚期送至女家，称“送通讯”。婚前数月，男家必备胡桃五斤、枣子六斤、云片糕两条，渔家俗称“五桃六枣包（你）糕（高）”，旧时还有银元、银手镯、各色布料等聘礼，俗称“带大盘”。女儿将出嫁，长辈请吃饭，俗称“出船板”。旧时，大船渔民亲戚一起搭喜棚，结婚前夕都要行隆重的敬神、祭祖仪式。迎聘，太湖渔民的婚礼是先吃喜酒再迎亲拜堂。其间还请神歌班子唱喜宴神歌，喜酒吃到太阳落山，方才开始迎接新娘。男家的迎亲人员将“两条被头一锁桶”的渔家传统嫁妆搬上迎船，称“搬迎嫁”。新人上船后，迎船鞭炮齐鸣，有拜堂、坐床、撒帐、挑方巾、喝交杯酒与和气汤、揩肉面、重礼新舅爷、待新亲酒等仪式，隆重讲究。太湖渔民重视姻亲，其礼重于陆地居民。

乡村一般都选择冬天举办婚礼，一因岁末稻田收获后有些结余，养的岁猪也可以宰杀备用了；二因正是农闲，亲戚可来相帮操持婚宴。直至20世纪八九十年代，喜事都在家里自操自办，提前做准备，杀猪宰鸡，请厨师掌勺，亲戚相帮，借好碗盆家什、桌椅，甚至向邻居借屋子放酒席，并有吃三天的习俗。现在婚俗有变化，独生子女结婚约定两家并一家的话，送礼两家相当，有的约定要养两个孩子，第一个孩子随男方姓，第二个孩子随女方姓。

二、 生育

中国传统认为，怀孕生子对于家族是件大事，俗话有“人养人，吓煞人”的说法。孕妇在怀孕时期有许多禁忌，忌吃甲鱼、黄鳝、兔肉、螺蛳。怀孕七月不做重活，“七上八下”以免早产。孕妇忌大喜大悲，情绪要平稳，须避喜轿，忌接触丧葬，孩子未生忌做鞋和亲朋送鞋。孩子必须生在婆家。进入预产期时，娘家要送催生包、催生面，以祈生产顺利。

旧时，妇女养孩子多养在随嫁带来的子孙桶中，由接生婆接生，产妇吴方言称“舍姆娘”。孩子出生三天，举行“洗三”礼仪，为婴儿洗身，通常沐盆里放长生果、枣子、桂圆等讨口采的果子，三朝具名即为婴儿取稚名，要求具名要区分出男女性别，同时举行汤饼会，亲朋送肉与布祝贺，称“待舍姆羹”，此俗仍流传至今。“舍姆娘”三朝吃粉皮汤开奶，七朝吃猪腰子、龙须面，十朝吃鸡、鸭、蹄髈汤。此外每天产妇须吃三碗苦草汤加红糖，以尽淤血。

满月剃头礼。旧礼讲究男孩双满月、女孩满月即剃头，如过月再剃被认为将来女孩多凶蛮之人。“满月做九不过十”，吴语“十”与“贼”同音。俗信二月二龙抬头，是剃头的好日子，忌农历正月、腊月、五月剃头，吴方言中，“正”与“蒸”谐音，剃头则易成蒸笼头，长大后头易出汗；吴方言中，“腊”与“瘌”谐音，此月剃头易成瘌痢头；农历五月百虫出，为毒月，不宜剃头。剃头多选初三、十六、廿七等吉日。外婆家送外孙金银项圈、手镯，刻有长命富贵的银锁片、银锁、老虎帽、虎头鞋等礼物。

剃头礼举行时，孩子要阿姨抱着坐在堂屋正中，婴儿的头发不能剃光，要剃得长短不一，称作“毛毛头”，通常有“桃子头”“刘海箍”“米囤”等样式。剃下的胎发不能乱扔，理发师将它揉成一团，用红绿丝线串起来，下面系红绿飘带，挂在小孩床上，据说可以压邪。剃好头后，先由母亲抱，然后亲友递相抱，阿姨撑伞抱到名字吉祥的桥上走一走，寓意成长顺利少灾难。并到大树上靠靠，望望井，以为胆大。孩子出生一百天，有过百日习俗，备百日宴，拍摄百日照留念。民间以“百岁”为长寿，婴儿百日即有祝其健康长寿之意。周岁则要遍请亲友，摆宴祝贺。旧时还有“抓周”习俗，《清俗纪闻》云：“周岁时，为观察婴儿之成长方向，于厅上桌，上铺毛毡，列置笔墨、书籍、金银、算盘等物，令婴儿抓取。如取笔墨，则将善于文章；抓书籍，则将来爱好学问，以后则教以书法训以儒学；抓取金银算盘，则以后将令其从事买卖之类。此日请亲友举办庆祝宴会，亲友馈送物品与满月时相同。”外婆做“周岁衣”，用米粉做成寿桃、寿面、红烛糕果“斋星官”，留客吃饭，分送肉面以示庆贺，称“做周岁”。满月、周岁有请宣卷班子来唱堂会的习俗，至今如此。

若家里人丁单薄或小孩体弱多病则要寄名，期荫护以保安康。或寄名神佛，或寄名孩子多的人家，寄名礼仪用七粒米、七片茶叶，加上长青植物千年蒀，纸上写孩子的生辰八字放入红绸袋中，忌用缎子，因谐音“断子”之故。胡朴安《中华全国风俗志·江苏卷》云：“吴县有小儿寄名神佛之俗：此风全境皆然。盖富贵家之小孩，娇生惯养，大半身体柔弱，时膺疾病。其家乃至庙烧香，用红布制一袋，置小儿庚于其中，俗名过寄袋，悬佛橱上。自是以后，每旧历年终，寺僧备饭菜，送小儿家中，名曰年夜饭，其家人必给僧以钱。凡送三年始毕。当过寄时，僧为小儿取名，譬如神佛姓金，即取名金生、金寿等类。”有的人家还到上方山认“老太姆”做寄娘，以求孩子能顺利长大。旧俗女孩到了十三四岁，有留头发仪式，犹如古代女子及笄礼，盘发插笄，以示成年。亲戚赠衣饰布料，娘舅礼最重，多送金银首饰等物，父母设宴请亲朋吃酒。

三、做寿

祝寿习俗，由来已久。《尚书·洪范》将“寿”排在五福之首，称“福”有五种：“一曰寿，二曰富，三曰康宁，四曰攸好德，五曰考终命。”《诗经》中有许多“寿比南山”“万寿无疆”等祝颂之辞。民间把“五福”释为福、禄、寿、喜、财，所谓人臻五福，花满三春。

通安习俗，做寿一般是60岁，此时称为“祝寿”。自己不可给自己做寿，如自己做寿，俗称“自作自受”，视为不吉利。旧时做寿很讲究礼仪和排场，乡村风俗，“做九不做十”，女儿要蒸制寿桃和寿糕，亲戚要送寿礼如寿桃、寿糕、寿面。寿糕的数量与做寿人的年龄相等，且须成双成对。堂屋高挂寿星像，以寿糕、寿桃、水果为供品，燃“寿”字香。午餐、晚餐的寿宴一定要有鱼肉双浇寿面，寿宴毕，请堂名和宣卷先生到家中演唱《祝寿歌》《八仙上寿》等以助兴。

四、丧葬

自古以来丧葬之俗繁复隆重，繁文缛节很多，持续时间较长，旧时有送终、陈尸、守灵、大小殓、做七、回煞、题主、开吊、出殡、守葬、守志等，丧葬民俗是社会生产生活的反映，具有丰富的文化内涵和地方特色。

通安一带自古至今有“送终”之俗。老人将逝，家人须日夜侍奉在侧，即使人在他乡，也得召回，见最后一面。旧时若子女未见老人最后一面并为其送终，是没尽孝，无子孙在身旁送终是一辈子的憾事，据说对小辈也不利。

死者气绝后，自寝室至大门沿墙插蜡烛点燃，称“地灯蜡烛”。同时，在宅旁天井或户外屋角处地上，插点一串方向偏北的香烛以引导死者“上路”。将死者蚊帐卸下，抛于屋顶，出殡后方可收下，并取死者生前衣服数件在家中院内烧掉，同时还要烧锡箔。若是家中老者去世，就把早已备好的寿衣，俗称“老衣”，拿出来给亡者穿上，单数衣十三件或五件或七件，颜色男用蓝色，女用红色，寿衣不钉纽扣，只缝系带。裤子则三条，衣料皆用冬衣料，谓阴间寒冷无夏之故。寿衣袖要盖过死者手指，否则被认为对小辈不利。死者所穿老鞋不纳底，只绘有荷花或梯子，表示升入西天极乐世界。给逝者剃头需要长子扶起。报丧者到亲戚家报丧，必吃一碗茶或一根香烟，回来不能先到自己家里。

死者尸体陈于门板或榻上，头南脚北，枕的是灯草芯的枕头，死者脚下须踩一个笆斗，外围挂素幔，头旁燃一盏灯，昼夜不熄，即长明灯，照引死者走阴间幽暗之路。请阴阳先生将死者生辰八字及家属生肖推算一遍，书成一纸，叫批书，上写有何时小殓，何时大殓，何日接眚，以及一切冲忌等语。亲朋来吊丧，丧家见之并不招呼，只把丧仪的白布带子、黑纱掷之于地，吊丧者自己从地上捡起戴上，然后点燃三支香，隔着素幔到死者头前跪拜。

民间有“守夜”之俗。古人认为人死后，魂魄不会立刻散去，三天内会回家探望，子女要守候在灵堂内，等他的灵魂归来。民间孝堂通常在堂屋正中挂斗大“奠”字，死者遗像供于桌上，两旁是子媳亲友的挽联、花圈。灵床前设供桌，供品有荤素菜肴、香烛，如是70岁以上有重孙的则点红烛。且有哭丧的习俗，哭得最响亮的是黄昏、半夜、凌晨，其中尤以凌晨最厉害，俗称“闹五更”。延请的和尚道士此时须木鱼磬鼓大奏，诵经为死者超度。戴白布带讲究儿子媳妇白布带两头平，女儿女婿一头平，一头尖。儿子头颈里是粗麻绳，媳妇头上要白布底上缀粗麻绳布，上面缝上一个铜钱、一个千年蒀及红绿布头，孙子头颈里戴白布绳。丧事期间亲戚如过夜，则须先告别一声从大门出去，然后再从后门进来。

入殓分大小殓。小殓是给尸体裹上衣衾，大殓是把尸体入棺，殓时饭含。入殓后停丧待葬则称“殡”。入殓时候，将棺木移至堂中，子女幼辈麻衣素服，号啕大哭。子媳用水抹死者面容，并沥酒入尸口，有的地方是含饭两口。小殓完毕，至大殓时则仅是补加定胜，钉上钉子，合口，唯有棺后端之长钉须由族长执斧小击三下，然后长子、长孙依次照击三次。死者长子端一红漆盘，内放有米、谷、豆、万年青一束，另一子捧死者遗像出殡，送到火葬场。火葬之前，亲朋绕场一周瞻仰遗容，火葬毕，则由长子或长孙捧骨灰遗像返回。回到丧家，亲友要吃糖水和云片糕，云可压邪。旧俗有抢发财，兄弟几个须媳妇抢先到家，把事先准备的燃烧砻糠灰的脚炉放在自家米缸里，预示发财有福。

旧时棺材入穴后，送殡一行人绕墓穴三圈。是日晚，则摆宴吃“离事饭”，菜品中必有豆腐，其他则与平时宴请荤素菜肴相同，客人吃毕不须招呼就可离去，俗称“豆腐饭”。亲戚回家须柴把火上兜一圈，洗洗手，以为辟邪吉祥。

人死后，亲属每七天设斋会奠祭一次，前后七次，共七七四十九天。如第一个“七”称头七，照例由儿子为亡父（母）设木主，焚纸钱，延请和尚诵经；二七则请道士诵受生经；三七、四七俗多由外甥、侄辈来做；五七、六七备受重视，由女儿备酒饭，无女则由侄女代劳。七七称“断七”，由丧家供奉酒菜祭奠，并诵经除灵等。现在简化为儿子做头七，由女儿辈出资做“五七”，请和尚道士诵经、设斋会，其他的“七”则简化，稍供糕点、水果、菜肴，焚化锡箔。清褚人获《坚瓠续集·腊忌》云：“人之初生，以七日为腊。人之初死，以七日为忌。一腊而一魄成，故七七四十九日而七魄具。一忌而一魂散，故七七四十九日而七魂泯。《易》曰：‘精气为神，游魂为变。’”古人认为人生四十九天而魂魄生，人死则四十九天才魂魄散，因此葬俗以“七”为期。通安习俗，头七馄饨；二七面；三七团子；四七糕；五七羹饭；六七撤灵台，摆粽子，下面放块红纸头，意即此粽子为新亡之人所有，红纸头是防止粽子被别的鬼抢去。

眚日，俗称“辟亲”。忌日当天，家中凡有露出的钉头均要包上红纸，将死者寝室布置成其生前模样，并以死者衣服放床中，幻为人形，悬挂眚神轴于床侧，设猪头三牲祭之。相传眚神俗称煞神，尖嘴鸡爪，面目恐怖，这天要带亡魂回家，丧家请道士做法事，此俗今已消失。今最重五七，习俗为女儿出资，请僧道做道场，称做羹饭、水陆道场、串渡桥、化红船，超度亡魂。民间逢忌日则要设斋拜祭，一年一度，满十年后，改为每十年一度。

民间葬俗的移风易俗从1949年开始，也经历了一个历史阶段，百姓才接受火葬，但入土为安的思想依然根深蒂固，所以即便是火葬以后，仍然要葬入土中才为圆满。

第三节　建房习俗

通安地处太湖水乡地区，部分丘陵平原。四季分明，雨水丰沛，百姓建房、居住多应天时地利而作，习惯选择高爽地段建宅基，坐北朝南，形成村落。一般东西向河道的民房，沿河呈“一字形”；南北向河道的民房，侧翼面河，呈“非”字形。交通便利的地段，乡民聚居的大村落，呈“田”字形。

住房结构，旧时以砖木结构瓦房为主，多为三开间、五架头或五开间。住宅格局，正屋一般为中堂，较宽，房间则稍窄，称“明堂、暗房、亮灶”。经济稍宽裕的乡民，在正屋两侧还有厢房，大多用作灶间、柴间，还有五开间双包厢或四合院房，一般乡民屋前还留有晒场。

苏州地方民间建房极其重视讨口采，历史悠久，传承不衰。据清张霞房《红兰逸乘・遗闻》记载：“《嘉莲燕语》：吴俗迁居，预作饭米，下置猪脏，共煮之，及进宅，使婢以箸掘之，名曰掘藏。阖家上下，俱与酒饭及脏，谓之发藏。欢宴竟日后，人复命婢临掘，向灶祝曰‘自入吾宅，大小惟康，掘藏致富，福禄无疆’。掘藏先祭灶神，然后食之。”

通安境域农家建房讲究择吉，住宅风水太平向，布彩安梁要唱《抛粮歌》，至今如此。民间还有顺口溜流传下来：“（20 世纪）50 年代住草房，60 年代盖瓦房，70 年代加走廊，80 年代造楼房，90 年代搞装潢。”由此可以看出通安民众生活水平随着社会的发展在不断提升。民间一些建房的民俗事项，保留得比较完整。简述如下。

选址定向。建房须择向。旧俗，建房时主家把全家人的出生时辰、生肖写给阴阳先生，请其看风水、定方向，确定建房日期，旧俗叫“拣日”。但方向要坐北朝南，略偏西 2°—10°左右，谓之“太平向”。这种住宅，以房前有开阔的平地为最好，冬天可以避开凛冽的北风，夏季多吹东南风，房屋内又比较凉爽，可以避免东升西落的太阳直接暴晒。定向时，如果几家平行建房，必须在一条线上，即方向一致，不能一宅二向，又必须同样高低，旧时认为错前的叫“孤雁出头”，屋主会丧偶；错后的叫“错牙”，居住此的居民不平安。房顶前后的檐水或两家之间的檐水不能相连，俗话说：“前檐接后檐，年年哭涟涟。”若有人违反，今后不管哪家出现意外事故，都要怪罪于违犯民约的住户头上，不但要破财，还要道歉。

破土、驳石脚。利用旧房宅基翻建新房或出宅新建房屋，主人根据阴阳先生拣好的日子、时辰，在天亮前（俗称四眼不见）按照阴阳先生指定的方位、方向用铁的农具破土即可。早晨破土后，当天即开工（开石脚）。民间传统认为全年有两天可以任意动土，一是清明，据说这天是太岁交接班的日子，他不在地下；另一个日子是大寒日，太岁封印不办事，因此不必请阴阳先生拣选良辰吉日。自动土之日起，必须每天去挖一次泥，直至摆定宅基的石脚为止。其间只要停一天就前功尽弃，又要请阴阳先生重新拣日选时。

屋基确定后第一道工序，即驳石脚打基础。如果是用石块做基础的，由泥水匠经好线后，用大小石块搭配进行驳石脚。如果没有石块用混道砟做基础的，由6人或8人进行，分拉夯绳和当夯把，齐心举起后用力打下，把垫墙脚的乱石头、道砟打结实，打夯动作必须协调，打夯时由掌握夯把的人领唱“哼调”，也称“夯调”。石脚驳好，矫正地平后，泥水匠用直尺进行兜方，即四方在同一水平上，没有一点高低差错，然后泥水匠若干人先在两侧山墙开始砌墙，一般在阴阳先生拣好上梁日子前要把墙头砌好，决不能影响上梁。

上梁。山墙砌好，将正梁搁在山墙尖顶上，称“上梁”，俗称“竖屋”，是建房中最重要的环节，关系到房屋的安危和子孙后代的幸福，因此仪式隆重。旧时要请风水先生选择黄道吉日的最佳时辰，把正梁架上，否则住进新屋有冲碰和不利的事情发生。亲友们于上梁那天办“上梁盘”，送喜幛、爆竹、鞭炮和制作精巧的糕、团、面条、馒头、粽子、水果、糖果、猪后腿、两条大鱼、两箱酒等。上梁时辰一般都选在白天午时。上梁之前，正间各梁上贴红纸，写“福”“福星高照”“紫气东来”

“三阳开泰”“福如东海”“寿比南山”等吉利语，新柱上贴有“立柱喜逢黄道日”“上梁巧遇紫微星”等吉利对联。

布彩。即把红绿布条挂上梁，安放在正间的脊中间，木匠工头边放边唱：“红绿生来千根纱，亲朋买来送主家。左边飘来灵芝草，右边赛过牡丹花。灵芝草，牡丹花，江南号称第一家。”

叉梁，即将桁条提升上去，唱词为：“手拿千里叉，叉上万年梁。一叉叉到半天空，摇摇摆摆像金龙。”

安梁，即将桁条架到梁上去，词为：“金龙安在木龙身，竖柱直来桁放平。”

浇梁。待最后一根正梁上好后，木匠用随带之酒浇梁，唱道：“手擎银壶亮堂堂，请来师傅到府上。瓦木师傅带喜来，正遇吉辰双浇梁。”

登高。浇梁完毕，木匠就在中天柱（脊柱）上靠一张梯，然后头顶一只盘子，盘子里放铜钿、兴隆馒头、包梁布、桃子、糖果等物，一步步上去，边爬边唱颂词：“脚踏兴隆富贵地，手把万丈紫云梯。脚踏云梯步步高，手把花树采仙桃。祝贺主家千年富，儿孙满堂红光照。”

接宝。木匠登高后，用一把红线扎好仙桃或包袱，从上面放下来，向主人献宝，包袱或红纸包内放一支压发（如意簪）和一块米糕、一只馒头，房主夫妇用红毡毯或红被面接宝，房主人一定要抓住毡毯，不脱手为大吉大利，同时唱：“一对和合来接宝，先接金来慢接银。接得金银尽受用，五谷丰登六畜兴。”

抛梁。在鞭炮声中，正梁架好，匠人站在梁上向下抛掷糖果、水果、兴隆馒头、定胜糕等，任孩童、乡邻、旁人争拾，称之为“抛梁”。抛梁预兆主家日日兴旺，拣到抛下的物品亦交好运，馒头含“圆满”“满意”之意，糕寓“高升”“高兴”之意。抛梁是上梁仪式的高潮，匠人工头边抛边唱：“抛梁抛至东，主家洪福乐无穷；抛梁抛到南，代代子孙中状元；抛梁抛到西，西方路上见金鸡；抛梁抛到北，八仙过海来竖屋。”抛梁完毕，工头当众高声诵读柱上对联：“立柱喜逢黄道日，上梁巧遇紫微星”，并连喊三声“吉星高照”。在欢笑声中，主人发喜钱。仪式完成后，主家请工匠以及亲友吃点心。晚上房主备丰盛酒席，俗称“竖屋酒”，宴请全体泥水匠、木匠和帮忙建房的小工及主要亲戚吃“竖屋酒”。上梁那天，旧俗东家全家老小都穿新衣，主妇要穿红裙，据说可以免火灾。

做屋脊。建房十分重视做屋脊。有翘屋脊、龙头脊、镂空脊、云头脊等，屋脊除保护主梁外，比其他各项建筑技术更能显示出整个造房工程的完美，其颂词云：“新做屋脊两头翘，今日万福又来到。屋脊新做像条龙，荣华富贵多兴隆。”太湖一带的民居中，回纹式屋脊头用得较普遍，即在屋脊头两端，以回纹作装饰图案，屋脊头底部则翘起小于45度角。有的还在屋脊头上添加了线条流畅的卷草纹样，象征富贵不断头。远远望去，给人曲折有致、古朴悠远的美感。还有紧门缝、砌新灶、上楼板、做楼梯等仪式。如新灶砌好后，要在灶上烧“发禄火”，连着烧水，直至把灶烘干。

进屋。拣好吉利日子，搬进新屋居住，俗称“进屋”，进屋要以一桌酒菜祭祀祖宗宅神，祈祷祖先宅神保护平安康泰，祭后方可搬入新居。

圆屋酒。新屋盖好屋顶，新房竣工落成，主人要办“圆屋酒”。除亲友、工匠外，凡帮助造屋出过力的亲戚和乡邻，都要被邀请来吃“圆屋酒”，酒席均摆在新造的房子里，大家喝酒吃菜热热闹闹，寓新屋落成后兴旺发达。

第四节　民间信仰

通常民间神灵分成祖先神、宗教神和民间俗神等类型。《红兰逸乘·琐载》卷四云：“吴俗敬鬼神而尚巫觋，故庙宇无不崇焕。”千百年来通安民众，初一月半，神灵诞日，逢庙烧香，遇节设供，尤其是与民众生产、生活密切相关的地方神如猛将神、白龙神、大禹、东岳大帝等，皆受百姓虔诚烧香祭拜。对通安经济文化建设有贡献的仁人志士，民众亦视为当地的土地神祭祀。这反映了吴文化背景下民间信仰传承性和变异性的特征。

佛教自三国时期传入吴地，东晋时期的高僧支遁（道林）在吴县西郊建支山寺，周边的放鹤亭、白马涧等皆因之得名。阳山有白鹤寺，始建于唐代，明代以前，阳山周围已有澄照、白鹤、白龙、宁邦、凤凰、净明、大慈、妙静、半山、贺九岭、文殊、昭明、甑山等十余处佛寺，庙有灵济、东岳、三法司、大王、山神等，庵院有云泉、云路、松隐、集庆、景福、正信、凤祥、观音、寄心等。佛教与道教信仰遗迹颇多，民众初一月半烧香拜庙久衍成习，形成庙市。

通安唐后属于长洲县域，亦好祭鬼神，迎神赛会、出会行街颇为繁盛。每年农历的三月二十八至四月二十八的一个月里，由当地的庙主（有权威的财主）选定何日为庙会的会日，接着预先十来天就出通知，村民准备各色表演项目。到出会行街的时候，鸣锣开道，专人扛肃静、回避牌，队伍旌旗招展，逶迤几里，其中还有臂锣臂香、走高跷、抬阁、抬上轿、舞龙舞狮、挑花篮、荡湖船等表演队伍。队伍末梢“大老爷”（庙中神像）驾到，看会信众皆手拿点燃的香烛跪拜在地，并口中念念有词，祈祷太平丰收。

此外还有提醒民众防火防灾的“抬火神”会，民国前后，通安镇的庙宇中，大多有火神殿。火神，被认为是一方的管火之神。民间传说，每年在一个地区，上天要取一幢民房，农民为了避免或减少火灾的发生，各村庄上由群众自发组织消防活动，叫“火神会”，即有8—10户不等的人家组成，每年一次轮流抬火神巡游。

抬火神要请一班吹鼓手，邀约亲朋好友，斩猪杀羊供祭火神菩萨，与此同时，搭起一个茅草屋，整晚祈告祝愿，待到天明，把搭好的简易茅草屋纵火燃烧，同时鸣锣大喊：“乡亲们快来救火呀……”在场的乡亲提桶端盆，舀水救火。其实救火是假，演习是真。抬火神会就是民间自发组织的消防演戏，衍成习俗，也是老百姓防灾减灾自我教育的一种方式。

但对于频繁的庙会活动，有识之士有所担忧，认为奢靡徒费民资，无益民生。乾隆《吴县志·风俗》云：“吴俗信鬼崇巫，好为迎神赛会，高台演戏遍及乡城。会首竭力经营，香花罗列，借巨室之金珠翠钿，装饰孩稚。或坐台阁，或乘俊骑，名曰舍会。明时王穉登已忧其生祸，至近岁之会，台阁奢靡，尤倍于昔。”

有庙必有市，庙会存在至今，兴盛不衰，究其原因是民众需要有心理依靠，信仰仪式在心理上依然可以使个人与个人之间、个人与群体之间取得共同信仰上的联系，庙会还可以解决人们物质和精神的交流问题。崇拜的产生与盛行，是民众精神上的需要，也是情感上的需要。神灵使人产生对群体的皈依感，它给人以精神和心理的安慰，也给人以强有力的安定感，故此千百年来传承不衰。择要详述如下。

一、 猛将会

在广袤的太湖流域，民间有位神灵，流传久远，传说这位神姓刘，故又称刘猛将、刘天王等。在历代江南地方文献笔记中，猛将的原型是宋代一位抗金名将刘锜，传说他死后显灵驱蝗，被南宋王朝封为“扬威侯天曹猛将”。清雍正时改变其原型，又出现一个刘承忠，把他封作“驱蝗正神刘猛将军”，列入官方祀典。在民间信仰和传说中，他却成了一位受后母虐待的放牛少年，驱蝗虫而殁，得到民众的爱戴和祭祀，对猛将神的信仰至今不衰。

车锡伦、周正良《中国宝卷研究》中认为，刘猛将的神格，历史文献记载是驱蝗神，清代官府也是把他作为“驱蝗正神”列入祀典。但是在江南地区的民间信仰中，祭祀猛将的主要意义不仅仅为了驱蝗，更在于农民祈求他驱除农作物的病虫害，风调雨顺，稻蚕丰收。渔民祈求捕鱼安全，鱼虾丰收。明代以来，太湖地区祭祀猛将愈演愈烈，明清笔记记录颇多，如《清嘉录》卷七“烧青苗”条云七月间，“田夫耕耘甫毕，各醵钱以赛猛将之神。舁神于场，击牲设醴，鼓乐以酬，田野遍插五色纸旗，谓如是则飞蝗不为灾，谓之‘烧青苗’”。并云当时此风横塘、木渎之处尤盛。

通安的猛将会流传至今，并形成了地方特色。猛将会是轮流坐庄。旧时抬猛将一般定在夏、冬两季，夏天的叫夏猛将会，即在莳秧之后。冬猛将会在秋收以后，根据议定谁先谁后计划轮流进行着。待选定吉日之后，还要向亲朋好友发出喝猛将酒的邀请，届时各送上些礼物（以钞票为主），在镇西南一角的村民把抬猛将看得格外重要，若经户主邀请而不赴宴者，即标志着亲戚往来之断交。

通安乡村视抬猛将同办喜事一样隆重。吉日，场上搭起“木园堂”，上午抬猛将的壮汉随吹鼓手们去庙里抬回猛将老爷，放在“木园堂”客堂中央供祭，全村都出来看热闹，同时另有明年轮到自己抬猛将的户主偷偷地溜到厨房去称一称“蹄髈”（生坯块肉）多少斤两，做到心中有数，来年不得少于前者，否则会被人背后评头论足。吃罢午饭，“东家”带领大家抬着猛将老爷，吹鼓手一路吹吹打打，挨家挨户将猛将老爷放到人家大门口供祭，并由一名吹鼓手念念有词地唱到：“千载流横到门来，一支清香接大人，生意兴隆通四海，一年四季保太平”，接着由预先安排的二人和着：“六阿六六来……”然后，赠上上天王小红旗数十面，当家人拿了小红旗插到自家庄稼田里，可起到驱虫消灾、保丰收的作用。因为与稻谷收成密切相关，各家各户十分重视，早早准备好素供、清香，候猛将老爷抬来，即磕头进香，祈祷护佑丰收与安康。

猛将出会也是民间盛大的节日，村民们特别是村中妇女都打扮一新，争相看出会。清严用三《猛将会竹枝词》诗云：“竞看赛会棹扁舟，村俏成群意气浮。桃柳风翻裙褶乱，歪斜吹散牡丹头。”“髻少乌云步少莲，布衫浆簇靛痕鲜。青团黄粽争相买，挖出荷包尽白钱。”“朝来挈伴过河东，为助神前花供共。每分三星须白镪，胎缨凉履各称雄。”“会毕分班上快船，腿酸脚软急呼烟。面筋蔬菜新煎酒，醉饱归来就凳眠。”

二、 白龙省母

通安附近阳山，古时候有灵济庙，与龙神信仰有关。历代相传，东晋时未婚女缪氏产一小白龙，每年三月归来省亲，同时带来风雨，润泽一方，缪氏因成龙母，民皆祭祀不断。晋以来建寺庙，历代官员增其旧制，不断重修，且龙母历代有封，历代文献笔记载亦颇丰富，至宋代，白龙传说已基本成形。

西白龙寺在阳山中段山西的青山鸡峰上，与阳山东面的灵济庙形成“对称”两龙庙。传说龙母缪姑娘生下白龙的地方，就在这里的“龙母冢”上。苏州解放后，西白龙寺尚有香火，寺内有宋明清碑刻多块，并有清代的鼎炉、寺庙钟多个。寺内还有古柏一棵。龙母冢前碑题“龙母神墓”，由明苏州知府况钟建。1958 年“大跃进”及 1966 年“文化大革命”中西白龙寺两度遭摧残，彻底被毁。原庙今已不复存在了。

当地还有民间传云，东晋隆安年间，阳山麓下缪家女，日暮时砍山柴回归，途中遇一白衣衫白髯须的老人，给缪家姑娘吃了一包点心，岂知从此腹内有孕，左右邻舍议论纷纷，父母有失颜面，怒把缪姑娘赶出家门。从此缪姑娘露宿山崖觅食野果，次年的三月十八日，在滂沱大雨中产下了一条小白龙，当缪女见白龙举爪向她恭拜时惊得昏死而逝。小白龙入小池沐浴后即升天而去，据说后来分掌潇湘，远居湖南，但每岁必来阳山探母尽孝。又为当地百姓赐福，留下“龙精龙屑”，阳山盛产的白垩（即高岭土）传说即来源于此。

白龙归来省亲与当地稻谷收成密切相关，《清嘉录》谓三月十八日为白龙生日，“前后旬日，阴晴不常。乡民以是日雨白龙归，谓龙归省母则有秋”。“有秋”即秋天稻谷丰收之吉兆。袁景澜《吴郡岁华纪丽》：“吴中泽国也，龙以为蓄，则田禾无旱暵之患，三月十八日为白龙生日，前后旬日阴晴不常，是日雨，人言龙归省母也。雨，则有秋。吴之阳山多云雾雷雨，在昔典午隆安中，有缪氏女产白龙，后人祀龙母于山之澄照寺，即今灵济庙也。”每年神龙来时，百姓还要举行迎神送神的仪式。明高启有《白龙庙迎神送神曲》传世。

综合历代记载可知，龙母庙与龙母冢、龙湫来历皆与龙母生子的传奇故事有关。传说中的白龙神孝不忘亲、泽被乡里，符合儒家提倡的忠孝思想观念，历来深得人心，故而被统治者赐封有加，对于稻作发达的太湖流域，白龙神的到来带来了春耕需要的雨水，有利农事，故而民间祷祀尤诚。

三、 草鞋香

农历三月二十八日为东岳大帝生日，东岳帝是道教神，由最初的泰山神演化而来，是掌管天下人死生的神灵，因此民间对它信奉虔诚。东岳大帝诞辰之日，民间士女烧香化纸钱，或有为父母请“寿”香，或有请“喜”香者，络绎不绝。旧时东岳庙遍及城乡，迎神赛会城乡遥相呼应。但以管山的东岳庙影响最大。

据《吴郡岁华纪丽》卷三云：“（三月）二十八日为岳帝诞辰……郡西观山有行宫，社会尤盛。俗以进香者乡人居多，因名草鞋香。是日，村农尽出游遨，看会烧香，摇双橹出跳快船，翱翔市镇，或观戏春台。其有荒村僻堡，民贫无资财，亦复摇小艇，载童冠妇女六七人，赴阛市，赶春场，或探亲朋谋醉饱，熙熙攘攘，以了一年游愿。田家雇工客作之夫，亦俱舍业以嬉。香会到处，观者林林总总，山填海咽。俄顷会过，桑柘影斜，绿云遍野，酒人满路，日夕乃归。盖自是田事将兴，农家浸种，布谷催耕，无暇游赏矣。”清人徐崧、张大纯《百城烟水》亦记载：“观山道院有东岳行宫，诞日进香者多乡人，俗呼为草鞋香。”

管山东岳庙相传宋代所建，历史上多次废兴，留下文献众多。管山东岳庙内左为三法师庙，后有三官殿，右侧为药王殿，相传为管霄霞成仙处。半山为来鹤道院，供奉玉皇大帝。旁有吕祖宝阁。供奉的神灵还有伏羲、神农、黄帝、岐伯等。主要信仰活动有：正月初九为玉帝生日，观山的道士要在这天设道场，斋天“烧天香”。正月十五是天官生日，七月十五是地官生日，十月十五是水官生日，合称“三官”生日。天官赐福，地官赦罪，水官消厄。信众在农历正月、七月、十月的初一至月半要连吃十五天素，谓之“三官素”，并结队朝山进香，更有虔诚者端着小凳，插香点烛，一步一拜上山，称为“拜香”。下山时，请写有“三官大帝”的灯笼一盏，回家插在门上，云可以消灾除厄。农历二月十二是百花生日，四月十四是吕仙生日，六月二十三是火神生日，六月二十四是雷神生日。因此，管山东岳庙为中心形成了苏州城西道教文化重要遗存点，道教的各路神仙汇聚于此，因而进香队伍一年四季络绎不绝。

管霄霞其人，历代方志所记不多，据《浒墅关志》卷十七记载：“管霄霞不知何许人，相传始皇时隐管山成仙，故以其姓名其山，仙人洞、来鹤峰皆其遗迹，明王穉登游山诗有‘断碑空记管霄霞’之句。”

据考证，观山即管山，相传为秦管霄霞成仙处，因名管山或管峰，明代岳岱《阳山志》称管山，名《长洲县志》称嶦山，又称獾山。吴语“管”与“观”谐音，今称观山。

四、 轧莲花

轧莲花是通安民间信仰生活中的一件大事，时间是每年农历七月晦日，地点是通安金墅莲华（花）寺，又称青莲寺。此日，里许长的金墅港河边樯帆林立，运载香客和商品的各式航船云集，买卖兴旺成市。

据民国《吴县志》卷三十七记载：“莲华教寺在县西北五十里金墅镇，一名青莲寺。唐神龙二年，居民刘氏井中生青莲花，因舍宅建。明崇祯元年，僧常彬募资重葺。明文震孟《重修莲华寺大佛殿记略》：茂苑西，镇名金墅，有寺曰莲花者。系先朝里人刘文隆舍宅，寺以井现青莲得名。迄今岁月既杳，风雨相摧，殿倾已甚。乃有梵僧常彬于此驻锡，晨钟暮呗之下，慨然念大士淋漓，禅宫剥落，募集金钱，鸠工重葺。虽众檀那捐资乐成，而衲子彬不惜拮据经营之苦是可录也。”

民间传说唐朝神龙年间中原战事频繁，刘文隆带兵出征，屡建战功。班师回朝，唐皇钦命，带兵三千兵马回家乡金墅省亲。谁知他临近家乡之时，却听说正是其妻改嫁之日，悲痛欲绝之际，他只得下令兵马停至家乡后面的一个村上，自己脱下战袍，微服回家察访。至家中掏出 18 年前夫妻分手时的信物一只雌性蝴蝶与其妻相认时，其妻自惭不已，当即投井自尽。此井名为八角井，位于该寺大雄宝殿西北侧。刘文隆固执地认为，有其母必有其女，母不守节其女则也会不贞，会再伤风败俗，留下千年笑柄。于是他将两个亲生女儿活埋在一枯井内，内装着两缸果子，点上灯草油灯，油干灯草尽，两缸果子吃尽，两女孩被活活饿死。后葬之于莲华寺西北侧，民间称“小娘坟”。刘文隆看破红尘，遂向皇帝谕请，要求舍宅为寺，削发为僧。皇帝念及其功业，于是下诏书敕建莲华寺，并将三千兵马分散居住在附近，留下了三千浜的地名，刘文隆本人当了莲华寺的住持。传说与明岳岱《阳山志》中“里人刘文隆捐宅为寺”的记载相距甚远，只有故事的主角刘文隆名字相同而已。

金墅街附近一带，还流传着“轧莲花”的神奇故事。传说在莲华寺内有一池塘，池塘里藏匿着一条专门吞噬人畜的蛇妖。每年农历七月晦日，隐藏在池中的蛇妖，吐出长长的红舌伸在水面上，缠绕成一朵莲花的形状，引诱善男信女坐莲花升天。待人坐稳在“莲花”上，“花瓣”慢慢卷拢，把活人卷噬入肚，葬身蛇腹。每逢坐莲花日，四面八方的人也要来“轧闹猛”，这就是千年延续至今的“轧莲花”。

相传王状元母亲也想到西方极乐世界去，就嘱咐儿子一定要让她坐莲花。王状元看到坐莲花的场景，感到有诈，于是心生一计，待到“坐莲花”时辰，王状元却让母亲慢一步，自己要先献上礼物。待三大袋“礼物”放妥在莲花上，没多久，只见池水飞溅，似有异物在池里翻滚，过了一段时间，池中浮起一条巨蟒尸体，蛇腹已爆裂，围观百姓惊骇不已。这时王状元把实情向大家道明，原来这三大袋礼物全是生石灰，巨蟒误食而死。众皆对王状元巧妙除去害人妖精、破解迷信而感恩戴德。巨蛇已除，人心安稳。但七月晦日轧莲花的习俗却流传了下来，至今如此。这些传说虽荒诞不经，但从中也可以看出莲华寺及轧莲花活动在当地的影响。

采访当地居民得知，莲华寺在“文革”中被夷为平地，四大金刚也被红卫兵搬出来，放在寺前琵琶桥上焚烧，致使武康石的桥面断裂，桥也随之垮掉。庙宇拆毁材料搬去造了生猪繁殖场，荒芜的庙址成为了金墅大队搞副业种植蔬菜的地方。20 世纪 90 年代末，当地信众开始在两棵银杏树下搭小棚子烧香，旋即被拆，后又屡建屡拆，直到 21 世纪初始建简易房屋五间，后渐渐恢复，现在建有照墙、天王殿、大雄宝殿、两层楼东西辅房等，颇具规模。初一月半信众皆来烧香祈福，成为当地香火兴旺的名刹之一。

除了上述提到的部分民间宗教场所和民间信仰活动以外，通安西濒太湖，民皆信仰大禹，据清顾震涛《吴门表隐》卷九记载："金墅夏禹王庙，湖水涨泛，农田淹没，惟此庙水到门乃止。"所载即今大王庙，已经搬迁至莲华寺东约二里重建，初一月半香火旺盛。实地调查采集信众资料表明，迁庙是因为太湖水浪太大的缘故，时间大约是清末民初。现庙内供奉有大禹及两个助手（赵龙王、关龙王）、蚕花娘娘、天妃娘娘、大王夫人、如夫人、丫鬟等。还有观音菩萨、玉皇大帝、叶天士、刘猛将等。供奉有木质船模型，寓意风调雨顺，顺风顺水，旁边有一马、一马夫立像，寓意通达。当地民间传说赤脚大王即大禹，其赤脚下河开通西太湖劳累过度去世，民间因而世世代代祭祀他。近年来农村城市化过程中，拆迁村落庙宇里的神灵也会供奉到这里。现在庙门楣上的牌匾为金堂庵，也面临着拆迁。

总之，民俗是一种地域性很强的社会生活文化，通安民俗也是苏州民俗文化的组成部分之一，区域民俗文化特色的形成是与它所处的地理环境、自然条件和历史文化背景密切相关。通安的民俗传承有着崇尚礼仪、重节好游、讲究生活品位的民风特色，它所体现的民俗精神和强大的生命力，是我们取之不尽，用之不竭的文化源泉和精神财富。

第三章 传统工艺

太湖之畔，阳山脚下，大自然赋予通安独特的地理环境，也孕育了通安丰厚的人文生态。在长期的农耕文明时代，通安镇与各地农村一样，竹器、木桶、麻骨灯等，曾伴随着乡民们年复一年的生活；草席、刺绣、缂丝、木雕等，也曾是农家不可或缺的家庭收入。这些，都是曾经与通安乡民祖祖辈辈的生产生活一路走来的非物质文化遗产。

也许是因为太过习以为常，对于这些非物质文化遗产特别是传统技艺的记录，通安人似乎一直都很“低调”，总是只为“前店”的鲜亮而默默埋首于“后坊”，且还吝啬于留下更多笔墨资料。随着新型城镇化的建设发展，那些曾经的辉煌与盛况正渐行渐远：打草席已经“谢幕”多年；“做绣绷”也依旧坚守于“后坊”。

在“关西草席”曾经的余辉里，圜作、草编与云泉茶正在成为开发旅游文化的丰富资源；传统九连环启迪着新时代孩子们的心智；“麻骨灯”演化成了中秋“走月亮”的兔子灯；通安绣娘也要发掘自身优势，从默默精制细作的“后坊”走到打响自己品牌的“前店”来。希望这些曾伴随着老通安人一路走来的非物质文化遗产，还能继续与新通安人一路相伴前行。

第一节 关席制作

春秋时，吴地就已有“种草织席”的习惯。苏州草席，早在隋朝即闻名全国，北宋时为朝廷贡品。关席，因地处江南水陆交通“活码头”的浒墅关成为周边乡镇所产草席集散之地而得名。明清时，京杭大运河七大钞关之一的浒墅关更成为全国知名的草席专业市场。关席的主要产地，在浒墅关及周边的通安、望亭、东桥和黄桥等乡镇方圆数十里。特别是通安、金墅一带，所产双草席早在北宋时就是皇室贡品，岁贡“花席二十合”。这里，是关席（特别是高档席品）的主要产地。关席之所以柔软光滑，坚韧耐用，民间谓之“碗水不漏，祖代传用”，既得益于成熟的传统织席技艺，还得益于当地种植的“淡水草”席草原材料。

一、 席草种植

关席所用之草，原本是阳山当地野生松针状丛草。此草形似茅针，丛生发棵，成散射状，莎草科属。当地先民了解了这种草以种子繁殖、生根发芽缓慢且呈变异退化状的特性，便将漫山遍野的松针状丛草移到水田沃土中精心栽种，培育出一种无性分蘖的淡水草。这种淡水草达到了较理想的培植效果：草叶色泽青碧，细腻柔软，粗壮拔长，韧性十足，具有较强的纤维拉力，成为编织席子的上好原材料。

通安一带对席草有许多俗称，如菅草、蔺草、藨草、开宝草、灯心草、龙须草、松针草、丝草等。关席用草，主要就是当地培植的棉衣类席草，俗称淡水草。从民国时起，就有外地席草品种渗入，但关席业内一直是排斥外地品种的。20 世纪 90 年代后，因需求量的增加，不少织席专业户大量购入安徽省无为、庐江和巢湖等地的大黄皮类草种移植。这类席草因草田灌溉中含有盐、碱性水质而草色青黄、纤维度较脆、拉力较弱，且水分较重，被俗称为咸（盐）水草。

关席产地处于江南水乡，气候温暖，雨水充沛，为席草生长创造了良好的条件。当地席农将棉衣类席草的种植期总结为“席草冬月种，来年小暑割”。小暑，又正值江南水乡出梅时节，因此席农又把当地培植的棉衣类席草誉为“梅里青”。

席草从栽培到收割上场的生长期，大约为260天。10月上中旬栽培，霜降前移栽。来年夏至前后，席草生长达到旺盛阶段，到7月初收割。席草收割后草田留种，到10月上旬有3个月左右的秧期。席草移栽的草田，要求与水稻田一样能够有排有灌，且以“烂田”（有6至7寸熟土层及腐蚀质）为宜。整田后，草田须即施基肥，灌水沤烂，待耕耘耨平后再行栽种。席草生长中，对草田要做好水、肥管理。开春，要施一次“起身肥”；在席草生长最旺的芒种至夏至期间，又须追施速效肥，同时除草并防治病虫害。

通安有“小暑不割草，大暑白云飘”的农谚。意思是，不可错过小暑期间草田割草的收获季节，收割后还得抓住大好晴天将席草上场晒干，让阳光烤透，这样才能确保席草色泽青白，粗细匀称，纤维丝韧长拉力强。

历史上，随着关席的市场需求，席草栽培曾呈现过面积广、批量大、规格多的态势。因行政区划的变动，历史上对通安镇席草种植没有确切数据记载。据业内老一辈回顾，在明清时期，通安、金墅、浒墅关、望亭等乡镇共有草田曾达到9000亩左右，民国初期降为3000亩左右。据《吴县志》（1993年版）载，吴县席草种植面积曾在20世纪50年代中期、60年代中期和80年代中期先后有9个年份超过10000亩。其中1986年席草种植面积达到15460亩，总产量9508吨。这主要是浒墅关、通安、望亭、东桥和车坊等五六个乡镇的数据，从中可见当时席草种植盛况之一斑。后来，草田面积逐年减少。当时的棉衣种“梅里青”亩产在1200斤左右；大黄皮种亩产在1700斤左右。进入本世纪后，随着关席市场的衰减，新型城镇化建设发展，通安镇及周边乡镇的草田种植规模与产量便年渐式微。

关席编织对席草质量要求很高。长期以来，业内已积累并形成了席草质量标准与检测机制。直到中华人民共和国成立初期，都由席草行自检、席业公所督检。20世纪60年代起，席草收购销售统一由供销社系统实施“统购统销”，并完善了相应的席草收购质量标准。主要分为甲乙丙丁四级。甲级草色青白均匀，草针韧性中透硬。乙级草色青白均匀，草质硬，略有混杂。丙级草色略有黄色，但不失均匀，允许有少量枯黄、水脚草渗入。丁级最低，整体（以捆为单位）类比逊于丙级草质。

二、 关席的种类及发展

根据草席编织流程中的工艺或用料不同，关席分为脐席（和合席）、隐梢席、水朴席、油朴席、通草席、双草席等不同品种。脐席、隐梢席、通草席、双草席之分，是就草席组成排列中草纬长短与草梢交接组合或用料多少而言；水朴席、油朴席之分，则是就编织过程中经线揩水揩油的不同而言。

脐席，俗称和合席，是关席的原始品种。以黄麻为经，席草为纬，草分两段，草梢相交的接头处露出在草席背面中央，形成一条六寸左右的“脐带”状，脐带中间有不等的皱起，因而名“脐席”。草席正面也同样在中央形成自头至脚的有脐带状，似条状“小河”，把草席幅分成两半。由此，也被叫作“鸳鸯席”，以讨“鸳鸯和合席”之口彩。脐席具有质高耐用的特点，为当地百姓乃至苏州水乡人家婚嫁喜庆所必备。这一风俗延续至今，即使是在不用草席的冬季也是如此，只是口彩有别，叫作“和合眠（棉）席”。

隐梢席，由脐席（和合席）改进而来，是关席中的大众产品。产量占关席总产量的75%—85%。所谓“隐梢”，是指编织过程中将席草的草梢在左右相交时，衔接得隐去草梢。隐梢席的特点是经济实惠，大方实用，为一般用户所青睐。

油朴席，是“关草”中的上乘席品。编织过程中要对经线不断揩油，通根编织；在添草中，由三头三梢隔花编织而成。油朴席编制严谨，坚牢不舍，泼水不漏。过去编织油朴席，通常是妇女添草男子压扣（也有双男编织的），其用工用力都超过普通席的编织力度，所以油朴席规格一般以2—3尺为多，如要加阔为双人席，则须得定制。

水朴席，为关席中狭席的主产品。水朴席的编织工艺与油朴席相同，只是筋线揩水不揩油的不同，因此以“水朴”名之。

通草席，因油朴和水朴席之别无法以肉眼判别，又因其席幅均由一根通长席草贯穿于席缘的两端边茎，所以又将油朴席与水朴席通称为通草席。

双草席，为关席中阔席的高档产品。所谓“双草”，是指在编织过程中其经料和席草都成倍加重，双草作纬，工细牢固，斤两较沉。由此编织的双草席，席面经络稠匀，草色相当，青白分明。双草席作为关席中的稀有珍贵产品，用作“贡席”的居多，产量仅为关席总产量的20%左右。“贡席”之名源于明清，因贡席专供皇帝享用，因而又有“龙席”之誉。到民国年间，因不再有专贡席品上京，所以已名存实亡。

在关席的发展中，还有一种纱经席。纱经席以纱线为经，席草作纬，产品多以枕席、童席、榻坐席、垫席等为主。纱经席以棉布包边，印有各式图案花边，形成文化产品。

关席生产历史悠久，不同规格品种的席品逐步形成了相应的产区。作为关席的主要产地，特别是高档席品的主要产地，通安镇域内也形成了不同品种的生产区域。一是双草席产区：金墅、砖桥头、塘基廊等村，约15平方千米范围。以生产4尺阔幅以上双草席为主。二是油朴席产区：长巷浜等及周边村。三是隐梢席产区：唐家桥、西湾塘、西浜等及周边村。四是脐席产区：流布比较广泛，主产区以浒墅关镇东北为主，通安镇也有生产。五是纱经席产区：蒋巷里、江巷浜等村为榻席、纱经席主产区。

关席自出产以来，逐渐孕育形成了草席品市场，千百年来久盛不衰。据《吴县志》（1993年版）记载：“明清时期，浒墅关、通安桥等集镇开设席行多家，并成立草席业公会。”明末清初，金墅镇的草席生产已与浒墅关镇、望亭镇鼎立而立，有“月有商人云集，日有五乡席贸”之盛。

当时所称“关西白席”就是指浒关以西乡镇生产的草席，尤其是金墅周边地区。

直到“文革”前夕，通安镇几乎家家户户都有织席机，织席一直是一项传统副业。1953 年，通安供销社还在原东街街梢头开设草席行集中收购各类草席，实行统购统销。席农们以龙、凤等剪纸图案贴于席面，待晾晒后将图纸撕掉，席面便形成了各种图案。这些“龙席”“凤席”和“花席”，远销江南周边上海、杭州、南京、苏州和无锡等各大城市和乡村，深受欢迎。“文革”期间，强调“以粮为纲”，草席生产逐渐减少，草席行歇业转行。1978 年后才得以恢复。

20 世纪 80 年代后期，机器织席开始逐步取代手工织席。1993 年，通安镇出现席农专业户办起织席机专业化生产草席。当机器织席取代了工序复杂且劳动强度较大的手工织席后，千家万户的织席娘子便大都向刺绣和手工针织转业。虽然有些织席厂采用机器织席，但“关西白席”直到 21 世纪初仍闻名遐迩，远销国内外。因为曾作贡品的“滴水不漏”双草席还保留了它的传统手工编织方法，所以常有远近各地的顾客慕名到塘基廊定购名声大、质量优的双草席。随着新型城镇化建设的发展，通安席草种植与草席编织业已萎缩式微。

三、 关席编织技艺

编织草席在通安及浒墅关周边十里四乡统称为“打席”。这一句“打席”的口头语，就十分形象地道出了草席是通过专用工具——席机、席扣和织席人的技艺编制而成的。“打席”，以麻为经，以草为纬，有着很高的编织要求。

席机，家庭传统席机均为木制。席机的原材料大都采用榉树、榆树料。两根机柱左右分置，间距在 2 米左右；又有两根机梁上下分置，间距在 1.2 米上下。机柱与机梁凿成榫头，组成“井”字形席机。下梁榫眼备有锥木桩，以备在织席中撑紧席经线络，不使所织之席屈经，以确保编织质量。

织席的准备阶段大概可以分为选料、劈麻牵筋、上扣、湿筋等几个部分。

选料是根据产品需要和实用价值，对席草原料进行筛选草料。第一步：把黄、灰草剔除，纳净草壳，以便用于编织的席草长短、粗细均匀，色泽亮丽；第二步：把选好的席草浸没于水，浸透后，再取出晾干，但须保持一定湿度。

劈麻牵经，编织筋选用黄麻（络麻、椴树科），不能用苎麻、苘麻（青麻）。因黄麻纤维编制细纯匀称，又有韧性而不易折断。劈麻首先除去黄麻的老根，即麻根粗糙部位段的粗麻纤维；再把麻皮劈（或撕）薄、拉匀。调经，劈麻后调经的专用工具是“经车”，就形似纺车大小籰架的绕线（茎）筒子，安放在“T”形架上，使茎筒子随着调经人的麻丝加添顺时针旋转，绞成4—7毫米粗细的麻绳状。调经后的经线就是草席的经络绳：席经。按一条3尺6寸规格的草席定标，其席经络线的总长度在40丈上下。牵经是把调纺好的草席经络线按放置于席机上，席户称之为牵经。按一条“三六”尺幅的草席计，要达到60条（根）席经（茎）。

上扣是在牵经的同时，用于压草的“席扣”便让每一根席经（麻茎）穿于榆树质制成的“扣眼”之中。席扣的长度决定草席的尺幅规格；扣眼的稀稠与直斜，决定席经的多寡与编织席的质量上乘与否。席扣的厚度在4厘米左右，宽度在18—22厘米左右，长度因草席尺幅宽狭而定，在2尺到4尺6寸间不等。

湿经是织席准备阶段的最后一个工序。草席的湿经有两种方法：一种是把调茎线浸湿；一种是在牵经席机后再刷水涂茎线，以保持织席过程中的经线湿度。

完成织席准备工序后，织席人便能够上机编织草席（打席）了。上机织席的工艺流程有添草压扣、落扣、卷筒等。

添草压扣是织席的主要工艺流程，就是在席机的每根席经之中添席草。每添一根席草进经络网中，席扣就自上向下一记“压扣”，然后抬扣停止于上方，再添进席草。如此循环往复，直到满尺为止（一般草席长度6尺左右，也就是织成长度在机后满顶上下）。同时，在压草抬扣的瞬间，要把草根外露席边的多余部分，折进边经（较粗经线）内形成光边（塞边道）。一般织3尺以下规格的狭席，这一流程由单人操作完成（也有双人操作）；织3尺以上规格的阔席则须有双人操作完成。按一条“二四”单人席计算，以黄麻为“经”线要达到35条（根）；以草为“纬”线要达到8800—9500根添草，才能织成一条“通草席”。

在添草料、执扣压草的全过程中，除了要塞好边道，还须经常刷上油水，以防断经，也起到润滑扣眼的作用。添草的规范要求是，在一根与席幅相应的光滑竹爿一端削成凹眼，把草梢（根）嵌入凹眼折弯余留少许部分。草梢（根）由竹爿送入经络网中央后，塞好边道的瞬间压下梳扣，又迅即抬扣。压扣要掌握好压草轻重力度。太重便草断或损伤草质纤维；太轻则不能达到质量标准。打席者所谓“添草一门进，压扣软硬劲”，就是指这一工艺操作的技巧熟练度。

落扣，当草席织到合乎的长度后，便把它取下席机，这就是“落扣”。落扣后要把草席两头剩余的经绳线编织成光边，还不得散结。这被称之为“合两头经”（合，“割”音；两头经，指席长的两头）。

卷筒，成品席以筒计算，每筒为同一规格4条草席卷成1筒。每一条成品席在卷筒前要晾干、揩去席面毛屑和凸草成品处理，才符合上市或使用要求。

规范的草席编织中，编织一条中等阔幅（三六尺幅）的草席，一般用工8小时左右完成。大致是一台织机一天编织两条草席：第一条草席从清晨5点起编到下午1点左右落扣；第二条草席就要织到晚上9点多才能落扣。

四、关席的规格与质量

按实用的尺幅规格，关席一般有二尺、二四、二八、三六、四二、四六、四八及四尺“和合”等八个尺幅。也就是说，从单人床至双人床，各类阔狭不等的床铺尺寸都配备齐全。

不同品种的关席也有相应的不同规格。双草席，以四二、四六、四八为主，三尺、三六等为次。脐席，一般为三尺、三六、四二、四六等，适应面较广。隐梢席，以三六为多，四二以上则质量有所下降。水朴席，在三尺以下。

上市的关席，在尺幅（宽×长）、重量、草色、草质等方面都有相当严格的质量检验要求。其品质共分为甲、乙、丙、丁四个等级。每级又分为草质、尺码、草梢搭头、重量和技术规范等五项席品标准。这是长期以来在关席生产销售过程中，结合席户编织实践与顾客实用要求而不断完善形成的公认标准。低于这些标准的等外品，就不能列入关席席品之列。

甲级席的标准是，黄麻经络粗细均匀，无断头结、松经现象，光滑平整；草梢搭头均匀不偏心，边经粗相当于中心经线的三倍，草纬编织紧密，色青白，无稠疏相间，手感厚实、沉重、厚匀。

乙级席标准是，黄麻经络基本匀称，稍有豁襻，草梢搭头略有偏斜和接经（不超过 3 处），边经要求与甲级相同；草纬编织较密色青白，略感有稠疏相间。手感浑厚。

丙级席标准是，黄麻经编织略显毛糙，编织轻重不匀，草梢搭头有偏斜；席面草色整体形象不亚于乙级席，但有佣经和豁襻（边茎线处因有草根拆边遗漏动作而形成的缺陷）。手感混滑，草纬紧疏略有不匀感。

丁级席标准是，黄麻经编织眼显毛糙，上等不捻边；有佣经状，边经亦现粗细不匀，但条席整体形象及长宽尺幅仍保持规定尺寸；草色青白略显黄澄，手感面滑而有草纬稀疏之感。草稍搭头偏斜呈纹状。丁级席一般都由灯芯草、咸水草编织而成。

五、 关席文化

关席生产历史悠久，孕育了独特的草席文化。尤其是广大席农在培植席草、编织草席的辛勤劳作中创作了不少以席为对象、抒发情感的歌谣民谚。

最有代表性的一首《十二月花名・五月》歌中，点明了最好的关席就出在金墅镇的塘基廊：“五月里来是石榴，名班好戏出苏州。浒关席行名气旺，出席倒在塘基廊。”

有寄托勤劳致富希望和对美好生活祝愿的。每年春节席农门上所贴春联就有：“席机本是摇钱树，田地原是聚宝盆。”还有歌谣如：“山头青，草头黄，勤俭打席家兴旺。”

有反映席业生产经验的。如：“席草冬月种，来年小暑割。”“晒草再浸草，润草席更牢。”“小暑不割草，大暑白云飘。”“勿可轻，莫压重，添一根草压一根，压轻有隙缝，压重无弹性，弗是绣花胜绣花，打席人讲究手艺精。”

有反映关席质量和如何保养的。如：“席面清白弗见经，阿囡撒尿弗要紧。”“凉席整洁忌樟脑，汗湿席面忌光照。”“草席易霉要记牢，勤揩勤晾透风燥。”

有反映席农劳作辛苦的。如：“调经添麻风风传，打席抬扣黄昏头。”“百条经，万根草，一条草席半身潮。”“打席五更起，落扣月西移。”

还有充满了柔情蜜意的情歌。如：“打条通草加双席，送给阿哥配凤凰。”“喜备和合席，和气到白头。”“一条和合（席）卷两头，贫贱夫妻弗用愁。”“阿哥打席心莫慌，小妹添草添双草。”“阿哥挡扣要细心，小妹添草根根情。”

第二节　刺绣

通安镇地处太湖之滨东北隅，地理和气候条件优越，栽桑养蚕曾是当地农家一项传统的农事，也孕育了丝织刺绣成为这里的家庭副业。通安镇是苏州刺绣的主要产地之一，刺绣业也是通安镇传统的家庭副业。

一、 通安刺绣的形成与发展

通安刺绣，大致经历了三个发展阶段。

第一阶段是明清时期至20世纪40年代末。明清时期，通安农村就已是“家家有绷架，户户有绣娘”，农家绣女有将绣品拿到苏州绣品市场进行交易的。民国年间，苏州城内绣庄将精细绣品发放给专业女工刺绣，而将粗放绣件放料给苏州城外农村绣女。当时，地处偏僻的金墅镇就有发放绣件的绣庄，这种经营方式被称为“代绣包”。通安绣女加工的绣件，都是由这样的绣庄“放生活”下乡发放的。她们按下发绣件的尺寸与用途、要求加工绣制，并根据质量优劣、数量多少领取加工费。中青年绣女一般多绣制被面、戏服、旗袍和靠垫等绣品，而老年妇女与初学者则绣制帽顶花、帐沿和鞋头花等绣品。

第二阶段是20世纪50年代至70年代。中华人民共和国成立后，通安镇组建了刺绣工场，绣女们的收入开始有了保障。1955年合作化运动以后，苏州城内与吴县农村的42000多名农家刺绣妇女约有90%都加入了合作社。当时通安镇有绣女800多人，也筹建了刺绣合作社，绣女们纷纷集资入股，成了刺绣社社员。通安绣娘成为刺绣社主人后，生产热情高涨，绣艺精益求精，产品不断更新，产量也逐年提高。20世纪60年代，通安镇建立了刺绣站，发放各种刺绣加工产品，促进了刺绣业迅猛发展。这一阶段，通安绣女的绣品在原有的绣花被面、鞋头花、床毯、台毯、枕衣和桌围等几十种传统产品的基础上，不断推陈出新。到了20世纪70年代，又增加了台布、和服、腰带等新工艺产品。

第三阶段是改革开放后。改革开放后，通安镇刺绣业形成了日用品、服饰和艺术精品三大系列近百个品种，年产各类绣品20万件（套）。刺绣工艺也不断推陈出新，“活毛套”、双面绣、双面异色绣、仿真绣和乱针绣（绣油画、人物肖像等题材）等高技艺绣品相继涌现。20世纪90年代，开始由个人经营发放绣活。1998年，全镇刺绣产值达5100万元，利税300万元以上。2000年，通安全镇有经营刺绣和工艺品业务的20多家，除了绣品外，还发放加工结网、卷边、挽结和抽丝等小手工艺品。有一部分绣娘从“做绷架”，到做卷边、挽结、抽丝的加工活。刺绣、小手工艺品生产者遍及全镇各家各户，成为通安镇第三产业的支柱。当年全镇刺绣及小手工艺产值6500余万元，接近1993年全镇的农业生产总值。

二、 通安刺绣的特点

通安刺绣在其发展中，呈现了普遍性、传承性、多样性、发展性等特点。

普遍性。通安全镇各村几乎村村都做刺绣，不少家庭都有绷架。通安刺绣生产、销售大致有三种类型。一是家庭生产型。数千绣娘散布于各自然村，独自一副绷架刺绣，成为家庭收入的重要组成部分。二是雇人加工型。领取个体营业执照，雇用一批人，开设小型刺绣工场。又走村串户，上门收购绣品，自营销售。三是外设窗口型。改革开放后，一些刺绣经销者在苏州、上海、北京、广州等国内大城市和风景旅游点开设工艺品商店，直接销售或看样、定货销售。

传承性。通安农家妇女以刺绣为传统副业，代代相传，久盛不衰。刺绣的传承，主要是通过言传身教、口传心授来完成的。通安刺绣传承有两种方式。一种是“母女相承、嫂姑相习”的家庭传习方式，耳濡目染，潜移默化。另一种是“拜师学艺”，师傅带徒弟，要求严格，训练规范，这也是通安刺绣传承的重要途径。

多样性。通安刺绣的绣品，既有大众化的被面、枕套、台布等日用品，又有花卉、鸟禽、山水、园林风景等艺术欣赏品等品种。许多高质量、高水准的刺绣珍品，为国内外收藏家所珍藏。

发展性。通安刺绣在传统工艺基础上不断发展、提高和创新。如刺绣针法就从中华人民共和国成立初的平套、平戗、绕针、打子发展了旋套、散套，又运用别针、切针、雪松针和隐针等新针法。现在，又融入了丝带绣、缝珠绣、羽毛绣等。

目前，通安镇仍有一支绣娘队伍活跃在苏州各刺绣工坊和工作室。在苏州刺绣的传承发展中，通安绣娘也要发掘自身资源优势，从埋头做加工活的后台，走到打响自己品牌的前台来。

第三节　九连环

九连环是中国民间传统智力玩具，它用九个圆环相连成串套装于横板或各式框架上并贯以环柄，以解开为胜。通安镇因“九连环”而闻名，是因为苏州吴氏九连环制艺世家第四代传承人吴建江在此落户，并制作、收藏与传播九连环。

一、　九连环在苏州的历史发展

九连环与苏州的渊源也十分深远。在清末术士、苏州元和人唐再丰所作幻术大全《鹅幻汇编》（刊行于光绪十五年）中，就能找到九连环的“身影”。由苏州民间小调《九连环》，引申出了苏州民歌九连环、苏州弹词九连环调等。至今仍在咏唱的苏州民歌代表作《苏州好风光》就是大九连环调。

苏州古来就有制作九连环的习俗。自20世纪30年代起，糖果商人阮刘琪先生就在苏州草桥中学、人民商场门口等处摆摊出售自己研制的各种九连环。20世纪50年代，苏州市一中教师俞崇恩受其启发，编写了《巧环》一书。几十年之后，“中国古代智力游戏探索”机构的张卫夫妇，看到了美国国会图书馆中的《巧环》，便循着这条线索，将一度被埋没了的连环游戏介绍到世界智力游戏年会。

清末民初，现居通安镇的苏州高新区非物质文化遗产九连环项目代表性传承人吴建江的曾祖、吴氏九连环制艺世家第一代传承人吴振庭因擅长破解“双侧式九连环”，而在苏州城西太湖区域为人所知晓。吴振庭迷恋九连环解环之趣，将九连环传承于吴氏家族。百年来，吴氏九连环活跃在苏州通安镇周边，深受当地百姓喜爱。

二、 九连环的基本内容

九连环是我国的一种传统智力玩具，历史悠久，流传广泛。它古称“巧环”“智环”，与鲁班锁、七巧板合称中国三大古典智力玩具。

九连环是中国传统文化中的一颗璀璨明珠。它的基本内容包括两个方面：一、表现在活动方面。把玩时，按照一定的程序反复操作，经过穿套使九个圆环分别解开并全部解下；或按程序使九个圆环全部联贯于铜圈上。九连环解法多样，可分可合，变化多端，环中蕴涵着很深的数学原理。二、表现在制作方面。用金属丝制成圆形小环九枚，九环相连，套在条形横板或各式框架上，所制框柄有剑形、如意形、蝴蝶形、梅花形等，各环都用铜杆与之相接。在历经千年的九连环发展中，又产生了许多变种。不断地开发产生新作品，也是九连环能够征服无数古今中外爱好者的魅力之所在。

古时，九连环曾以玉石为材料制成。后来，发展为以铜或铁代替玉石。当今九连环的制作材料主要有：黄铜丝、白铜丝、紫铜丝、不锈钢丝以及一些相关辅料，如：优质木料、木球、木饼、金属环、虎头铃铛、软绳等。所使用的制作工具主要有：大头钳、斜口钳、卡簧钳、大力钳、尖嘴钳、角磨机、切割机、电钻、抛光机、弯折机、各种规格套筒头以及一些其他相关的辅助工具。

三、 九连环的特点和价值

九连环具有三大特点。一是挑战性。任何一种连环的解法都具有较高的难度，有的难度之高甚至让人觉得根本不可能解开。解连环所具有的挑战性，强烈地吸引着人们的好奇心和征服欲。二是规律性。任何智力玩具都有其内在的规律，九连环的规律性特别强，必须按照特定程序，有条不紊地操作，才能最终解开。三是趣味性。伴随着挑战性和规律性而来的是趣味性。前苏联教育实践家苏霍姆林斯基曾经说过：在人的心灵深处，都有一种根深蒂固的需要，这就是希望感到自己是一个发现者、研究者、探索者。而在儿童的精神世界中，这种需要则特别强烈。因此，人们对九连环这样的智力玩具有着天生的爱好，都想探索它、研究它、发现其中的奥妙，儿童更是如此。挑战性越强就越能吸引人，发现规律的过程则更加令人心醉神迷。

九连环具有良好的教育功能。首先是开发智力。它有助于培养人的逻辑思维，启发人的智力。其次是非智力因素的培养，这可能更为重要。解九连环不但难度大，而且操作相当复杂，即使是熟手，也需要 6 至 8 分钟才能完成，一般人则可能需要加倍时间。这对于培养一个人的信心、耐心、细心和恒心都很有效，对于儿童来说尤其重要。

四、 通安九连环的传承与传播

1. 通安九连环的传承脉络

吴振庭（1874—1936），清末民初苏州太湖之畔读书人，也是吴氏九连环制艺世家第一代传承人。擅书，尤爱九连环，长于破解“双侧式九连环”。这是已有九连环中最为古老的、属卸杆类解法的一个环种，含反九连环，民间也称“倒拔杨柳”。

吴鸣岐（1901—1967），吴振庭之子，吴氏九连环制艺世家第二代传承人。受父亲影响，也擅长古典巧环，并能自己制作。收藏有同乡前辈晚清术士唐再丰所著最早版本的《鹅幻汇编》一书，而且精于书中诸多解法。

吴东生，1930 年生，吴鸣岐之子，吴氏九连环制艺世家第三代传承人。自幼聪慧好学，在传承古代九连环制作技艺和拆解方法的基础上，有所发展和改进。现已年近九旬，仍能熟练解装九连环。

吴建江，1964年生，吴东生之子，吴氏九连环制艺世家第四代传承人。自幼受家庭熏陶酷爱九连环，童年时启智于家传古籍《鹅幻汇编》，醉迷于其中手法门之连环章节，深为先人的智慧所叹服。吴建江继承家传九连环制作技艺，成年后专注于九连环制艺世家的传承工作。

30多年来，吴建江搜集整理归纳民间九连环图谱及实物，在传承的基础上，不断开发创新作品，至今所收藏与制作的九连环有800余件。特别是他对历届世界智力年会参展的中国巧环作品图片加以收集，重新构思，使之展现新的面貌，也使其作品更趋多元化。2010年，吴建江依据拓扑学原理，结合汉字双钩体特点发明创作"汉字九连环"，增添了"中国连环"新环谱，其研究成果可以将所有中国汉字都做成各种九连环。2012年，还原制作了中国民间传说中的竖架九连环"铜网阵"，并以此为基础上深化创作九连环新品"午阳阵""铁甲阵"和"乾坤阵"等。从2016年起，吴建江着手重点研究"汉字百家姓连环"。与此同时，他针对当下青年人特别是中小学生"学习如何解环的人多，但愿意学习制环的人几乎没有"的状况，坚持开展公益性九连环传承教学活动。

吴圣瑜，1992年生，吴建江之子，为吴氏九连环制艺世家第五代传承人，目前擅长解传统九连环。

2. 通安九连环的传承传播活动。

通安镇人民政府重视非物质文化遗产项目九连环的传承保护工作。2005年，深入挖掘九连环传承文化资源内涵，在树山景区建立了"中国连环展示馆"，展示各种九连环实物作品200余件。2012年9月，九连环被列入苏州高新区非物质文化遗产代表性项目名录。

从2005年起，吴氏九连环制艺世家第四代传承人吴建江开始在通安镇辖区内中小学校园传承教学九连环制作技艺和传授解环技巧。2012年9月，吴建江被认定为苏州高新区非物质文化遗产九连环项目代表性传承人，并被苏州高新区文体中心非遗馆聘为九连环专任讲师。从2015年起，吴建江先后在苏州市第五中学、西交大苏州附属中学、金鸡湖小学、苏州科普宣传科文中心等校担任九连环教学工作。从2017年起，吴建江将九连环课程引入苏州高新区达善小学，向学生传授九连环解法及作盲解训练，并在苏州高新区通安树山游客中心开设游客、儿童体验式九连环教学活动，将非物质文化遗产九连环项目与旅游相结合，传承九连环文化。

通安镇人民政府将发挥在非物质文化遗产保护工作中的主导作用，进一步为九连环项目的传承传播提供必要的经费保障，并设立“九连环”专项保护社会基金，积极争取社会各界的广泛参与与资助。通安镇文化、教育、旅游等部门，将发挥各自职能开展对九连环的保护传承工作。

一是注重与非物质文化遗产传承传播工作相对接，推进“九连环”进学校、社区、农村的“三进”活动。建设九连环项目传承教育基地，编写通安镇“九连环”特色教材，积极推广已有学校教学传承经验，在通安镇所有中小学和幼儿园中开展包括九连环项目在内的非物质文化遗产教学传播活动。

二是注重与“美丽乡村”建设的对接，探索“九连环”项目传承发展的新途径。在通安镇“全国最美乡村”树山村整体项目改建规划中融入整合九连环资源，开办九连环陈列展示馆等，打造“书香树山”非物质文化遗产特色乡村。

三是注重与旅游业发展的对接。利用游客中心、民宿等平台，对游客（特别是儿童）九连环项目特色体验活动充实内容，提升水平。

四是注重与文化产业发展的对接，积极探索九连环项目的非物质文化遗产生产性保护模式。走“协会 + 公司 + 传承人”开发之路，形成“研、产、展、销”一体化经营体系。重视对九连环知识产权和著作权的有效保护，鼓励九连环项目保护单位及时注册商标，申请九连环技艺专利，以利于九连环项目传承发展中的产业化推进，使之逐步走向市场。

第四节　云泉茶

树山云泉茶，因色泽嫩绿、芽肥匀整、醇爽可口而闻名。因产量有限，加之茶农们至今仍坚持用古法炒制，所以极其名贵。

一、　云泉茶的得名

树山村境内有三座阳山支脉的山岭，分别为树山、鸡笼山和大石山。大石山上有云泉。据岳岱《阳山志》记载：“云泉，在大石坞，水自石上泻纳小池，虽山下居民，不以操罂为远者，盖亦泉之美也。”云泉之水清凌甘冽，所植之茶如《阳山志》所载：“茶，颇异别土者，汲泉烹之，其色碧绿，香而味佳，诚不厌啜。”树山茶，便因“云泉”而得名。

树山云泉茶历史悠久。明代阳山茶的主要代表是白龙茶。白龙茶原产白龙坞及文殊寺龙井石壁间，只有几株，采摘困难，十分珍稀，尤其是用白龙泉的泉水烹茶，更是味道绝佳。树山茶也是阳山茶系的一支，和历史上的白龙茶同出一源，可以说是一脉相承。而以“云泉”名之的树山茶通过引进福鼎等地的茶叶品种不断改良，品质日益提升，产量也大有提高，受到茶客们的好评。云泉，赋予树山茶一个诗意的名字，也给这片山林注入了活力。

一、　云泉茶的种植环境

以“云泉”而名的树山茶的生长环境得天独厚。树山处于北亚热带湿润性季风气候区的太湖流域，四季分明，年平均气温为15.8℃，有效积温为5000℃，年均降雨量在1100毫米左右，年均无霜期达244天。温、光、雨水资源充沛，气候湿润，空气清新。放眼树山云泉茶园，四面环山，大阳山、鸡笼山形成有利于茶树生长的天然屏障。这里土地肥沃，水系完备，山中原始林木郁郁葱葱，主要植被有落叶阔林与常绿阔叶混交林、杉木林、松林、竹林等，并盛产杨梅、梨、茶等花果。山地土壤富含硒、钙、铁、镁、锌等人体所需的微量元素。又有千亩坞塘，空气潮湿，无工业无污染，形成了优越的茶园生态环境和独特的地理小气候。

三、 云泉茶的发展

树山云泉茶于1996年注册“树山”商标。2004年，村民们自愿组合成立了“树山优质林果茶产销技术合作社”；2006年，以此为基础成立“苏州树山戈家坞茶果专业合作社”，以提高村民从事无公害绿色有机产品生产的积极性，增加村民效益，扩大品牌知名度。合作社投资150多万元进行环境整治和机械设备更新，将树山云泉茶场改造为绿色食品生产基地，并通过了QS9001和HACCP论证。2018年，戈家坞茶果专业合作社共有茶叶1045余亩，春茶的年总产量约14吨，生产总值超5000万元。

四、 云泉茶的炒制方法

炒制树山云泉茶，必须采摘早春头茶。选一芽或初展至一芽一叶的鲜叶。经精心拣剔、高温杀青、热揉成形、搓团显毫和文火干燥等五道工序精制而成。

树山的茶农们至今仍采用传统的炒茶方式，上午采，下午炒，一人掌火一人掌灶。树山茶叶采用碧螺春和炒青的炒制方法，清明前后采制，大约每亩可产碧螺春16斤，炒青30斤。

五、 云泉茶的冲泡方法

树山云泉茶的冲泡，十分讲究。一是茶具要洁净。选用透明度较好的玻璃杯（壶）、瓷杯或碗冲泡，以衬托秀美的茶芽和清澈的茶汤。二是水质要优良。茶类饮品价值，通过水的溶解而实现。一般选用洁净优质的矿泉水，呈中性或微酸性。沏茶水温以摄氏70℃—80℃为宜，既能保证浸出率又不致内含物被破坏而影响茶汤质量。三是冲泡过程要有序。冲泡云泉茶时，先在杯中加水，水温在80℃左右。然后加入茶叶，朵朵茶芽随之在水中徐徐下降，叶芽逐渐舒展，亭亭玉立，观之令人赏心悦目，品者回味无穷。

六、 云泉茶的品牌荣誉

2006年10月，树山被中国茶叶学会公布为“中国茶叶学会茶叶科技示范基地”。2012年4月，树山云泉茶被江苏省茶叶学会授予江苏省第十五届“陆羽杯”名特茶评比优质奖。2013年5月，树山云泉茶被苏州市农业委员会授予苏州市首届地产名特优茶叶评比（特色茶）一等奖。2014年4月，被江苏省茶叶学会、江苏省茶叶协会授予江苏省第十六届“陆羽杯”名特茶评比优质奖。2018年5月，被授予第二届中国国际茶叶博览会一等奖。

第五节　木雕

苏州红木雕刻，主要分布在苏州市区和光福、通安、东渚等镇。通安镇曾是红木雕刻的主要产地，分布在各个村落，金墅的航船村、朱庄村等相对集聚。雕刻技艺以师徒相承、子承父业为主，代代相传。

红木雕刻对取料、制作都很有讲究，在长期实践中形成了自身特色。红木雕刻主要取材于小叶紫檀、大叶紫檀、紫光檀、黄花梨、紫花梨、红檀、红桂宝、乌木、鸡翅木和红酸枝等名贵木料。

制作工具主要为三类：一是木工制作工具。主要有：锯子（主要用来剖、断木料等）、刨子（有凹刨、圆刨、边刨等，将木料刨光滑、平整）、凿子（用来剔榫眼）、锉刀（毛锉、平光锉、圆光锉、三角锉等，用来理线、角、膛子、平面等）、铮刀（用来整理工具刀口）、刮刀（用来刮表面）、榔头、木尺、角尺等。辅助工具有刀砖、铅笔、墨斗、烙铁等。

二是雕刻制作工具。主要有：凿子（平凿、圆凿、斜凿、三角凿、月凿、弯头圆凿等，用来雕刻各种图案）、刮刀（用来处理表面）、锉刀（平锉、圆光锉、马蹄锉、毛锉等，用来平整、造型）、拉空弓（用来拉去图案中的镂空部位）和铮刀等。辅助工具有敲柱（用来敲打凿子）、垫板、三角锉、什景锉、拉花钢丝和各种刀砖（用来磨工具）等。

三是漆工制作工具。主要有：牛角刮刀（用来拌、刮西漆）、漆棒（竹制，包上砂皮、砂叶、木贼草等用来打磨）、漆刷、漆扇（用来刷漆）等。辅助工具有各号砂皮、石膏、砂叶、木贼草、老棉花、棉纱（用来揩漆）等。

雕刻流程主要有设计画稿、雕塑造型、选用木料、粗坯造型（雕刻打坯）、扦光细部、刮刀刮光、修光打磨、抛光上蜡（或上生漆）等。雕刻技法有圆雕、半圆雕、浮雕、浅浮雕、高浮雕、深透雕、通雕、阳雕、阴雕、线雕、镂雕、镂空双面雕、薄意雕和镶嵌雕等。

通安红木雕刻作品的品种繁多，造型各异，有艺术欣赏与生活用品等用途。种类大致有摆件、几座、屏架、盘盒等。通安红木雕刻作品题材很多。根据用途不同，也各有主题。如家堂雕刻装饰，以雀梅、灵芝、云纹等山水花草为主；床头雕刻装饰，以多子多孙、状元白马为主；中堂天然几，则以八仙过海、刘海戏金蟾等为主。其他常见的分类题材还有《红楼梦》《西厢记》和《水浒传》等传说故事题材；如来佛、西方三圣、观音、弥陀和四大金刚等佛教题材；仙鹤、蟹笼、蝈蝈白菜、松树知了和青蛙荷花等动植物题材。

第六节　竹编

竹编，是通安镇的一项传统手工艺，也是通安农家的一项传统副业。由于竹子富有弹性和韧性、开裂性强、干脆利落，而且能编易织，坚固耐用，所以历史上竹子就成为通安竹编手工艺人编织器皿的主要材料。

中华人民共和国成立前，通安镇已初步形成一批竹艺工匠，开始自编自用。后来逐步发展成专业编制，把竹编制品上集市出售。所用的竹子原材料，也从宅前屋后发展到附近的树山林间，再从树山林间发展到去浙江安吉等地成批购进。20 世纪 60 年代，金墅等大队办有一定规模的竹器厂。随着竹编制品从人们的生产生活中渐行渐远，现在通安镇的竹编手工艺人已寥寥可数。现年 65 岁的金墅箭渎村村民范小妹，还依旧坚守在他的竹编“世界”里。他手中那些以往习以为常的竹编生活用品，也已逐渐升华为竹编艺术品了。

竹编手工艺人在历史上统称为竹篾匠。在竹篾匠中，又有篾匠、圆竹匠之分。篾匠，以篾和篾丝为主要原料，有做簸箕、饭箩的，有做篮子、筛匾的，有做虾笼、畚箕的，有做凉席圈折、蚕条的，也有做篓子、花笼的。圆竹匠，以竹竿、竹条为主要原料，专门打制稻床、连筎、竹梯、竹床、竹椅、竹凳和竹轿等生产工具和大件家什。

竹编制品具有制作周期短、存放时间长、便于携带等特点。历史上一直都是通安百姓的生活必需品。竹编制品从实用品发展到观赏品和工艺品，品种繁多。生产的工具类，有稻床、晒篮、花笼盘篮、簸箕、畚箕、苗篮和篓子等。生活用品类，有用于淘洗的用品、用于盛装的用品、具有橱箱功能的用品和具有坐卧躺功能的用品，还有各种凉席、竹扇、斗笠和竹伞等。工艺摆设类，有花架、屏风、拦床席、灯笼和摆件等。文房用品类，有竹筒、笔筒、笔架和台座等。渔猎工具类，有各种渔具、竹弓、竹箭和竹夹等。游艺玩具类，有风筝、龙灯、狮子、走马灯、各式鸟笼和各类花灯等。

竹编的工具比较简单，主要有竹刀、篾刀（刮刀）和锯等。竹刀主要用来绞节、劈竹、劈篾和劈丝拉丝等，刮刀主要用来刮篾和撕篾，锯子用以断料。还有用于穿篾丝的篾针、用于铰毛竹节疤的绞刨、绞刀和用于削毛竹条或毛竹板的蟹刨等。

竹编从选材到成器，主要有十大步骤。一是选材，竹编所选竹材主要以毛竹居多，因为它更加坚韧，取材更加方便；二是断料，根据所制作成品的大小，用锯子对原竹进行切割；三是劈篾，对断料过后的原竹，用篾刀进行劈砍，加工成篾条；四是抛光，对篾条两端的毛刺进行去毛抛光处理；五是起底、收身，采取传统的经纬编织方式，编织篮子底部，而后根据大小采取从下到上的顺序逐渐将篮子成型；六是固底，用 3 根较宽的竹片嵌入篮底，起固定、平整底部的作用；七是扎口，收身到最后，将多余篾条做成圆弧；八是串口，用两到三根较窄的竹条将篮身四周进行固定，并适当作出一定的花纹，美化篮边；九是串“篮档”（亦即做拎把），采用多根竹条制成把手，并固定在篮身上；十是上漆，如有需要，作最后一步上漆，可延长竹编制品使用寿命。

竹编工艺的核心工序是起底、编织和锁口。在编织过程中，以经纬编织法为主。在经纬编织的基础上，还可以穿插各种技法，如：疏编、插、穿、削、锁、钉、扎和套等，使编织出的图案花色变化多样。

编织篾制品的图案丰富多彩，最常见的有“鸳鸯”图案，“福”字、“囍”字等。还有“桥二花子”，用于篾席、各种内垫、出箕、匾子、篓斗和筛子等；“桥三花子”，有盘篮、圈折和蚕条等；“漫六条”，即漫大花、长条，用于席等；“三角眼”，用于洗菜篮子、苗篮、鲜鱼篮和各类小工艺品篮；“六角眼”，用于大篮子、苗篮、匹篮等。

第七节　兔子灯制作

通安镇各村在农历八月半的中秋之夜有个习俗，各家各户要点上兔子灯上街“走月亮”，以兔形之灯寓嫦娥奔月时所带去月宫的玉兔。

兔子灯的前身，是旧时的“棚灯”，以八根或十二根小竹枝撑起四角灯状空间，中间点上蜡烛。“棚灯”，后来逐渐被演化为寓意嫦娥身边玉兔的兔子灯。中秋月下四处游走的兔子灯，开始都只是手提的，后来兔子灯越做越大。最近这几十年来，出现了装上滚轴，可以拉动四处游走的兔子灯。现在，又出现了可以在兔背座膛里睡上一个小孩的大兔子灯了。

兔子灯的制作，十分简单：以削、弯、扎等手段，将竹篾做成兔子轮廓架构；糊上白纸，饰以红、绿、黄等色剪纸，视作兔毛；兔子的眼睛则或画或贴；座膛底座，可插上蜡烛作夜晚点亮之灯。

树山村年已85岁的徐凤珍老太，就是一位兔子灯制作高手。而且，在她身上又折射出了通安农家妇女的人生轨迹。从真山村嫁到树山村来的徐凤珍老太，曾打了大半辈子的草席。50多岁时，打草席用上了机械编织，她也打不动草席了。于是，她又做了约30年兔子灯。她做的兔子灯，大的有两尺多长，小的则不足一尺，拿到通安、东渚街上很受欢迎。

现在每年的中秋之夜，在树山村、华通花园等村（社区）都还能见到那星星点点、大大小小、四处游走的兔子灯。

第八节　苏帮木桶制作

木制桶器，是旧时江南地区生产生活中所必不可少的用具或工具。这些木制桶器，有生活中所用的水桶、饭桶、澡盆、盛物盘、脚桶、马桶等，也有生产中所需的如用于农业的粪桶、用于手工业的工具桶等。

木制桶器制作技艺，是传统木作中的一种。传统木作分为大木作、小木作、方作、圆作和细作等。从非物质文化遗产的角度来说，木制桶器制作技艺也就是传统圆作技艺。

随着科学技术的发展和人们生产生活水平的提高，传统木制桶器已逐步退出当代人们的生产生活舞台。一是因为生活方式的改变，如现代家庭卫生间进入寻常百姓家，已使澡盆、马桶成为历史。二是使用频率降低或早已被塑料制品、金属制品所代替，如水桶、脚桶等。

因为离不开百姓的日常生产生活，所以历史上通安镇与各地一样，从事传统圆木技艺的木作匠很多。但到了当下，传统圆作师傅可谓寥寥可数。在这寥寥数人中，树山村的顾红达不仅传承了传统圆作技艺，而且将这一技艺革新发展，使苏帮木桶不仅依旧为婚俗等传统民俗服务，还成为能够接近中青年的非遗和文创产品。

为了能够更加生动形象地了解苏帮木桶的存续现状和延伸发展，下面附录本文作者对顾红达老师的采访实录。

龚（龚平，本文作者，下同）：顾老师好！我来到通安镇参加撰写《通安文脉》这本书的非物质文化遗产部分，在传统技艺方面涉及了苏帮木桶。苏帮木桶应该是属于传统圆作技艺的，而目前您是通安镇这一传统技艺的第一人，也可能是唯一的人了。

顾（顾红达，下同）：确实，目前在通安镇范围内可能就是我还在做苏帮木桶了。我知道在附近乡镇还有人在做，但也是数得清的了。我们通安镇可能也还有老的圆作工匠难得会做。他们秉承的都还是传统的技艺做法。

龚： 记得您是树山村的？

顾： 是的，树山村 9 组。

龚： 您今年多大岁数了，做苏帮木桶是家传吗？

顾： 我今年 54 岁。我们祖上不做苏帮木桶，木桶是从我父亲开始做的，后来就传给了我和哥哥弟兄俩。他们现在都不做了，主要就是我在做了。

龚： 您现在是一个人做，还是有一个团队？

顾： 目前我的“树山木桶坊”从事木桶制作的就我一个人，并且没有人再学艺，传统工匠在现代社会的付出与回报已不成比例。传统手艺在社会上不再能显示出多少优势。这就是现代人不看重传统手艺的主要原因。

龚： 现在我们介绍宣传通安文化，包括传统手工艺，就是要让现代人了解它们，认识它们，乃至喜欢上它们。当然，传统手工艺既要传承也要创新发展，能够以新的功能、新的形式融入当下社会。这方面，您正在做一些成功的探索与尝试。

顾： 我是尽我努力在做。

龚： 为什么叫苏帮木作？

顾：“苏帮”一词与“苏派”的意思相同。“苏帮木桶”就是在历史的积淀下形成的一种区域共性。在苏州区域内的历代桶匠，他们在木桶制作尺度、形态、力学构造方面形成共识。苏帮木桶具有的最共同特征，就是所有木桶都以弧线成型。这种做法极具难度，视觉效果精美，而且每个品种的弧线都有明确区分，形态各异。木桶品种按用途分类达上百种之多。这是其他地方所没有的。

“苏帮”一词还包含了一个民间习俗的共性，您看这只婚庆用的对盘，也叫木盘，只有苏州人用，包括常熟、张家港都用。而无锡市就没有这种习俗。

龚： 这看上去有点像果盘了。

顾： 这与果盘还是有区别的。您看这个才是果盘，也叫盘芯。它与对盘的区别在于：对盘直径大致在46.5厘米，上下相合为一对，口与口之间带雌雄契口，合上不会滑动移位。而果盘（盘芯）则比对盘要小，只有26.5厘米，单只使用，高度差不多11.5厘米。

龚： 对！做雌雄契口、尺寸也几乎要翻一倍大，这与果盘还是有区别的。

顾： 您看这个是苏帮五脚用水桶。无锡、江阴的用水桶，就有点像苏北用水桶了，四只脚，脚是桶板延伸下去的，直板的。

龚： 现在传统木桶的需要越来越少，您的产品还有市场吗？

顾： 市场肯定是小了，但有些桶还有市场。比如这个子孙桶，我们当地年轻人结婚还是要备的。而且，以前都是买一只的，现在要买两只，说是成双成对。

龚： 象征意义大于使用价值。

顾： 这只苏州人最熟知的马桶，雅一点称“净桶”，民间讨口彩叫“子孙桶”。其实《封神演义》中讲到的财神赵公明三个胞妹碧霄仙子、凌霄仙子和云霄仙子所用最具威力的“混元金斗”，有人认为就是马桶。可见以前人们对木桶的敬仰和依赖之情。

龚： 您看，刚开始您还不让我称您“老师”，说要称“师傅”。还是应该称“老师”，因为您现在在圆作技艺方面的造诣已远远超出“师傅”水平，既有实践，又有理论，还有如此深的文化底蕴。好！我们继续。这是蒸器？

顾： 这是甑子。甑子有好多种，这是蒸糕用的。还有这个是做青团子的浅甑，不叫甑子，就叫甑。

龚： 这些木制蒸器现在还有人需要么？

顾： 甑子和浅甑还有人需要。还有种蒸饭桶，直径在25厘米左右，桶壁也带弧形的。现在需要的人少了。还有一些以前生活所用的木桶，现在有的作为婚俗陪嫁，有的则作为陈设，没有多少使用功能了。比如这两只弯板脚桶和蛇头脚桶。

龚： 这只米桶现在还是有人需要的吧？

顾： 米桶在现在倒又具有市场潜力了。这只米桶，有20斤的容量。

我就是根据现在市场需要才缩小的，最大直径不能超过30厘米。这样，才适合现代厨房的地柜。

龚：这只提水桶，现在还有市场？

顾：提水桶，现在已徒有虚名，人家买去置门口放雨伞了。

龚：也好，还是保留了传统文化要素，也没离开了水。

顾：这只足浴桶，高30厘米，上口直径36.5厘米。

龚：这样的足浴桶，现在应该需求量比以前要大了。

顾：这只泡茧桶，是浙江人家定制的，一般是没人要的。

龚：是的，现在我们这里吴江也不用这个泡茧了。

顾：这款牛肉汤桶，是山东曲阜一家百年老店定制的。

龚：跟我们藏书羊汤桶有啥区别？

顾：我们苏州的羊汤桶盆膛是下面大上面小，箍桶时把铁锅与木桶密闭连体。而他们的牛肉汤桶直径要将近一米呢！上面大，下面小，拿回去坐在锅口用铁丝和清水泥连接密封。这只桶能够把一只牛连下水一起煮。容量太大了，一年到头不熄火。现在山东也没有桶匠了，他们是在百度上找到我的。

龚：哦！不容易。

顾：这只中药汤剂保温桶，可盛60斤水。它内部有不锈钢夹缝，并垫隔热层，用保温管套住不锈钢软管连接水龙头。

龚：这个保温桶就是传统木作技艺与时俱进的实例吧！新功能，新结构。

顾：是的。这只轱辘取水桶，现在主要是景观工程使用的了。

龚：现在的木桶家族中，有些桶功能已经消亡或减退，有些则出现新的延伸功能。

顾：是的，比如婴儿睡觉的长桶，现在稍微改变一下造型，就成了婴儿沐浴桶了。本来老式的弯板浴盆现在已升级为单人沐浴桶。

龚：您以前是用传统工艺做木桶，现在是用新工艺了。能介绍一下它们不同的工艺流程吗？

顾：好的。传统箍桶工艺流程，大致是这样的：选料，断料，锯板，开桶片（钱子大小不一），刨斜边，钻孔（竹销位置），坯料单箍组合，内壁刨制成型，外壁刨制成型，手锯锯割底板槽，松箍镶底，套箍紧固，抛光，油漆，成品。

龚：那现代的工艺流程呢？

顾：革新后的箍桶工艺流程，大致是这样组成的：选料，断料，锯板，倾斜开桶片统一锥度（钱子尺寸一致），机械定位钱子内外双弧线（厚度一致），打销槽，上箍组合，抛光，油漆，成品。

龚：那您革新了苏帮木桶工艺流程后，主要的效果是什么？

顾：要坚持“古为今用，洋为中用”的观点，不断融入现代工业新元素，简化程序，提高功效，升级品质，规范形态，与时俱进，使视觉效果跟上时代潮流。

具体的效果么，是可以体现标准化，实现规范性。这样，能够达到每件同类作品完全相符，比如传统木桶的壁厚是厚薄不均匀的，我现在技术升级后桶壁厚度全部一致，而且产品还可以作同比例缩放了。

龚：能同比例缩放到什么程度呢？比如我们小辰光，我还站过立桶，现在不用了，也没有了。

顾：您看，我这里有立桶，是微型立桶。

龚：哦！这些都可以作为摆件了。

顾：我们可以去树山木桶馆看看。

顾：这里的品种很多。据我所知已经属于全国收藏品种最多的木桶陈列馆了。我们先来看这一组微型木桶，这些是西瓜桶、饭桶、渔民舀水桶、钱箱、茶壶桶、栲、接生桶、水篮、马桶……

顾：还有这一组微型木桶，这些鞋桶、轱辘取水桶、镬子、把尿桶、拎水桶、粪桶、果子桶……这个馆的展品，我还在逐步完善。

龚：不错！

顾：明年我要抽时间开始设计开发袖珍木桶。

龚：那好！我们期待着。

第四章 民间文艺

太湖之畔通安地区的先民们，在创造物质文明的同时，也创造了千姿百态的民间文艺形式，世代口耳相传，曾给乡民们的耕作之余带来过无数欢乐，其中影响最大的是山歌和宣卷，至今还唱响在群众文化的舞台上。

第一节 山歌

通安山歌，是流传于太湖之畔通安地区的吴歌之一。吴歌，被吴地百姓俗称为“山歌”，是流行于吴语地区的民歌。起源于劳动的吴歌，与苏南水乡稻作文化和舟楫文化密不可分。它是吴地劳动人民的口头文学创作，主要依靠在民间口头相传，世代相袭，歌词带有浓厚的吴地方言色彩，具有吴侬软语的特点。

通安山歌从明清时期就开始流传在东太湖之畔的金墅、通安、阳山和树山一带，至今已有四五百年历史。通安山歌也被叫作“田歌”，由历代当地百姓在种田、捕鱼、恋爱等劳动生活中创作积累而成，并经过长时期的流传发展，内容丰富，形式活泼，积极向上，成为表达情感的方式之一，为广大乡民们所喜爱。

通安山歌经过一代代通安乡民的口口相传，形成了鲜明的地方色彩。通安山歌作为吴歌之一，有独歌、两人对唱和多人合唱。形式有长短歌之分。短山歌大致有四句、八句或十六句，长山歌一般不超过百句，大多以抒情与叙事为主。歌词通俗、音律优美，而且有较强的娱乐性。通安人唱山歌，是过去乡民们一天生活中不可缺少的组成部分。

在通安地区，老一代的乡民们大都会唱上几首山歌，并且能唱能咏，会脱口而出不少曾经流传已久且喜闻乐见的通安山歌。如金墅村现年 76 岁的夏福良、72 岁的钱凤根都是当年的山歌好手。而现在的年轻人会唱的很少，已经流传了五六百年的通安山歌面临失传。

通安山歌在内容上分为地方风情歌、私情歌、劳作歌、莲华寺典故歌、苦歌、戏文山歌等，其中有一些代表性的山歌家喻户晓。如夏福良老人唱的山歌中，有三首是分别唱阳山头、树山头和大石山的，但寓意却各有不同。如《阳山头》，刻画了过去长工们对地主东家吝啬与刻薄的不满，宣泄了内心的不平：“阳山头上一把刀，切起肉来薄嚣嚣。大风吹到山弯里，小风吹到北津桥。”又如《树山头》，是一首村姑们的思春之歌：“树山头上一棵松，松树头上有十七八只白头翁。雌格多来雄格少，只只要想去嫁老公。”而《大石山》，则是宣扬子女要有孝道：“大石山浪有只庙，庙里菩萨塑得真灵巧。烧香拜佛多磕头，问问倷心里对爷娘好弗好？”

通安山歌中有许多是唱莲华寺典故的，夏福良老人唱的这首长歌就是其中有代表性的一首，其歌词云：“太湖边上金墅镇，方圆百里有名声。当年镇上发号令，影响光福到望亭。一条街用金砖铺，石桥边嵌雪花银。金子街，银子街，时代相传到如今。今朝专讲莲花（华）寺，为啥造在太湖边。唐代有位刘文龙，本是金市西街人。代皇征战十八年，奉旨回家去省亲。巧遇妻子改嫁日，怒发冲冠恶胆生。一双儿女亲手埋，再追夫人命归阴。时候懊悔常顿足，舍宅为寺愿度僧。消息传到京城去，圣上顿生怜惜情。下旨敕造莲华寺，再赏良田数千顷。当时江南众寺院，唯有莲花最精神……”

《十二月花名歌》是代表性的吴歌之一，分别唱出了各地的风情。通安山歌中的《十二月花名歌》，也唱出了通安的地方风情和土产特点。其中的一首五月歌，点明了最好的关席出在金墅镇的塘基廊：“五月里来是石榴，名班好戏出苏州。浒关席行名气旺，出席倒在塘基廊。”

私情歌也是通安山歌中的一个重要组成部分，如《浴山歌》云：“日落西边阳山廊，阿妹拎水烧浴汤。浴烧得温吞吞，阿妹拿衣衫等情郎。阿哥哎，早来一脚伲头汤，晚来一脚只好二汤。”另有句云：“锅灶头浴唱歌屋外飘，屋外头人听得双脚跳，倷温水里浴我西风里添柴烧……”还有一首《嫂捉奸》山歌这样唱道：“东南风吹起打斜来，小姑娘的房门半扇开。但见踏板头上有双男人鞋，今夜必定有郎来……”

还有一些通安山歌唱出了世态炎凉。钱凤根老人唱的这首《黄瓜棚来着地生》就把这人情冷薄刻画得淋漓尽致：“黄瓜棚来着地生，娘舅碰着亲外甥。娘舅叫我台上坐，舅母叫我灶前蹲。舅母盛碗饭冷冰冰，抽双筷子水淋淋……”

通安山歌中，还有不少如禽鸟、作物等为题材的。如有唱野鸡的四句山歌："野鸡飞来青草绊，野鸭飞来过太湖。燕子飞来像爽刀，高天子飞来节节高。"（绊，吴语土话，"藏"的意思。"爽刀"，是指在河底割麻皮水草的刀具。）还有一首山歌云："一粒芝麻抛到天，肚皮里山歌好唱两三年。燕子衔泥筑段西湖坝，烂草绳协推南阳山。"（协，吴语土话，有牵、拉之意。）

《山歌不唱口难开》（或《山歌不唱忘记多》），是吴歌中几乎家喻户晓的代表作。通安山歌中的《山歌不唱口难开》或《山歌不唱忘记多》，也有很多版本。钱凤根老人唱的这首《山歌不唱口难开》，可能是它的最初版本："山歌不唱口难开，樱桃好吃树难采。白米饭好吃田难种，鲜鱼汤好喝网张来。"

《山歌不唱忘记多》许多都是私情歌，如："山歌不唱忘记多，撸撸括括还有半升箩。快刀不磨生铜锈，私情路不走断头多……"这样的私情歌，经常用不同内容来填词，如："山歌不唱忘记多，撸撸括括还有半升箩。今朝不唱东来不唱西，单唱小姐嫁郎歌。"

挖掘保护和传承弘扬通安山歌这一特色文化，是开发通安文化旅游的一个宝贵资源。人们可以从通安山歌中看到在太湖之畔通安这块热土上生活过的人们所持有的审美情趣、思维方式、生活态度和道德情操。

第二节　宣卷

通安宣卷是吴文化民间艺术中的一朵奇葩，多用吴方言演唱，以其唱词雅俗共赏，曲调婉转动听，而深得乡间民众的喜爱。通安宣卷演出主要活跃于20世纪三四十年代，60年代后销声匿迹。80年代后又逐渐兴盛起来。

据宝卷研究专家车锡伦先生估计，吴语区已经发现的宝卷手抄本数量占其所著《中国宝卷总目》篇目的三分之二以上。水乡宣卷分木鱼和丝弦宣卷，现在民间多以后者为盛。在演出前宣卷艺人要在台前系上一个桌围，通常是苏绣的吉祥图案和文字。宣卷使用道具——折扇、引磬（磬子）、木鱼、碰铃、鸣尺、角鱼、钖锣（小锣）、扬琴、二胡、琵琶等乐器。通常是男做上手，女做下手。演唱用说、噱、弹、唱、表、做。也有一个艺人宣卷，其他乐手和之。从演唱本子看，有许多借鉴了昆曲、越剧、锡剧、评弹的表演曲目，如《白兔记》《文武双球》等。所以可以这样说，宣卷在它流传的过程中不断吸取了其他的艺术表演形式，成为了包含多种艺术形式的民间艺术集成。宣卷中有许多经典曲目，凝结了诸多的传统文化，民俗风情、人文历史、方言土语等文化元素，具有多样的研究价值。

通安旧时宣卷大都是给亡者“超度”，表示晚辈对前辈的孝敬。当天场面比较隆重，亲朋好友都要办盘出礼，有的带上阴钞、纸箱、纸衣以表哀悼之情，吹鼓手一班人，群众称之“道竽”，他们一来就热闹起来了，叮叮咚咚的乐器声阵阵响起，红红绿绿的冥衣张贴在堂屋。冥衣就是各色的纸张剪成男女衣裤以及各种日用品和农具。至今亡人做道场仍用冥衣张贴。而当今看到的冥衣上还剪有摩托车、汽车、别墅式洋房、电话机、电冰箱、液化气灶具等。

此外为老人做寿，为孩子满月，家里新造房子，娶亲，为神佛如观音、猛将诞辰祝寿也要请宣卷班子来演唱。宣卷的当天，中午吃的全是素菜，晚上酒席荤菜招待，晚饭后东村西舍的乡邻们熙熙攘攘地都来听宣卷，其内容大多说的是蔡状元起造洛阳桥、双蝴蝶、白露山、猛将等传说故事，都带有一定的劝人为善的教育意义。在文艺生活贫乏的当时，村民们算是一饱耳福了。

通安十图巷猛将庙如今仍延续了请宣卷班子来为猛将神祝寿的传统。仪式通过请神（佛）、开三星（福禄寿）、宣卷唱《延寿宝卷》《大香山》或《猛将宝卷》等仪式开始。通常上午宣卷，下午唱戏。最后宣卷送神（佛），信众烧锡箔解香，仪式完毕。

其实，宣卷一直是苏州地区下层人民群众了解民族传统文化和生产劳动、日常生活的“百科全书”。鱼米之乡的富足和水乡泽国较闭塞的生存环境，人们劳动之余更需要精神的愉悦和放松，宣卷作为一种民间文艺的传承有了它深厚的土壤和群众基础。同时宣卷也有意或者无意中起着百姓自我教化的作用，因为它是扎根于民间社会生活中的民间艺术，宣扬的是民众的感情和审美意识，因此也成就它天然的永久的延续力量，随着民俗节庆的传承而传播，随着生活方式的变异而调整变化，应该很好地重视宣卷的乡土教化和社会整合作用。

第五章

通安诗钞

射渎东偏一水平，两舟如屋后先行。远从大石山寻乐，先向白龙祠祷晴。擎盖不同朝雨密，拂衣渐觉午云轻。清风忽卷群峰出，似慰儿曹悦我情。

范成大

范成大（1126—1193），字致能，号石湖居士。宋平江（今江苏苏州）人。官至参知政事，谥文穆。工诗，风格平易浅显，清新妩媚，与杨万里、陆游、尤袤合称南宋“中兴四大诗人”。著有《石湖诗集》等。

龙母庙

孝龙分职隶湘西，天许宁亲岁一归。风雹春春损桃李，山中寒食尚冬衣。

咏白墡

凿山成井，深数十丈，复转为隧道以取之，危险不可逼视。

银须玉璞紫金精，犯难穷探亦有名。白垩区区土同价，吴侬无事亦轻生。

（《石湖居士诗集》卷三）

夫差墓

纵敌稽山祸已胎，垂涎上国更荒哉。不知养虎自遗患，只道求鱼无后灾。

梦见梧桐生后圃，眼看麋鹿上高台。千龄只有忠臣恨，化作涛江雪浪堆。

（《石湖居士诗集》卷二十八）

周南老

周南老（1301—1383），字正道，晚号拙逸老人。元常熟人，迁吴县。至正间除盐运知事，擢本省理问。明初征诣太常议礼，数月放还。后应苏州知府魏观聘，参与定学仪。著有《姑苏杂咏》等。

白龙庙

在阳山，世传东晋时居民缪氏女生一肉块，化白龙而去，女惊绝，遂立祠山巅。又云龙子分职潇湘，每岁归省其母，凡旱必祈焉。

阳山第三峰，云深神所栖。下有白龙冢，上有灵母祠。昔传民家女，育龙此山陲。龙化母惊绝，雷电交相驰。于今祷必应，雨旸无愆期。繄灵神变化，犹知有母思。

（《姑苏杂咏》卷上）

阳山

在城西北，吴山最高者，即秦余杭山，中有白龙湫。

高出众山上，独有秦余杭。云烟度林麓，青翠摩穹苍。中有神龙湫，以时司雨旸。夫差昔夜匿，于焉绝糇粮。三呼辄三应，道穷愈傽偟。公孙言可征，山灵为摧伤。

吴王杀公孙圣，圣曰：忠而获罪，身死无辜，不如提我至深山，后世相属为声响。于是使人提于蒸丘。蒸丘在阳山，后吴王夜匿是山中，三呼圣，圣三应。王仰天呼曰：寡人其可返乎？须臾越兵至。

（《姑苏杂咏》卷下）

顾德辉

顾德辉（1310—1369），字仲瑛，别名阿瑛，晚号金粟道人。元昆山人。家世素封，轻财结客，豪宕自喜，年三十始折节读书，购古书名画、彝鼎秘玩，筑别业于昆山茜泾西，曰“玉山佳处”，晨夕与客置酒赋诗其中。才情妙丽，工山水花卉翎毛，以诗名。著有《玉山璞稿》等。

阳山

别起高楼临碧溪，绕楼青山云约齐。阳山独出众山上，却立阳湖西复西。天风吹山屼不起，倒落芙蓉明镜里。影娥池上曲阑干，遍倚秋光三百里。白云不化五彩虹，化为夭矫之白龙。一朝挟子上天去，沛泽下土昭神功。土人结祠倚灵洞，雨气腥翻海波动。纸钱窣窣蜥蜴飞，女巫击鼓歌迎送。兹山本是秦余杭，越兵昼获夫差王。不知谁是公孙圣，空谷答音吴乃亡。只今此地愁云黑，铁马将军金作勒。汉蛇曷识剑雌雄，秦鹿应迷路南北。山下花开一色红，花下千头鹿养茸。衔花日献黄面老，挟群时入青莲宫。闻道青霜落林谷，斤斧丁丁惊鸟宿。千年白鹤忽飞归，失却长松旧时绿。君今坐看楼上头，析韵赋诗浮玉舟。凭高一览青未了，底事仲宣生远愁。明朝更踏东山路，傀儡湖中观竞渡。酒花滟滟泛昌阳，醉归扶上楼头去。

（《采风类记》卷四）

寄鸡笼山琦元璞

鸡笼山下野人家，破晓写诗邀品茶。秋风过树落红叶，夜雨满溪流白沙。

（《百城烟水》卷三）

释善住

释善住，元代僧人，著有《谷响集》。

阳山道中

一掬云泉漱齿凉，小亭幽绝背山阳。道人自向峰头住，闭户不知春日长。

雨余春涧水争分，野雉双飞过古坟。眼见人家住深坞，梅花绕屋不开门。

（《采风类记》卷四）

王宾

王宾，字仲光，号光庵。明长洲（今江苏苏州）人。洪武时，姚广孝守吴郡，执弟子礼。博览经史百家，工绘事，亦善刻印，尤精医术。平生不娶妻，奉母极孝，世称高士。著有《光庵集》等。

陆绩墓

寥落孤坟荒草深，一回行过一沉吟。边头有土如栽橘，表见当年念母心。

陆绩墓在阳抱山，《吴地记》云在阊门外泰伯庙西。元至元间，郡人朱泽民祖母病，卜地此山，梦伟丈夫告曰：勿夺吾宅，吾且为夫人后。既而穿地得石，曰郁林太守陆绩之墓。别有刻曰：此石烂，人来换。石果断矣，遂掩之而卜兆其傍。今状元朱希周是其裔也。

（《吴都文粹续编》卷三十七）

刘炳

刘炳，字彦炳。元明间江西鄱阳人。元顺帝至正中，从军于浙。元末诣朱元璋，献书言事。平江西，授中书典签。洪武中屡升大都督府掌记，除东阿知县。旋以病告归，年六十九卒。工诗，有《春雨轩集》。

琼姬墓宋仲珩同赋

野花凝粉钿，琼姬醉时面。夕露柳丝长，琼姬晚黛妆。行人坟上莫回首，一顾春风一断肠。

（《列朝诗集》甲集前编第九）

徐贲

徐贲（1335—1393），字幼文，号北郭生。祖籍巴蜀，后迁平江。洪武间官至河南左布政使。能诗，兼工书画，与高启、杨基、张羽齐名，并称“吴中四杰”。著有《北郭集》。

阳山琼姬墓

馆娃宫里已堪愁，况值泉台阅小丘。月冷宝奁无复晓，池空玉雁不知秋。萝间旧屋僧来往，竹下新亭客过游。不有佳名留郡志，谁能识此为停舟？

（《百城烟水》卷三）

高启

高启（1336—1373），字季迪，号槎轩。明长洲（今江苏苏州）人。与杨基、张羽、徐贲并称“吴中四杰”。洪武间官至户部右侍郎，后因卷入苏州知府魏观案中获罪被诛。著有《高太史大全集》《凫藻集》等。

登阳山

我登此山巅，不知此山高。但觉群山总在下，坐抚其顶同儿曹。又见太湖动我前，汹涌三十万顷烟波涛。长风吹人度层嶂，不用仙人赤城杖。峰回秋碍海鹘飞，日出夜听天鸡唱。中有一泉常不枯，乃是蜿蜒神物之所都。老藤阴森洞府黑，树上不敢留栖乌。常年祷雨车，来此投金符。灵旗风转白日晦，马鬣一滴沾三吴。岩峦苍苍境多异，樵子寻常不曾至。探幽历险未得归，忽听钟来涧西寺。此时望青冥，脱略尘世情。白云冉冉足下起，如欲载我升天行。古来名贤总何有，惟有此山长不朽。欲呼明月海上来，照把长生一瓢酒。浮丘醉枕肱，洪崖开笑口。天风吹落浩歌声，地上行人尽回首。

白龙庙迎神送神曲

荐芳兮奠醑，斫冰为梁兮葺荷。以为宇神不来兮孰与处，空山秋兮暮多雨。渺吾望兮潇湘，云冥冥兮水茫茫。有美人兮在堂，盍归去来兮故乡。

一导赤鲤兮从文鼍，冷风回兮水惊波。俨灵旗兮来下，巫拊节兮安歌。安歌兮未极，倏回辀兮山之侧。南有渊兮北有湫，神不留兮我心忧，愿来岁兮惠我秋。

（《采风类记》卷四）

雨中过憩龙山

春云晻霭涧奔浑，风雨行人过一村。不似山家深竹里，乳鸠啼午未开门。

（《百城烟水》卷三）

琼姬墓

梦别芙蓉殿头，堕钗零落谁收？土昏青镜忘晓，月冷珠襦恨秋。麋鹿昔来废苑，牛羊今上荒丘。香魂若怨亡国，莫与西施共游。

（道光《浒墅关志》卷十三）

沈周

沈周（1427—1509），字启南，号石田。明长洲（今江苏苏州）人。性情敦厚，博学多才，不应科举，专事诗文、书画，与文徵明、唐寅、仇英并称“明四家”。著有《石田集》《客座新闻》等。

登大石云泉庵读李武选吴太史张梦坡史西村诸公联句有作（成化辛丑）

昔闻大石会，衷热思载酒。三年耻独游，闯户屡缩首。拘束非达士，畸人信无偶。问路始奋屐，不避飞磴陡。登顿风掖身，笑语云入口。直上忽左旋，方塞复傍剖。跨空紫玉楣，下穿龙腹走。胆慄欲中止，仍为奇观诱。碧殿嵌阳崖，硌确碍窗牖。转高得绝胜，小阁踞岣嵝。如从毗卢现，载以莲花九。东壁读联篇，句下其某某。文章千代物，与石俱不朽。后客莫容续，令人议貂狗。

望阳山（有序）

成化甲辰岁，闽中李侯来守吾苏。其岁大登。秋之孟，侯报望于封内秦余杭之山。雍雍肃肃，敬恭乃事。郊之父老观瞻赞叹曰：吾侯为吾民，而役者勤矣！侯退，盘桓山间，人得欧阳在滁之乐。沈周图其所以乐者，复广父老之赞叹而为之歌曰：

小时谓山顽而窿，出云出水疑中空。后来仰之生敬止，知司有神与人通。为旸为雨盖有为，惟愆惟序惟丰凶。吾苏十年洚水中，吾民饥垫鱼鳖同。李侯聿来水相避，劝我稼穑仍为农。收拾丰年答天子，菜熟米贱公私充。流离思乡负子返，譬彼木茂鸟必从。山川效顺人效敬，天实有意成于公。公能爱民天意合，亦能事神民福崇。秦余杭山苏所望，西北特踞封中雄。观公秋来修所报，五马至止仪雍雍。巍乎嵲哉几千仞，对笏正立青芙蓉。风作之声云作气，灵之扬兮心愈恭。下山逶迤碧松里，短杖露冕从丝桐。清泉白石解款曲，引酒自醉黄金钟。推公此乐乐民乐，山水未足开其胸。观瞻叹颂走父老，云与欧阳成两翁。作亭欲与山借地，丹林翠壑忻相容。题楣便须识大有，公须自记知宗工。诛茅岂伺智仙辈，我先点笔留青红。深檐高栋会有日，广缥大轴相无穷。

（《石田先生诗钞》卷二）

大石状

望望秦余杭，首尾行不了。大石突其居，翘然一拳挢。山体厚藏骨，吐秀此特表。正类抱中婴，头顶露于褓。形大气则散，趣足喜在小。其深虽未即，远观已自好。顷来莫能穷，继至敢草草。循墙道林麓，记曲乃遗杳。登登觉向峻，渐渐驾木杪。猊峰据门左，呵禁口欲咬。有磴沿百级，有殿嵌山造。并殿跨偃石，悬身龙嫋矫。行人自其下，恍惚怖四爪。转高蹐其背，股栗身亦掉。镇脑结佛亭，所仗力可扰。四壁满题句，贵贱成杂扫。同游愆涉险，旋踵促及早。次寻石间寮，蜂房互窈窕。缘势尽西向，局地窄接缭。云栈中贯穿，所历平地少。山静日自长，石瘠人亦槁。坐僻觊居安，传奇被游搅。阳崖诧唇掀，阴窦疑目窅。虚含风飕飕，湿映云稍稍。众皱不可熨，乱璺龟坼兆。层叠百宝合，正绀或厕缥。亘此金刚座，千古不可剿。危椒压屋脊，雷雨尝怯倒。草木亦作怪，牢络万萝茑。苍松长深根，本矮枝节老。斜见山桃花，微红映丛篠。草异传多药，采掇未谙晓。欲宿偿三过，衾裯悔忘抱。既夕气更佳，延月象倍皎。尚欠一踏雪，意先有璚岛。情状要细述，言语未获巧。不期诸崔嵬，拄腹早韫稿。宛然紫芙蓉，为我一手拗。东坡昔袖去，援例我非狡。山僧苦着相，便觉生烦恼。

成化戊戌十二月，李贞伯、吴原博、史明古、张子静游阳山，入云泉庵，观大石，作联句诗，先生补作此诗及《大石图》，图今藏稼轩家。

（《石田先生诗钞》卷三）

三过大石云泉庵用杜工部道林二寺行韵

十年不到岁月殊，江关所寓程非纡。山塍石磴足尚健，地势渐高开太湖。人言吴岳亚庐岳，我谓此石当香炉。群龙夭矫聚山脉，奔走左右来争珠。秋天日晶气更爽，何况殷勤亲友俱？茶烟出屋窜野鼠，谷风振竹喧林乌。两番记壁皆有作，已及三过今难无。要登厓寮静觅句，石梁径过挥旁扶。老年尽好寻乐处，官府清简无求诛。郊村接日错红树，积禾塞场鸡狗腴。行厨足酒不待买，藏阄未畅五白呼。漱酣多临净涧趾，风襟或倚长松躯。狂言偶发合古韵，存弃但信山僧图。在游不当鄙下里，同声可应何相孤。青山落落我兀兀，白发种种心于于。衾裯失抱悔莫宿，下山日暮随樵夫。

（《石田先生诗钞》卷四）

过甑山

林麓萧萧寺，门幽不藉扃。蒸云山拟甑，障日树为屏。老衲不下坐，对人还诵经。闲来复闲去，空损石苔青。

为松庵泰公题画时在大石回

我在西山看不足，虎丘更借松庵宿。三泉汲得便煎茶，余勺分清仍煮粥。潜夫从来肝肺净，还藉清冷渥秋玉。饱眠不怕早鸟聒，春枕藤痕黑甜熟。老僧推门唤起起，要我写山开素轴。身住青山却不知，纸上错求真面目。

（《石田稿》）

辛丑仲夏游阳山观大石

问寺松篁里，芒鞋苦未停。蒸云山似甑，隐石树为屏。鸟啄台中食，僧翻几上经。闲来复闲去，空损石苔青。

（《采风类记》卷四）

薛宪章

薛宪章，一名章宪、尧卿。明江阴人。与沈周善，交往颇多。

大石

陨星自天着山巅，与天作石知何年？砑砑赑屃断复裂，欲随不随相钩连。硗然蹄股躩且跧，霜饕雪虐成顽坚。夸娥负山跂一足，罔象拔河耸两肩。嵌空窒罅鬼手刓，蜂房联络僧庐悬。崚嶒石磴蛇倒退，决往未省愁攀援。还从青衣驾赤犊，更觅小有穷兜玄。

（《采风类记》卷四）

李应祯

李应祯（1431—1493），名甡，又名应熊，以字行，更字贞伯。明长洲（今江苏苏州）人。世医，隶南京太医院籍。景泰四年（1453）举人。历任南京兵部武选司员外郎、南京尚宝司卿、南京太仆寺少卿。尚道义，甚负时誉，喜面折人过，人多畏之。博学好古，书善篆楷，文词简健。著有《范庵集》等。

成化甲戌十二月与吴原博、史明古、
张子静游阳山云泉庵观大石联句

岩岩者大石，（李）奇观人所诵。遐想十载余，（吴）初游四人共。舍舟始登陆，（张）杖策不持鞚。是时日当夕，（史）兹山气逾滃。入门信突兀，（李）拾级骇空洞。落星何破碎，（吴）灵鹫宜伯仲。仰观神欲飞，（张）俯瞰心屡恐。鳞皴苔藓剥，（史）骨立冰雪冻。神驱道扔呼，（李）鬼劈文错综。尊严凛君临，（吴）张拱俨宾送。环列尽儿孙，（张）拥护等仆从。欲假愚公移，（史）谅非雍伯种。卧鼓慨桴亡，（李）对臼怯杵重。猊吻讶未收，（吴）龙鬣怒难控。凝血疑痛鞭，（张）立肺讵冤讼。上漏还启窗，（史）中通自成衖。大惟补天功，小可砭肌用。分矢肃慎来，（李）浮磬泗滨贡。（张）廉利并攒剑，兀陧侧倚瓮。峄山辱嬴秦，（吴）艮岳遗汴宋。截彼民具瞻，（张）壮哉客难奉。（史）落照红扶赭，归云白流汞。（张）僧讲点头应，（李）将射没羽中。尘缘契三生，（吴）阵图怀七纵。（张）在悬太师击，攻玉诗人讽。仙煮充腹饥，（史）俗揩免腰痛。瑶琨产维扬，（吴）琅玕出乃雍。高题少室名，（李）怪作东坡供。半空见玉蝙，千仞附青凤。（张）栖禅余百年，问僧仅三众。凭虚围曲阑，（吴）架壑出飞栋。（史）竹幽补堂坳，树古嵌崖缝。窦黑炊烟熏，（李）坎平钟乳壅。盘盘栈道危，（吴）灖灖水泉动。（张）登顿足力疲，眺望眼界空。（史）松露发欲濡，潭月手可弄。（吴）穷攀任生皲，（李）醉吟微带齆。列坐对弯跧，（张）大呼应锽硡。嗜癖牛李愚，（史）诗战邹鲁閧。（吴）拜奇得颠名，（史）忧坠成噩梦。（吴）试与扣山灵，倘售捧薄俸。（李）

（《采风类记》卷四）

颜瑄

颜瑄，字宝之。明江阴人。成化二年（1466）进士，八年任浒墅关榷使。

公暇游大石次韵

老梅幽涧曲，修竹短墙头。室小如悬磬，山虚若覆舟。百年真幻绝，一会足风流。扰扰徒为尔，得休须早休。

（《百城烟水》卷三）

陈璚

陈璚（1440—1506），字玉汝，号成斋。明长洲（今江苏苏州）人。成化十四年（1478）进士，选庶吉士。时吴宽在翰林院，初与同砚席，屈己师之。历官兵科给事中、刑科左给事中、南京左佥都御史、南京左副都御史等。善古文辞，不屑为腐俗语，尤工诗。著有《成斋集》等。

八月十日，儿子镃驾楼船载酒肴乐具侍奉游大石山，雨作不顾，先造白龙祷晴，而行果得达，途中喜赋一诗

射渎东偏一水平，两舟如屋后先行。远从大石山寻乐，先向白龙祠祷晴。擎盖不同朝雨密，拂衣渐觉午云轻。清风忽卷群峰出，似慰儿曹悦我情。

（《百城烟水》卷三）

徐源

徐源（？—1515），字仲山，号椒园道人。明长洲（今江苏苏州）瓜泾人。成化十一年（1475）进士。历广东参政、浙江右布政、湖广左布政。弘治十四年（1501），擢右副都御史，巡抚山东。致仕归。事母孝，诗文博雅，书法米氏。著有《瓜泾集》等。

观阳山大石

兹山有奇观，巍峩设形胜。神禹刊木避，女娲补天剩。磷磷柱国臣，钧力倏与竞。日华生锦绣，烟云罩苔径。盘桓上中峰，仰睇复危磴。绝顶谅扪天，筋力顾不劲。岱宗不可磨，此石宜自庆。

（《吴都文粹续编》卷三十三）

王鏊

王鏊（1450—1524），字济之，号守溪，晚号拙叟，学者称震泽先生。明吴县（今江苏苏州）人。成化十一年（1475）进士，官至文渊阁大学士。潜心学问，文章尔雅，议论精辟，博学有识鉴。著有《姑苏志》《震泽集》等。

望阳山

青溪欲尽转逶迤，卧对阳山舟自移。闻有高人何处在，白云红叶影离离。

（《震泽先生集》卷四）

登阳山大石

阳山从西来，勇气正咆勃。联峰划中断，散作石突兀。不知开辟初，谁展造化窟？偶来陟其椒，未步先欲蹶。俨如大廷朝，冠冕森万笏。又如羽林军，戈剑罗劲卒。抉开混沌窍，截断防风骨。谽谺唇吻张，璀璨鼻眼突。尝疑地生疣，又恐天坠孛。嵌岩亦通透，轩敞且嶒崪。梯空路不穷，补缺屋将杌。沮洳滴玲珑，丰茸眠猛狘。缝生藓驳斑，罅卧松强倔。手摩畏狰狞，足履愁鮠尯。灵湫瞰潜虬，危巢俯栖鹘。佳处诚悠悠，怪事良咄咄。鍊疑娲皇遗，堕恐共工捘。神禹凿难平，姱娥推欲没。太湖杯汀潆，绝顶箭恍惚。作诗继前游，归兴殊忽忽。

与谢宪副德温游阳山箭缺，至半山寺而止

箭缺搀天知几重，半山聊复憩吾慵。孤臣何处埋幽愤，夫差杀公孙胜于此。高阁闲来坐宴春。深院潺湲鸣剖竹，悬崖矶硉偃长松。回船又过枫桥去，卧听寒山寺里钟。

（《震泽先生集》卷六）

四月九日与弟秉之、进之过通安桥顾氏，因偕玄敬登阳山绝顶。次日过虎山桥、七宝泉，至灵岩山而还。得诗三首（选一）

阳山高哉几千丈，箭阙遥瞻在天上。一朝置我箭阙旁，坐觉诸山皆退让。太湖澄滢平于杯，夫椒包山近相并。山腰鸟道何盘盘，十步九折行且叹。昌黎正逢衡岳霁，太白休歌蜀道难。夫差悔悟苦不早，公孙白骨缠荒草。子胥伯嚭两丘墟，天地茫茫人易老。划然长啸来悲风，一杯敬酹浮丘公。何时借我绿玉杖，从此拄过扶桑东。诗成西日下山去，回视山椒但烟雾。

（《震泽先生集》卷七）

阳山大石联句

峻极惟崧嵩，尝闻吉甫诵。（寅）石今者何为，势若与之共。偶来试春衣，暂尔解尘鞚。（鏊）登原路屡回，入门树争滃。（寅）叠处譬为山，呀然忽成洞。（鏊）横陈类涅槃，分峙譬翁仲。（寅）啾啾猿度悲，贴贴鸟飞恐。（鏊）跃冶祥金流，黝垩圣铁冻。（寅）化工孰燃炉，气机潜理综。（鏊）一整还一欹，谁迎复谁送？（寅）阳山划中开，虎阜凛旁从。（鏊）灵壁岂同侪，岐阳真异种。（寅）仰窥天阙低，侧压坤维重。（鏊）蹲猊怒将齧，奔马猛难控。（寅）有并若肩随，或分如斗讼。（鏊）龙象整法筵，鼪鼯失家衖。（寅）凿须神禹功，炼待娲皇用。岩岩挹孟轲，侃侃立子贡。洲边楼碎槌，江上城卧甕。（鏊）凭焉或言晋，砰尔倏霣宋。（寅）五丁安能驱，百神互相奉。（鏊）负戴赖鲲鲸，点化谢铅汞。（寅）支倾力已疲，任大材堪中。（鏊）攫拏鬼亦惊，秀杰天所纵。（寅）好事来重寻，佳句时一讽。（鏊）宁能辟脚茧，且得愈头痛。（寅）秦禅偶遗吴，汉封当始雍。（鏊）扛非九鼎雄，富比八珍供。（鏊）咄叱起老羝，搏拊来仪凤。（寅）太湖隐见微，远山朝挹众。（鏊）沉船露危樯，败屋横折栋。（寅）苔古积成衣，藤枯倒穿缝。（鏊）赑屃下倒悬，嵌空旁或拥。（寅）凌兢步难移，瑟缩心屡动。（鏊）幔亭危冠颠，梵宇巧补空。（寅）举酒欲浩歌，援琴时一弄。（鏊）云生殿阁浮，风发钟磬硿。（寅）上帝关九重，下界市一哄。（鏊）目中无全吴，胸次有云梦。（寅）便当结幽庐，采撷当月俸。（鏊）

（《震泽先生集》卷九）

李浒

李浒，字宗汉，生平不详，弘治九年（1496）春，曾书云泉寺诗刻。

过云泉寺次大石联句原韵

维石巨且奇，令人自庄诵。地设天琢成，古往今来共。乘间一登览，奚暇施衔鞚。风雨任摧剥，烟岚自蒸滃。东坡雪浪齐，中子清濂洞。查滓余娲皇，云锦拟毛仲。寺僻景最真，林深心亦恐。阴霾六月寒，雪窦千年冻。巉岩愈奇怪，纹理俱错综。当轩罨昼开，排闼空青送。冈陵拟比肩，峿嵝犹扈从。移彼虯须孙，傍我云根种。游赏来殷勤，咏歌须郑重。傲睨永贞固，骨硬奚制控？回苏岁妥灵，镇靖民无讼。摩诘写辋川，伍丁开蜀弄。预储匠氏工，拟俟岩廊用。屏障姑苏台，珍重青州贡。溜雨散琼珠，流霞倒银瓮。遐算等乾坤，历年匪唐宋。良辰宜登眺，赠答难持奉。根底凝丹砂，精英液铅汞。诗什殆连篇，形容俱屡中。世代有沿革，山川奚缩纵。依稀石鼓歌，留待骚人讽。拜岳人匪狂，泣玉士何痛。石磬浮泗滨，球琳产梁雍。豪士遭奇赏，山僧拟清供。漫说初平羊，忽讶高冈凤。山名水复秀，土沃民尤众。丹崖连翠巘，铃阁接云栋。茑萝垂幕阴，筱簜穿隙缝。斑驳苔藓封，縠皱波涛壅。雾蒸虎豹眠，云卷鲸鳌动。陟彼望三吴，廓乎为一空。临风和五言，对景横三弄。览秀襟怀澄，酣吟鼻自齈。剥藓辨古文，希音和韶磴。文人墨客来，笔阵诗坛哄。吁嗟五色文，幻化三生梦。兹母立江头，何由供尔俸？

（道光《浒墅关志》卷一）

杨循吉

杨循吉（1456—1544），字君卿，一作君谦，号南峰、雁村居士等。明吴县（今江苏苏州）人。成化二十年（1484）进士，授礼部主事，因病致仕。论诗主张直吐胸怀、实叙景象、老少皆懂。著有《松筹堂集》等。

咏阳山大石和李少卿作

伟哉此阳山，有石怪可诵。形将大块截，势与莲花共。仰观一何高，登陟不可鞚。鸟飞必徊翔，云出自腾滃。孤圆外成峤，空朗中含洞。瘦如辟谷良，清苦食蚓仲。深思殆天设，乍至令人恐。浓萝垂作阴，寒泉滴为冻。戴庵亦颠危，携觞更交综。耳胁或骈攒，擎拳时独送。巍巍上少并，森森下多从。荒崖始谁开，倒树谅非种。在兹三吴间，当以九鼎重。崇岩借冠冕，卑峦听提控。劳呼猿固匿，被压松堪讼。曲躬始得门，侧身还入衖。拂苔劣容眠，收乳兼资用。志犹记秦余，材曷遗禹贡。立久气湿袍，啸高声达瓮。论年越殷周，言时晦唐宋。一为佛者居，永作游人奉。病宜谧著书，寐称抟养汞。四方传不诬，诸公评切中。临谷足还酸，乘颠目偏纵。支颐讵厌看，极口难竭讽。鬼凿手须胼，鲸负背应痛。东岱徒小鲁，西华谬推雍。悬磬风发鸣，香炉烟结供。曝沙伏灵鼍，食冈停远凤。是知隆拔群，所贵秀合众。偷余殿容榱，就隙亭阁栋。枯藤蔓穿窍，长蛇舌撩缝。轻清受指弹，玲珑脱泥壅。苇拜本无忝，羽撼争得动。栽培稀尺闲，构架靡寸空。炎伏凉自生，清秋月堪弄。林深必赖烛，岚酷能作齆。星化犹立芒，龙吟如叶碚。岭狮驯已宾，阜虎狞与哄。久嗟隔胜赏，频劳落清梦。即欲营终栖，其奈怀微俸。

（《松筹堂集》卷二）

祝允明

祝允明（1460—1527），字希哲，号枝山。明长洲（今江苏苏州）人。曾任应天府通判。能诗文，工书法，尤擅狂草。与唐寅、文徵明、徐祯卿并称“吴中四才子”。著有《祝氏集略》《怀星堂集》等。

顾秀才阳山草堂

家住山城不到山，强题诗句抗尘颜。君家客坐烟萝里，尽著闲人不自闲。

（《祝氏集略》卷七）

吴一鹏

吴一鹏（1460—1542），字南夫，号白楼。明长洲（今江苏苏州）人。弘治六年（1493）进士。任《武宗实录》副总裁官，书成，进尚书，加太子少保。张璁、桂萼忌之，出为南京吏部尚书。谥文端。著有《吴文端公集》等。

登大石

大石巍巍郡郭西，登临此日酒重携。烟中鸟没千峰暝，象外天空万物低。田舍筑墙堆乱石，僧厨剥笋落黄泥。兴游未尽忘归去，一路垂鞭信马蹄。

（《百城烟水》卷三）

方凤

方凤，字时鸣，号改亭。明昆山人。正德三年（1508）进士，历任监察御史，官至广西提学副使。著有《改亭存稿》。

登大石山

殷勤挟小艇，迤逦登大石。怪险若神造，幽阒真鬼宅。凌汉龙头昂，负重鼍背磔。倒曳万牛喘，列坐十人窄。眇视笑一拳，端拜俯半额。凭肩护胫酸，呼酒镇心惄。古壁剥旧题，反窦碍颓屐。甫快雨忽晴，刚醉日欲夕。老禅嗜文辞，短卷盈咫尺。挥毫神欲飞，云开万峰碧。

（《改亭存稿》卷七）

顾潜

顾潜（1471—1534），字孔昭。明昆山人。弘治九年（1496）进士，官至直隶提学御史，以伉直忤尚书刘宇，宇谗之刘瑾，出为马湖知府，未任罢归。工诗文，俱平正朴实，不事修饰。著有《静观堂集》。

宿云泉庵值雨

花雨松风落枕边，背岩斋阁夜萧然。春来几宿栖僧榻，应与名山有净缘。

阳山大石

何年帝遣巨灵剜，翠壑清泉六月寒。一段幽奇吟不就，良工欲画也应难。

（《静观堂集》卷六）

方太古

方太古（1471—1547），字元素，自号寒溪子、一壶生。明兰溪人。幼时警敏，爱好吟咏。早年曾从章懋学习经学，弃科举之业。曾寓居苏州，与杨循吉、徐祯卿、沈周、文徵明等唱和。著有《易经发明》《理学提纲》《寒溪子集》等。

雪后宿顾大有阳山草堂

草堂新筑面阳山，霭霭春冬紫翠间。曾与主人残雪夜，月明风静听潺湲。

（《百城烟水》卷三）

顾璘

顾璘（1476—1545），字华玉，号东桥居士。明长洲（今江苏苏州）人，寓居上元（今江苏南京），有知人鉴。弘治九年（1496）进士，授广平知县，累官至南京刑部尚书。少有才名，以诗著称于时，与其同里陈沂、王韦号称“金陵三俊”。著有《浮湘集》《息园诗文稿》等。

阳山草堂

草堂遥住碧山阿，手种青松十丈柯。闻道欲闲闲未尽，问奇携酒客来多。

（《百城烟水》卷三）

胡缵宗

胡缵宗（1480—1560），字孝思，又字世甫，号可泉，又别号鸟鼠山人。明秦安人。正德三年（1508）进士，官至河南巡抚。为官爱民礼士，抚绥安辑，廉洁辨治，著称大江南北。著有《鸟鼠山人集》等。

与诸寮登太石

昔闻大石大于圜，今见大石大于山。峻嶒绝巘垒初出，缥缈中泓桥欲悬。波涌洞庭高入座，帆围浒墅近当筵。氅衣两两随玄鹤，天路纡回望若仙。

（《鸟鼠山人小集》卷六）

徐缙

徐缙（1482—1548），字子容，号崦西。明吴县（今江苏苏州）洞庭西山人。王鏊婿。弘治十一年（1498）解元，十八年进士。选庶吉士，授编修。进侍读、少詹事、礼部侍郎、经筵讲官，寻改吏部，摄铨政。后夺职免归。嘉靖二十七年（1548）卒，赠吏部尚书，谥文敏。著有《徐文敏公集》等。

观阳山大石

阳山宿称奇，大石更灵怪。崕峭忽中空，岩连复萦带。烟霞敛夕霏，荔薜留雾霭。未经神禹凿，冀受米生拜。曰予抱幽僻，薄游竟谁碍？攀萝蹑巉岏，采芳越森荟。道以沉毅超，赏与孤高会。想念山中人，秋空发虚籁。虚籁能娱人，客心殊未艾。何当谢尘纷，乘云弄烟滏。

（《吴都文粹续编》卷三十三）

朱节

朱节，字全甫，一作全夫。明吴县（今江苏苏州）人。嘉靖二年（1523）进士，官至肇庆知府。

观阳山大石

山深閟奇迹，步散漫探索。春尽强登临，与众信云乐。玄玄岂渺茫，去去还咨度。伊谁鸣玉琴，飞瀑出幽壑。扪萝苦多歧，蹑磴恃轻屩。绕耳响松筠，瞥眼惜花萼。眺远挹湖光，兴逸超鱼跃。倚马擅三长，得鸟在一博。穿云衣自濡，嚼茗泉堪酌。薄暝忘言旋，余情恋酬酢。明月脱沙中，清风下飞阁。此会良不虚，重来订初约。

（《吴都文粹续编》卷三十三）

黄省会

黄省会，字勉之。明苏州卫人。鲁曾弟。嘉靖十年（1531）举人。工诗。

大石山寺

学凤飞峦峻，如龙偃岫长。午崖犹未日，秋洞不凋芳。芝磴霞沾屐，林楼翠惹觞。旷寥僧坐久，摘果供焚香。

（道光《浒墅关志》卷十）

张寰

张寰（1486—1561），字允清，号石川。明昆山人。安甫子。正德十六年（1521）进士，官至通政司右参议。嘉靖二十四年（1545）致仕，筑崇古楼，聚书甚富。纵意山水，与归安蒋瑶、上元刘麟等结岘山逸老之社。著有《张通参集》等。

云泉庵用少谷韵柬秦余兄

何地胜平泉，兹山万壑偏。乾坤秋欲老，登眺复谁怜？物象含幽洞，湖光接远天。结庐栖二逸，拟此共逃禅。

（《今雨瑶华》）

顾元庆

顾元庆（1487—1565），字大有。明长洲（今江苏苏州）黄埭人。岩子。庠生。兄弟多行商，元庆独以图书自娱，自经史以至丛说，多所纂述。所居曰顾家青山，在大石左麓，故又称大石山房。堂曰夷白，藏书万卷，择其善本刻之，署曰阳山顾氏文房。与文徵明、王穉登辈友善，又与岳岱相邻，互相切磋。卒葬阳山石坞。著有《阳山新录》等。

雨中喜陆子绍王百谷见过

兴拟山阴棹，柴门忽枉君。阶除犹积雨，砚席欲生云。倒屣仍催烛，开心出近文。人扶难再拜，坐对挹清芬。

（《雨航纪》纪言第六）

山斋诵见寄之作有怀漳河

忽忆漳河子，居然有道风。一尊黄叶下，数口绿云中。鸿鹄心同远，岩丘兴不群。新诗开大雅，莫惜寄邮筒。

（《今雨瑶华》）

咏晋柏

龙母昔葬处，相传此崇墉。龙来白日晦，龙去青山空。异代碑横草，潇湘云满宫。宫前独古柏，柯干如青铜。

（道光《浒墅关志》卷十一）

黄省曾

黄省曾（1490—1540），字勉之，号五岳山人。明吴县（今江苏苏州）人。嘉靖十年（1531）举人，后进士累举不第。多藏书，于书无所不览，详闻奥学，好谈经济。学诗于李梦阳，诗作以华艳胜。著有《五岳山人集》等。

答东伯岳子山中见赠

隐尚贪成癖，幽寻爱历奇。石门唯岭带，萝室有花披。歌好游仙赋，杯清问竹期。子真君不愧，谷口慰相与。

（《今雨瑶华》）

岳岱

岳岱，字东伯，自称漳余子、秦余山人。明长洲（今江苏苏州）人。先世以军功隶苏州卫，至其父始好读书。辟草堂于阳山白龙坞，花木翳然，修竹万挺。中年出游恒、岱诸岳，泛大江，览留都名胜，访丰坊于四明，历天姥、天台、雁荡、武夷、匡庐而返，遂不复出。能诗善画。与顾元庆等友。著有《阳山志》等。

新笋歌

满林黄鸟不胜啼，林下新笋与人齐。春风闭门走山兔，白昼露滴惊竹鸡。

雨中三日春已过，又近石床添几个。竞将头角向青云，不管阶前绿苔破。

（《采风类记》卷四）

姜龙

姜龙，字梦宾，号时川。明昆山人。昂子。明正德三年（1508）进士，历官礼部仪制司郎中。因谏武宗南巡，杖几死，黜为建宁府同知。寻迁云南按察副使，在滇四年，治绩甚著。归居林下二十年，卒。著有《时川小稿》等。

夏日寻秦余山人隐居

衡宇多倦燠，沿泛涤尘烦。朅来湖山隈，遗彼触意根。遥波既荡潏，垂柳复阴繁。矫首快遐瞩，杖策更登蹟。念我山中友，遁迹贲丘园。秦余郁嵯峨，霞霭相吐吞。双松正当户，高竹翳周垣。池渠委红艳，绿叶风前翻。主人枕书卧，垫巾出候门。相对但一笑，坐久澹无言。新诗互相订，种植法亦存。幽寻贻俗诮，此道古所惇。

（《今雨瑶华》）

吴羲坤

吴羲坤，生平不详，《百城烟水》收有其诗。

菖蒲泉在阳抱山鲁将军墓下

曳杖来寻隐士家，泉香不减白龙茶。一泓寒碧深山里，谁种菖蒲绕岸花？

（《百城烟水》卷三）

袁昭旸

袁昭旸，号憨泉山人，与岳岱有交往，生平不详。

同陆明府过阳山访漳河岳山人

泛舟入西山，炎景照南陆。梅霖歇崇冈，积润含林麓。挈徒过修坡，访友臻空谷。川薄阳已微，烟霏忽丛竹。石窦注清泠，云萝覆岩屋。庖人馈鲜鲤，童子进鼎餗。翰墨情所投，令人发深穆。兹会难再洽，艮趾兰堂宿。

咏阳山草堂竹赠漳河岳山人

草堂正倚阳山曲，袅袅琅玕涧水浔。风坞箨辞同藓碧，云林梢长接空阴。雨晴帘卷秋如许，日午开尊暑不侵。过客流连盘石坐，求羊应许更攀寻。

闻漳河岳子复入山读书寄赠

一从胥水别，负笈向青山。远谢尘嚣迹，言归薜荔关。烟光池竹翠，日气岩花斑。知是谈经宅，泉声尽日潺。

（《今雨瑶华》）

陆俸

陆俸，字天爵，号桃谷。明吴县（今江苏苏州）人。正德六年（1511）进士。官刑部郎中，持法不避权倖，以谏南巡被廷杖，出为宝庆知府。寻弃官归，隐于桃坞。著有《桃谷遗稿》。

至阳山访岳山人

访尔阳山曲，迢迢丘壑重。青冥恣遐瞩，麋鹿伴孤踪。高枕低云峤，疏林度远钟。径余重九菊，门倚两三松。避地雾中隐，鸣琴竹下逢。夜长思共醉，老去愿相从。魏阙今无想，仙风自可宗。因思沉湎者，役役尔何庸！

（《今雨瑶华》）

徐伯虬

徐伯虬，字子久，号嵩山。明太仓人。祯卿子。明嘉靖四年（1525）举人。著有《徐伯虬诗》。

同九峻顾子访漳河岳山人

多君栖郑圃，玄室白云阴。此日逢迎处，高天倚树吟。竹香明幌静，山色暮帘深。相送情无限，余音碧水琴。

（《今雨瑶华》）

顾闻

顾闻，字行之，号九峻山人。明吴县（今江苏苏州）光福人。福子。性嗜古文，寄傲诗歌，上公车不利而卒。工画，有声嘉靖间。岳岱云其“才华玮丽，铺序丰长”。著有《九峻山人集》。

同徐子过岳山人

爱尔中林静，莺啼下碧除。风清徐稚榻，花映邺侯书。帘际凉露切，城阴夏木虚。论文竟西日，片片落璠琚。

（《今雨瑶华》）

丰坊

丰坊（1492—1563），初名坊，字人叔，一字存礼，更名道生，更字人翁，号南禺外史。明鄞县（今浙江宁波）人。嘉靖二年（1523）进士。官礼部主事。博学工文，而性狂诞。家藏古碑帖甚富，临摹几可乱真。兼工书法、篆刻，擅诸体书，尤长于草书。著有《书诀》等。

阳山草堂为顾大有赋

新晖送山青，点点入茅屋。平原秀芳草，流泉带乔木。篱篁堕凉影，庭兰动徐郁。主人侵朝兴，鹤衣巾一幅。净凡发炉燎，就床取书读。坐中无俗宾，砌下有驯鹿。短扉竟日掩，香醪四时漉。闲情寄峄桐，佳词喷湘竹。翘企孤山隐，想系柴桑筑。延睇摇云峰，满听溅霜瀑。久与尘市遥，已共山灵熟。后名谅非求，潜德思厚蓄。落梅正宿雨，予来破幽独。

（道光《浒墅关志》卷十二）

袁褧

袁褧（1495—1573），字尚之，号中皋子，自号谢湖居士、石湖漫士。明吴县人。鼒次子。嘉靖二十二年（1543）国学生。累试不利，遂一意汲古，刻书为业。在石湖边筑谢湖草堂，故自号之。治《易经》，工诗文。著有《田舍集》等。

赠岳子

岳子事肥遁，阳山开草堂。清真辞黻冕，白日傲羲皇。大雅今寥落，新诗莫秘藏。著书多岁月，种竹长琳琅。

（《今雨瑶华》）

皇甫涍

皇甫涍（1497—1546），字子安，号少玄。明长洲（今江苏苏州）人。冲弟。诸生。嘉靖十一年（1532）进士，官至右春坊司直兼翰林院检讨。好学不倦，工于诗，有才名。著有《续高士传》《皇甫少玄集》等。

雨后舟行望大石诸山

暝游清溪上，虹雨开西岑。纤月照幽意，虚舟鸣夜琴。寥寥翠微静，霭霭芳树深。云径空如此，弥年违素心。

（《皇甫少玄集》卷十一）

欲别子循登大石云泉庵

惜别向何处，山龛到竹林。以予独往意，怜尔倦游心。石壁飞残叶，萝轩下夕阴。清溪一回首，惆怅白云深。

（《皇甫少玄集》卷十五）

皇甫汸

皇甫汸（1498—1583），明长洲（今江苏苏州）人。字子循，号百泉。嘉靖八年（1529）进士，官至工部主事。七岁能诗，又工书法，与皇甫冲、皇甫涍、皇甫濂并称“皇甫四杰”。性和易，好狎游。著有《皇甫司勋集》。

入阳抱山访朱大理

怜君谢朝寺，归守旧林丘。芳树当轩植，清泉入户流。焚车长自暇，学圃最宜秋。却笑题门者，何须罗雀求？

朱大理邀游大石

振策凌霄上，留筵拂石开。峰悬疑削出，崖断似飞来。云气晴交雨，涛声昼引雷。危梁倘可度，扶醉隔溪回。

（《皇甫司勋集》卷十七）

浒墅逢岳东伯出山相送

烟水维舟处，偏伤首路神。却怜乘雪兴，来送渡江人。落叶催年尽，寒尊遣夜频。知君入山后，相忆在风尘。

（《皇甫司勋集》卷十九）

万表

万表（1498—1556），字民望，号九沙山人、鹿园居士。明鄞县（今浙江宁波）人，祖籍定远。正德十五年（1520）进士，官至浙直海防总兵，曾在苏州等地抗倭。好读书，通经典，与罗洪先、王畿等往来，扬阳明学说。著有《玩鹿亭稿》《灼艾集》等。

登大石山偶忆石川公语奇胜宛然喜而赋此

昔逢石川老，语我大石奇。今日登临处，穿云路更危。飞梁横洞口，回壁俯湖湄。坐爱空中阁，高栖岁月迟。

（《玩鹿亭稿》卷一）

彭年

彭年（1505—1566），字孔嘉，号隆池山樵。明长洲（今江苏苏州）人，昉子。性颖异，嗜读书，六经诸子、古金石，无不探研。不喜习举子业。文章工腴，尤长记传，诗综盛唐，旁及白居易。精书法，宗欧柳。其名亚于文徵明，时称长者。著有《隆池山樵诗集》等。

同大林上人陪东岩使君游览十首（选一）

大石

阳山青不断，阴壑路疑穷。鳌蝀凌松杪，骖騑历桂丛。隔云分野绿，穿月逗中空。绝胜留孤赏，疏钟殷梵宫。

分题大石送王龙冈之闽臬

岳镇雄千里，峰形起四飞。井莲疑倒植，涧树若重围。龙尾蜷蜷坠，鳌簪屃赑巍。灵根云不断，洞穴雨常霏。寺古藏莺语，泉香饮鹿肥。幽奇冠吴会，形胜振关畿。仙客乘风赏，虚亭倚夕晖。登探历窈窕，倡和续音徽。酒对青霞举，琴从碧嶂挥。岭猿能助啸，山鸟爱忘机。此日游闽峤，宣风向海沂。霄台频按节，荔浦试褰帷。能政才多暇，高情兴讵违。应知茂苑月，相望挹清辉。

（《隆池山樵诗集》卷上）

王延陵

王延陵（1506—1582），字子永，号少溪。明吴县（今江苏苏州）人。鏊三子。荫授中书舍人，敕授征仕郎。志在山水，兴寄丹青，追工摩诘，与张幼于及皇甫汸结社赋诗，非唐调不赋。榜其精舍曰“景空”，性在禅宗。著有《王中舍集》等。

赠岳漳河先生

岳子秦余隐，不将凡庶群。缅怀丘中业，耻属世人文。解带卧秋竹，弹琴栖海云。昔贤真不愧，翘首挹清芬。

（《今雨瑶华》）

顾梦圭

顾梦圭，字武祥，号雍里。明昆山人。嘉靖二年（1523）进士。官至江西右布政使。工诗文，皆平正通达，直抒胸襟。著有《疣赘录》。

独游大石

白发看山尚有情，柳堤松径此间行。霞边突兀孤峰拄，树杪潺湲万壑鸣。箭阙岚光檐外接，具区帆影席前明。东南形胜长佳丽，但愿烽烟净百城。

（《疣赘录》卷九）

黄姬水

黄姬水（1509—1574），字志淳、淳父、贞父，号质山。明吴县（今江苏苏州）人。省曾子。生而颖敏，学于祝允明，遂传其笔法。性至孝，父母成疾，遂弃诸生。所蓄敦彝法帖名画甚富。且工于诗。著有《黄淳父先生全集》等。

咏大石

千盘危磴践苔青，巨石浑疑仙至扃。绝巘登攀一长啸，岩前飞雾尽冥冥。

（道光《浒墅关志》卷一）

大石八景

拜石轩

平生许椽情，况复秉贞介。开轩面巨石，聊学南宫拜。

毛竹磴

修篁夹丹梯，云衢益幽邃。登顿不知疲，迤逦上空翠。

招隐桥

石梁跨流水，岩桂自成栖。当年桥柱上，却笑长卿题。

宜晚屏

屏风高九叠，宛与匡庐同。曳策一晒目，岚光夕照中。

玉麈涧

碧涧疏以凿，弥弥周茅宇。洗耳思枕流，不惜捐谈尘。

青松宅

青松覆屋冷，晴日常飞霰。龙鳞千尺强，巢鹤今应遍。

杨梅冈

南城有嘉树，葳蕤被冈岑。高林五月雨，珍果落山禽。

款云亭

古亭构崖巅，爽垲有佳趣。白云常自留，解伴幽人住。

（道光《浒墅关志》卷十）

俞允文

俞允文（1513—1579），字仲蔚。明昆山人。年十五岁作《马鞍山赋》，援据赅博。年未四十，谢去诸生，专事诗文书法，与王世贞善。工书法，尤善于小隶，学黄庭坚和米芾。著有《仲蔚先生集》。

顾山人元庆大石山居

白发无王事，门当大石山。云霞栖栋里，歌赋向人间。谷口听禽至，松根拾菌还。客留唯茗椀，日觉古心闲。

（《仲蔚先生集》卷五）

陆承宪

陆承宪，字子绍，王穉登外舅。能为文章，六试不第。

宿大石山房

十年眉宇想，今日紫芝明。问稼知生事，看山忆令名。杯香竹雨过，灯黯石云生。一夕聆高论，半生心已倾。

游大石

大石秋岩半，苍苍黛色寒。佛香消石壁，人语落松湍。外揽群峰秀，中藏一寺宽。诸公秀句在，读罢重盘桓。

大石山房怀童子鸣

客星天汉故双垂，严子台边归去时。一别秋来江似玉，几回梦里鬓成丝。闭门风雨天涯客，绕笔云霞石上诗。招隐桥头茅屋好，几时移榻慰余思。

大石山房赠顾愿父

愿父野王裔，相逢在尔宗。山堂披宿雾，鸡黍挹淳风。玄度超时辈，新诗逼老翁。雕虫莫深好，剑就且屠龙。

（《雨航纪》纪言第六）

童佩

童佩（1524—1578），一作童珮，字子鸣，一字少瑜。明龙游人。受学于归有光，以诗文往来于士大夫间。喜交游，重然诺，与人约，虽千里不爽。工诗擅文，诗格清越，不失古音。兼擅书画。著有《童子鸣集》等。

过顾征士阳山别业

绣壁盘空下，春游花气寒。琼瑶学岛屿，灵秀走冈峦。赋向青山课，心随流水弹。还因畏尘染，自剪箨为冠。

（道光《浒墅关志》卷十二）

王穉登

王穉登（1535—1612），字百穀。明江阴人，移居吴门。博学能文，善书法。吴中自文徵明后，风雅无定属。穉登尝及徵明门，遥接其风，主词翰之席者三十余年。著有《燕市集》《客越集》等。

舟出射渎

红叶暗溪路，窅然孤棹通。寒空下群雁，暮雨散长虹。学稼逢年旱，为儒悲道穷。欲将鸡与犬，驱入白云中。

（《王百穀集十九种》明月篇下）

阳山访顾丈

曲堰入重重，阳山访顾雍。石桥垂薜荔，山屋出芙蓉。井是丁生鹤，祠还缪氏龙。文殊投宿处，百折上危峰。

龙母庙

松坞石林林，秋风万壑阴。泉清尘客耳，花照定僧心。龙去野祠破，乌啼山竹深。苍生饥渴甚，朝夕望为霖。

访丘山人不遇

石涧舣兰桡，松堂坐寂寥。山余龙母庙，地隐鹿门樵。开径踏黄叶，题诗剪绿蕉。采芝空谷里，日莫不能招。

夙慕丘中隐，言寻谷口贤。芝生沙圃里，竹暗石楼前。压屋青山色，惊人白雪篇。归来问奇字，今夜不能眠。

重游龙母庙怀岳山人

萧然松阁里，杯酒挹湖光。客到问灵柏，僧贫无佛香。蛟龙千载墓，鸡黍四人觞。祠下王孙隐，春来芳草长。

云泉庵听僧吹笛

吹笛破山翠，萧萧夜罄停。一声杯上雨，万感鬓前星。断续音成梵，多罗曲是经。虽无杨柳落，凄怨不堪听。

（《金昌集》卷二）

将访顾先生先此奉寄

顾雍家在白云边，闻道年来雪满颠。种竹题诗淹日月，穿渠纳水凿云烟。金丹白鹤千年井，古墓神龙万罄田。今夜相过明月里，稻花香气酒如泉。

宿大石山房

木蹋苔纹积，山窗竹霭虚。星从香蚁聚，人傍白龙居。卖尘添新涧，成丹得异书。能令汉千石，伏腊候柴车。

游大石

赤薜扶香壁，青崖戴佛台。一峰全秀石，千木半杨梅。云白龙长卧，僧闲客故来。飞架霞气里，仿佛是天台。

大石山房怀童子鸣

故人昔日题诗处，秋夜来看雨满庐。千里还家人恋子，十年为客架添书。山依楚颂全栽橘，宅近严滩可钓鱼。闻道明年更来此，预愁青鬓各萧疏。

大石山房赠顾愿父

年少有道气，无惭处士名。青山隔水近，寒霭入门生。金石古人艺，云霞世外情。还家扫花径，待尔入江城。

（《雨航纪》纪言第六）

重游大石

旧游还彷佛，重礼佛前灯。废井泉俱溢，层崖石欲崩。半凋空腹树，久病白头僧。济胜非前度，危峰上不能。

（《采风类记》卷四）

顾学尼

顾学尼，字愿父。家与顾元庆邻居。黄姬水妻弟，能诗。

雨中喜陆子绍王百榖见过

宿雨暗山屋，扁舟劳远寻。到门苍藓破，看竹绿云深。相对一灯暮，晤言千古心。明朝又归去，惆怅独枫林。

（《雨航纪》纪言第六）

朱大经

朱大经，字子常。家浒墅关，为医，童珮称其医术甚高。能诗。

雨中喜陆子绍王百榖见过

江上扁舟两湿灯，家家杨柳水层层。青山只在柴门外，明日同君著屐登。

（《雨航纪》纪言第六）

申时行

申时行（1535—1614），字汝默，号瑶泉，晚号休休居士。明长洲（今江苏苏州）人。嘉靖四十一年（1563）状元，官至首辅、太子太师、中极殿大学士。著有《赐闲堂集》。

游阳山作

阳山高峙郡城西，紫气氤氲碧落齐。鸟道百盘凌恍惚，鹫峰一柱截虹霓。层空半压穹窿胜，绝顶平临岝崿低。天与冈峦开宝地，人从霄汉蹑丹梯。藤梢碍石疑中断，树杪攀崖更上跻。笠泽清波遥见鹢，扶桑朝旭远闻鸡。亭标浴日悬新构，壁沉常云识旧题。古庙龙王行雨过，危巢苍鹘向风栖。阴森歘起松间籁，逼仄难开李下蹊。落照重重衔夕嶂，飞泉虢虢灌春畦。荡胸海色三山出，入眦烟光万井迷。指点吴宫萋碧草，依稀秦观护金泥。山僧习静时鸣磬，野客寻幽独杖藜。欲学卢遨游汗漫，言从惠远住招提。啸歌真拟邀鸾鹤，来往惟应伴鹿麋。酩酊不辞归路晚，玉壶春酒正堪携。

（《采风类记》卷四）

王叔承

王叔承（1537—1601），初名光允，字叔承，以字行，晚号昆仑山人。明吴江人。早弃举子业，纵游齐、鲁、燕、赵、闽、楚诸地。其诗极为王世贞兄弟所称。尝纵观西苑园内之胜，作汉宫曲数十阕，流传禁中。著有《王丞父诗》等。

宿大石寺山楼

断晖时照暝，曲径俯云投。石作空青寺，林藏掩霭楼。传花杯影细，听竹梦魂幽。可道僧龛结，群峰驻此丘。

（《吴都法乘》卷二十二中）

张元凯

张元凯（1538—?），字左虞。明吴县（今江苏苏州）人。生活于明嘉靖间。少受毛氏诗，折节读书。以世职为苏州卫指挥，再督漕北上，有功不得叙，自免归。胸次夷旷，寄情诗酒。著有《伐檀斋集》，王世贞为之序。

过岳园

溪上柴门昼不开，白云深处有高台。山家细雨啼黄鸟，竹屿流泉散紫苔。绮里不曾归汉去，桃源犹是避秦来。乾坤丘壑能容我，何日菟裘共草莱？

（《采风类记》卷四）

钱允治

钱允治（1541—？），初名府，字允治，后以字行，更字功甫。明吴县（今江苏苏州）人。贫而好学。年八十一，隆冬病疡，映日抄书，薄暮不止，录《大金吊伐录》，年八十三犹健在。殁后无子，遗书皆散去。辑有《草堂诗余》等。

范东山招同王德操、张孟奇集舟中登阳山作

白满晴川绿满苹，清游撰日尽同盟。兰桡乍发芳樽启，蓝笋徐行老衲迎。岭上龙归余雨气，松间鸟啭尚春声。云岩最是幽栖处，共陟崎嵚醉目横。

大石

巏山北引甑山斜，宛转林塘映复遮。半岭湖开银世界，嵌空云护石莲花。当门醉象疑成马，题壁游龙渐化蛇。老我尘缘牵未脱，逢僧空愧鬓先华。

（《采风类记》卷四）

顾大典

顾大典（1541—1596？），字道行，号衡寓。明吴江人。隆庆二年（1568）进士，官至山东按察副使、福建提学副使。工书，善绘事，又妙解音律，颇蓄歌妓，自为度曲，不入公府。家有谐赏园、清音阁，池台清旷，宾从觞咏不辍。著有《清音阁集》。

秋日同周叔宗母舅游大石山云泉庵复登阳山箭阙二首

杖策事幽讨，烟霞引兴长。寺疑山作障，岩控石为梁。竹霭连云密，松涛挟雨狂。周颙方佞佛，趺坐对支郎。

地迥僧寮肃，山回鸟道长。层峦朝引眺，孤阁夜焚香。石壁流云翠，秋花殢雨黄。千年怀霸迹，秦代是余杭。一名秦余杭，始皇曾射于此。

（《吴都法乘》卷二十二中）

释洪恩

释洪恩（1545—1608），字三怀，号雪浪，俗姓黄。明上元（今江苏南京）人。年十二，出家于南京大报恩寺。虔修禅法，儒书经史、筮卜方技，莫不通达。工诗，在禅林文坛，久享芳誉。晚年寓居苏州望亭，笃于苦行，说法不辍。撰有《雪浪集》。

宿箭阙

台榭参差出万松，海门初日上高舂。石穿乍可缘飞骑，箭阙齐谐事祖龙。丰岭云生空翠合，满林花散曙烟封。因贪隔岸湖光秀，行尽春山七十峰。

（《吴都法乘》卷二十二中）

邹迪光

邹迪光（1550—1626），字彦吉，号愚谷、愚公。明无锡人。万历二年（1574）进士，官至湖广提学副使。以诗文自命，兼善绘画、音乐。著有《始青阁稿》《郁仪楼集》等。

登大石

巨灵何事者，凿石表三吴。地割烟霞境，天分日月都。断岩雕槛接，飞磴曲阑扶。长啸松风下，群仙若可呼。

（《采风类记》卷四）

程嘉燧

程嘉燧（1565—1643），字孟阳，号松圆老人等。明休宁人，侨居嘉定。晚年皈依佛门，释名海能。折节读书，工诗善画，通晓音律，与同里娄坚、唐时升，并称“练川三老”。著有《松圆浪淘集》等。

送孙氏舅归阳山大石

频年风雪阻江关，乍见翻成各怆颜。残腊已知无客到，清宵聊共访僧还。归期野艇潮头月，远兴书窗梦里山。若过阮家逢借问，不须重话鬓毛班。

（《松圆浪淘集》卷九）

二月十三游阳山宿文殊寺

一宿长云又下山，脚跟踏破领毛班。幽泉似作留人语，底事尘中日往还。

次日游西白龙庙观古柏题壁

荦确枯藤得得来，苍皮无恙藓垣颓。老年欲占峰头石，冒雪穿云看几回。

（《松圆浪淘集》卷十五）

袁宏道

袁宏道（1568—1610），字中郎，又字无学，号石公，又号六休。明公安人。万历二十年（1592）进士，历任吴县知县、礼部主事、吏部验封司主事、稽勋郎中、国子博士等职。与兄宗道、弟中道并有才名，史称“公安三袁”。著有《袁中郎集》等。

游阳山作

巉石蹲如象，枯松剥似鳞。鹤山何处是，龙母果然神。穴有能言兽，岩多不语人。吴宫零落尽，踪迹竟谁真?

（《采风类记》卷四）

凌烈

凌烈，字维盛。明长洲（今江苏苏州）浒墅关人，隐居阳山。为生圹于甑山之北，治地得古墓，命亟掩之，重为筑土，命子孙祭扫，祀为山神。

山村

雨后鹁鸪啼，日出黄鹂语。山深人不知，白云自为侣。村村荞麦熟，树树绿桑斜。要乞兰花笋，来过旧隐家。

（道光《浒墅关志》卷八）

施衡

施衡，明人，生平不详，生活于明万历间，阳山西白龙寺有其诗刻。

司徒王公祷雨应喜而漫赋

骄阳下六月，畎亩尽焚如。民瘼关情切，商缗入计纾。星轺言夙驾，甘雨喜随车。宵旰无须廑，东南裕国储。旱暵焦禾稼，三农苦蕴隆。忧勤烦水部，虔祷格天工。石燕飞迎雨，商羊舞作风。仓箱从此实，杼轴岂成空？连朝频走望，一夕沛甘霖。共羡翻云手，还钦贯日心。丝丝如散粟，点点若遗金。欲撰苏公记，名亭志喜深。民社非君寄，愁闻云汉歌。焚巫驱旱魃，鞭石转阳和。蔚荟须臾布，凄祁入夜沱。油油千万顷，总是使君禾。

（道光《浒墅关志》卷十）

陈仁锡

陈仁锡（1581—1636），字明卿，号芝台。明长洲（今江苏苏州）人。天启二年（1622）进士，授翰林院编修，因得罪权宦魏忠贤被罢职。崇祯初复官，官至国子监祭酒。性好学，喜著述。著有《四书备考》《重订古周礼》等。

登阳山绝顶观落照

岭外孤亭揽翠开，天风吹上四飞台。行如鸠鹄人持杖，履曳星辰海一杯。

突兀飞亭倚汉斜，接天波浪欲乘槎。低峰忽起千寻势，片日惊吞万丈霞。

太乙仙人岭头遇，凌空赋就惊人句。长风吹落半天云，幻作芙蓉插千树。

山僧指点面羊羵，龙母祠前曲水分。欲为故人留落日，犹堪持赠数重云。

白露苍苍深处葭，平田漠漠远无涯。四飞一阙云为补，九日明朝帽欲斜。

溅染苍霞满袖斑，泉声落石听潺湲。老僧昨挟江涛至，却傍阳山说蒋山。

月满空山夜色苍，碧天无际思茫茫。风高古木喧龙子，波绣珠宫驾海王。

箭阙月

缺月挂箭阙，前村渔火喧。秦王不敢射，缺月月将圆。

卧起

两离两坎极无极，无极元来日日新。不为风尘伸赤手，常将天地照人心。

长云峰下卧崧高，一夜天风叫海涛。笑指扶桑悬赤日，未醒尘世利名曹。

亭开山顶山还阙，日入渊沉渊又生。不向此中清彻骨，青天相对只盲行。

离九天南日最尊，如何浴日在渊澄。渊渊彻底藏根密，身坐云霄已万层。

登高莫笑世间迷，斗柄茫然东与西。急束道衣扪萝栈，错寻海底又前溪。

以手指月月在天，以波印日日在水。碧苍绣出千龙鳞，海峤未离君知否？

拥被天风台候日

拥被跏趺坐，萧然一鸟鸣。波云犹半黑，天水未全分。风树摇星影，平畴拂鉴明。赤城疑渐近，湖上小山横。

九日晓登阳山怀黔中高明柱（有引）

忆中秋与明柱饮酒仙祠，归舟遗其巾，以十五网而得之，酬渔父三百。明柱柬云不佞轻万里而识荆，致先生非九日而落帽，但网客索赀太奢，殊非江上丈人风耳。时明柱在天目山，驰讯却寄。

旭日亭亭护晓霞，怀人极目各天涯。却追落帽惊龙府，翻使悬旌望海槎。岭外白云天目雁，樽前黄菊洞庭花。君来万里交情重，烟水迢迢隔汉巴。

（《无梦园初集》江集三）

大石山次黄石斋诸公韵为关使君平远计公颂（有序）

大石山联句自文定吴原博始，大石古先生也，云封甚秘，诸公创为奇险，与天工鬼斧相斗澒洞间，仆病未能。癸酉八月，访友望亭，棹穿浒墅，水落石出，听挽负而上，肩相摩戛，知平远公将有事于塘。先是粟贵，廿年公擒马五，湘江之粟下如雨，兴利除害政可纪。更忆黄石斋过此，贤主佳宾留诗此山，序次及予，系怀洞庭，及其再来，大暑苦旱，余劝令从消夏，登缥缈，竹杖芒鞋，多其履迹，睹兹胜事，洵八闽多君子，遂次前韵，勒之贞珉，以告采风者。后之君子，师其遗意，无与俗同，必有如高山隐大石，而诸君子于秋老洞庭，骨立冰雪中，支混沌之倖，凿破鸿蒙者矣，是公为教父也

阳山有大石，贤者留句诵。石斋迟我至，傲骨与天共。农部奉简书，宽大弛街鞚。枫江马五擒，客船钟半滃。担石减百钱，好花明几洞。寒拾笑扶桑，董刘呼伯仲。重阳风雨来，宵征跋履恐。高秋削剑铓，仁人面严冻。汰冗如扫尘，提要恒挈综。白眼任去来，青山恣迎送。四飞摩苍巅，千岩肃侍从。春风扇人和，绿篠分仙种。古岸叠云轻，暮帆堆雪重。东溟势欲连，天马神难控。忆昨旱魃灾，纷趋龙母讼。道人卖太湖，右军躲书衖。石与骨俱寒，材唯老堪用。权关平度支，天子却书贡。驱

辄族嬉湖，斩蛟鹰入瓮。德星已属吴，千旌将过宋。山桃笑口开，天女琼花奉。苍龙渡湘江，哀猿流白汞。日脚连蛇门，箭峰没羽中。美人采莲归，乐天棹舡纵。桥梁水政修，欸乃途歌讽。使君减眉愁，田父舒肌痛。仰睇蜀道难，俯视秦关雍。芙蓉千树开，波涛万顷供。绿玉醒天鸡，雄鸣城狩凤。无米炊天庖，仰屋嗤庸众。苔发长岩阿，海国来梁栋。玉虹照镜湖，苍松长深缝。一往桃花源，千春钟乳壅。霜醉林欲红，思神腕自动。稻无黄云蒸，霞飞碧天空。月下霜僧还，檐前星斗弄。所晒仙子衣，岚湿游人䌬。玉崖决浮云，舆诵沸锽硠。常住水声中，骤闻海市哄。我觏快心人。如裁适意梦。濠上问庄生，剖符支鹤俸。

（《无梦园遗集》卷四）

钱谦益

钱谦益（1582—1664），字受之，号牧斋，晚号蒙叟。明末清初常熟人。万历三十八年（1610）进士，入清后为礼部侍郎。学问渊博，为明末文坛领袖，与吴伟业、龚鼎孳并称“江左三大家”。著有《牧斋初学集》《牧斋有学集》等。

新阡八景诗（并序）（选一）

箭阙朝宗

阳山箭阙相望百里而遥，插立天外，如向如拱，以圭景之法，取之不失秒忽，所谓真朝特来也，故曰箭阙朝宗。

百里阳山拱墓门，歊云吐景候朝昏。群峰离立儿孙秀，大石中央几案尊。箭阙风生旗矢报，郊台月出火城繁。阳山有吴王拜郊台。凭高穷览南条势，江汉朝宗为汝论。

（《牧斋初学集》卷十二）

马之骏

马之骏（1588—1625），字仲良，号九达。明新野人。万历三十八年（1610）进士。授户部主事，榷浒墅关，用内计左迁，量移顺天通判，复户部主事。榷浒墅关时对地方公益事业多有贡献。博洽典籍，善诗文，著有《妙远堂全集》。

刘孟肩时良兄登大石分得文字

幽探猿鸟共为群，磴绝初看众岭分。野老自烧新斸笋，山僧常袖欲归云。晴村草树湖如带，阴壁藤萝石有文。师友弟兄来不易，凭栏争语洞庭君。

（《妙远堂诗》荒集）

许元溥

许元溥，字孟泓，号鸿公、千卷生。明末清初长洲（今江苏苏州）甫里人。自昌子。崇祯二年（1629）入复社，三年举于乡。十一年，列名《留都防乱公揭》。明亡后，出父旧居梅花墅为僧舍。性沈静，遍观经艺，尤邃于《易》。结高阳社，课弟子。喜购书，所藏颇富。著有《吴乘窃笔》等。

吴王夫差墓

古墓卑犹麓，亡王遗恨存。不堪泉下土，偏遣近公孙。

（道光《浒墅关志》卷十三）

杨补

杨补（1598—1657），字无补，号古农。祖籍临江（今江西樟树），生于吴，后为长洲布衣。工诗，善山水，落笔似黄公望。明亡后隐居邓尉山，时以遗民处士称之。与杨文骢友善，秀淡洁朗，笔致相近。传世作品有《吴山十景图》《天池石壁图》等。

夏五月率儿炤哭奠徐勿斋宫詹阳山权厝处

震荡惊离乱，蹉跎愧此来。空山朱夏肃，深树野禽哀。奇骨留埋玉，丹心讵死灰？蘋蘩不成荐，落日怅徘徊。

大节贞臣义，悲辛岂在予？不禁知己泪，忽已湿襟裾。怀旧转多憾，思君弥有余。惭非谢皋羽，吊凤敢辞虚。

同徐昭法登阳山箭阙

袅袅天风吹我衣，千岩丹碧丽朝晖。石棱中断开双阙，山势支分见四飞。阳山一名四飞。烟际五湖洲屿叠，秋深南国塞鸿归。干戈白发登临在，犹幸名山志未违。

观云海歌（阳山顶晨起同昭法）

中宵雨歇开朝光，冉冉白云生下方。千岩万壑尽灭没，银海平铺一混茫。山南矗矗无数峰，但见出水青芙蓉。灵岩塔细莲子小，莲子，峰名。九龙断续疑穹窿。何如瀛洲泛瑶岛，方壶员峤洪涛中。羲和挥鞭日驭发，光景变幻殽青红。徐子咄咄叹希有，山僧亦曰经年偶。天都峰顶我曾逢，十五年来今梦否？

（《徐俟斋先生年谱》附录卷下）

汪膺

汪膺（1604—1634），字元御，号玉淙居士。明长洲（今江苏苏州）人。琬父。天启七年（1627）举人。童年即喜为诗，长尤工。著有《寸碧堂诗集》《元御词集》等。

上云泉揽胜，遂憩凝霞阁，以小竹箭射笋，中者食之

淇园千亩阴，幽翠恣婀娜。梭分鱼子出，箨卷龙儿裹。石缝摧玉班，云姿碎金琐。凭阁骋僻嗜，临槛纵轻笴。未成赋老饕，且用观颐朵。莫嫌汉川守，一粲喷饭颗。

午余有小雨，既霁，遂肩舆去，从大石至阳山，岭路数重，左顾诸峰，喷云漫薄，如惊风之卷密雪，零乱人衣裾，咫尺不辨物。右顾山麓，则斜日晚丽，繁花若绣，云中骋望，如锦之濛雾縠，奇观极矣，非有目所能绘也

景物焕奇丽，缤纷及此晨。过山云聚族，踵路石迎宾。向背分岚色，行藏互日轮。不愁风雨暮，欣尔万花春。

是夕有微雨，仍霁，遂宿绿云居

绝巘倚天阙，苍然不可攀。野人寻药至，枯衲杖云还。松露滴芒屩，远峰垂玉鬟。空山飞雨处，一夜即潺湲。

箭阙在其巅，壁立对峙，相去数武，夜半月出，适当其间，为西山绝胜，以雨故不能夜陟，既明，乃上望笠泽诸峰，云涛夹山而立，尤足奇也。

宿雨欣膏沐，零露石上湿。扪葛升青萝，晞阳耀原隰。连峰邀侣过，重云夹山立。浮桴纷落骛，堕磴俨负笈。双阙开芙蓉，象纬动呼吸。合坐当悬瞰，聚足拾危级。何云恡流霞，松花倘可挹。

（《寸碧堂诗集》卷二）

李继白

李继白（？—1663），字梦沙。清临漳人。顺治十二年（1655）进士，由知县历官户部员外郎。后任苏州浒墅关榷关主事，因卷入“明史案”被杀。著有《望古斋集》。

拜龙母祠观晋柏

夫因旱虐瞻龙母，不惮嵚崎拜戒堂。天矫千秋呵古柏，潇清六月卧修篁。山川无地蒸云物，凫雁徒教觅稻粮。最是桔槔声怨切，司农含泪过山庄。

（《望古斋集》卷七）

姜埰

姜埰（1607—1673），字如农，号敬亭山人。明末清初莱阳人。明崇祯四年（1631）进士，官至礼科给事中。以弹劾权贵，受廷杖入狱。明亡后与弟姜垓流寓苏州以遗民终。诗才清刚，气尤激壮。著有《敬亭集》。

春日过憩龙山新阡议葬事，时有邻山友人邀往未果，竟至大石庵一茶回城

蹑屐阳抱西，风雨濡吾足。从岩紫盖椭，山楹已在目。绝顶邈翠标，下对谽谺谷。金蚕人不见，暮鸟飞相逐。此山类渔网，星经考簿录。买云银叶片，梦有“千年买云银叶片”之句。吾梦已叶卜。岂不堪一弓，松柏况未秃。时有二友从，爱此苞绿竹。烧笋作茶汤，口甘似馔玉。二友为揶揄，即许相征续。忽闻有故人，折柬屡招促。顾我颠蹶资，敢比猿捷木。幸有儿子扶，汗漫到石屋。何年鬼斧劈，才可及腰腹。松根百尺泉，泚泚光可烛。天门两山突，势如铁牛触。嵌空出万象，望望湖山曲。我欲登其巅，但愁筋力缩。会意便径还，疾行犹趑趄。船头杙檕鸣，榜人正独速。宜趁野航三，归伴雪花六。

（《敬亭集》卷一）

褚篆

褚篆（1609—1700），字苍书。清长洲（今江苏苏州）人。诸生。淬厉古学，屏弃举子业，叫比之伏生、申公。康熙三十八年（1699）圣祖南巡召见，书“海鹤风姿”额赐之。越岁卒。著有《松吟堂集》。

喜复介石书院瞻礼言夫子诗

披榛寻大石，复见讲堂成。旷代师儒席，名山香火情。管弦遗韵在，笋蕨野芳盈。兴废关吾党，人知颂冏卿。自注：前太仆卿顾存仁建。构院因新木，重标介石题。先贤仍仰止，胜地幸攀跻。阁迥瞻云岫，林香问竹畦。东南倡道意，好为志山栖。

（道光《浒墅关志》卷九）

程邑

程邑，字幼洪，号翼苍。清上元（今江苏南京）籍休宁人，顺治九年（1652）进士，入为翰林院庶吉士，对职外调，为苏州府教授，曾卷入“哭庙案”中。著有《介轩存稿》。

阳山访孟熊山居

曲曲溪桥散晚烟，老夫家住白云边。柴门寂寞无车马，客至呼儿自汲泉。

又

门外方塘跳白鱼，疏松翠竹野人居。频倾浊酒忘尘事，满地寒花一架书。

（《介轩存稿》）

归庄

归庄（1613—1673），字尔礼，又字玄恭，号恒轩、归藏等。明末清初昆山人，归有光曾孙。明末诸生，与顾炎武相友善，有“归奇顾怪”之称。曾起兵抗清，事败亡命。善书画，工诗文。著有《归玄恭文钞》等。

游阳山三首（一名秦余杭山）

秋深扶病更游遨，本郡诸山谁最高？欲陟秦余八百丈，通安桥畔泊轻舠。

日暮先为大石游，篮舆宛转度林丘。望中收尽苍然色，崒嵂危峰峙上头。

山腰龙母有荒祠，怪事相传东晋时。古栢犹存蜿蜒迹，巨人玄鸟未为奇。

九月晦十月朔再登阳山绝顶

吾闻季秋之晦天欲晓，日月并出扶桑杪。阳山绝顶高近天，每见双轮升海表。五更舆上浴日亭，独立四顾杳冥冥。云气上蒸衣袂湿，举手欲扪轩辕星。坐借青毡卧枕石，久之渐觉晨光白。重云障蔽东南天，不见朝曦况月魄。望乖犹止山房住，十月之朔庶几遇。明晨东旭盛光芒，其如月已不同度。因思天清地宁日，景星烂烂卿云霱。只今二曜何缘能并出，且向山巅纵瞻瞩。四向湖山皆入目，吴中壮观莫过此。老夫暂息遨游足，香炉峰下曲肱眠。滴水岩边漱清泉，登州海市终为东坡见，明岁重来登绝巘。

（《山游诗》）

韩洽

韩洽，字君望。明末清初长洲（今江苏苏州）人。诸生。性简亢绝俗，明亡自沉泮池，被家人救起，终身不娶，隐居羊山（即阳山），号羊山畸人，足迹不入城市。汤斌抚吴，三造其庐不见，竟穷饿而终。深于字学，工诗，朱彝尊称明季以来吴中第一。著有《寄庵诗存》等。

羊山大柏

古柏势参天，萧森野庙前。清阴横数亩，耸干越千年。盖偃髯虬舞，根蟠绣铁坚。支离同栎社，更变几桑田。斤斧群神护，坣宇万甃连。岁寒禁霰雪，日夕拥云烟。胜景图经识，奇踪父老传。只应龙坞树，齿德足齐肩。

登羊山游文殊院次簪雷韵

石仄常遮径，峰危半入云。树香秋馣馥，林色晚氤氲。交喜朋徒合，时当昼夜分。湖波看似镜，岛屿叠成雯。稍觉攀跻倦，犹疑宿饮醺。鼪鼯能引道，尘豕故同群。厓缺秦皇箭，岩皴匠石斤。宝幢标七佛，霜干列千军。每欲修前志，何因广旧闻。王坟沉虎气，帝敕著龙勋。洞黑藏山鬼，枫丹学绣纹。长松余远荫，丛桂正清芬。助力思携酒，斋心绝茹荤。泉供僧灶茗，碑灭昔贤文。避世忘秦汉，无征任夏殷。苍茫望城郭，下界满嚣氛。

（《寄庵诗存》卷三）

羊山云

青云没山头，重云没山腹。遥知文殊僧，夜夜云中宿。

（《寄庵诗存》卷四）

龙母祠歌

龙虽灵，鳞甲之物非人形。何为人母产龙子，或言子产母即死。或云龙去母尚存，敝衣丐食行荒村。乡人恶之父母摒，龙子思亲来省觐。龙入母怀母乃惊，母翻因此丧厥生。岂非人龙本殊类，母亦不能通子意。子爱母兮母不知，母既逝兮子乃悲。龙一怒，忽然平地为深池。役风霆，走蛟螭，筑高坟，葬母尸。或言母非死，从龙赴渊水，贝阙珠宫奉母居，龙子龙孙尽欢喜。神奇恍忽不可推，惟见羊山坞里巍然祠。祠前一古柏，滑泽无皴皮。龙来目如炬，蜿蜒柏上如藤垂。前此数十年，父老犹见之，世闻万事无不有，所以史策传信兼传疑。但愿神龙有神祷，辄应五风十雨无愆期，高原下隰多稼穑。受龙之施报母德，子母千年长血食。

（道光《浒墅关志》卷十）

徐崧

徐崧（1617—1690），字松之，一字嵩之，号臞庵。明末清初吴江人。少从史玄游，有诗名。好游佳山水。著有《百城烟水》等。

阳山

玉洞虹梁碧岫连，曾居龙母与丁仙。苗兴旱祷倾盆雨，鹤返遥鸣废垒烟。东去金阊青隔野，西来笠泽白浮天。最奇高顶峰如阙，谓是秦皇一镞穿。

（《百城烟水》卷三）

尤侗

尤侗（1618—1704），字同人、展成，号悔庵、艮斋，晚号西堂老人。明末清初长洲（今江苏苏州）人。康熙十八年（1679）举博学鸿词，授翰林院检讨，与修《明史》。才情富赡，诗多新警之思，杂以谐谑，每一篇出，传诵遍人口。著有《西堂全集》等。

送黄虚堂先生入大石山

青溪一道士，独住翠微中。地僻尘埃绝，天高呼吸通。弦歌文学里，香火法王宫。更上盘陀坐，人称黄石公。

阳山有大石，空谷足音稀。一老能扶杖，千年欲振衣。仙坪行弈去，龙洞采芝归。何日同招隐，孤云向北飞。

（道光《浒墅关志》卷十）

马荇

马荇，一作司马荇，字磐庄。明末清初长洲（今江苏苏州）人。受易于休宁程智，传极数辨物之学，年九十余卒。有语录若干卷。

九日同友人登羊抱山次韵

披衣散幽独，霁色满秋山。良友如醇醴，相携发悴颜。千峰来脚下，一径出人间。茅屋藏红树，炊烟引望还。

大石

华岳一卷耳，此石何名大。只就此山看，堪下米颠拜。

箭阙

何人发长矢，抉石见青天。白云常欲补，终古不能连。

岳园烹笋

兰花笋出乌灰土，掘煮山泉坐岳园。手握斋钱偿犊角，心知珍供过熊蹯。野僧卖不投穷户，畸客尝多自贵门。城市名喧那到口，远携香味已无存。

龙湫

乌藤携向白龙湫，茶笋留人竟日游。松竹南枝税吴县，烟岚北面隶长洲。孝龙葬母清泉畔，御魃迎人古墓头。铜翠出云从铁干，庭前犹见晋春秋。

（《采风类记》卷四）

凌世忠

凌世忠，字爱畴。世居无锡贯庄，徙甑山宜桥。幼失怙，性纯孝，侍父数十年不离左右，善舞铁械如神，保卫乡里，时称凌家枪，乡赖以安。明亡后优游课子以老寿终。

宜桥

考槃真在涧，水涨得桥直。只许扶藜过，毋教乘马驰。春风花发处，秋夜月明时。慧远无心出，更张肯自私。

（道光《浒墅关志》卷八）

吴林

吴林，字锡玄，号息园。清初长洲（今江苏苏州）人，曾与汪琬唱和。著有《吴蕈谱》等。

岳园兰花笋

人美斯园土最良，产将玉笋作兰香。诗翁蔬食无佳味，斫供厨珍对客尝。

白龙茶产龙湫及文殊龙井不过数株

摘得云英带露光，分来佛火试煎尝。山僧春晚元无事，碾焙收藏镇日忙。

白龙泉沦白龙茶，石髓珍烹绿玉芽。香泛乳花看似雪，陶家风味漫相夸。

（《采风类记》卷四）

吊琼姬墓（吴王夫差女）

山下新坟与古坟，一般荒草有谁分？但看冢上双双蝶，知是琼姬旧彩裙。《丹青野史》：彩裙化蝶。

望大石不得登

四十年来愿已深，相看那得当登临。推篷莫怪多时望，几度经过未一旬。

（《百城烟水》卷三）

郝浴

郝浴（1623—1683），字雪海，又字冰涤，号复阳。清定州人。顺治六年（1649）进士，官至广西巡抚。所在有政绩。潜心于义理之学，注周义解古，士人宗之。著有《中山集诗钞》等。

吴郡买杨梅

阳山梅熟荔枝红，正好调酸摘满笼。尘里书生谁识得，百花洲上唤吴蒙。

（《中山集诗钞》卷五）

汪琬

汪琬（1624—1691），字苕文，号钝庵，晚号尧峰。清长洲（今江苏苏州）人。顺治十二年（1655）进士，后举博学鸿词，官至刑部郎中。工诗文，与侯方域、魏禧并称“清初散文三大家”。著有《尧峰诗文钞》《钝翁类稿》等。

游阳山杂咏五首

大石

土垣窜鼯鼠，石像蒙荆刺。欲觅联句诗，残碑无只字。有先贤李公贞伯与吴文定公联句刻石，为俗僧所毁。

龙湫

一泓何黝深，游人每动色。所恐龙子惊，风雷飞白日。

晋柏

修柯不知年，疑有鬼神守。至今龙蟠处，苍文尚左纽。

岳园

（岳名岱，字东伯，嘉靖间隐居于此。其园修竹万挺，春时生笋，甲吴下。）

数易荒园主，泉枯竹已花。居人谈旧事，犹指隐君家。

乱竹侵茅屋，荒蒲裹墨池。山翁著书处，应只老僧知。

（《钝翁前后类稿》卷七）

徐柯

徐柯（1627—1700），字贯时，号东海一老。清吴县（今江苏苏州）人。枋弟。工书画，善属文，能诗。入清后，杜门不出。所居曰二株园，日邀四方宾从文酒宴会。著有《一老庵诗稿》《一老庵文钞》等。

追和黄质山大石山房八景

毛竹磴

山房在何许，幽磴接丹梯。峭蒨青葱里，琅玕万个齐。

招隐桥

笑却升仙步，行歌招隐诗。嘉宾宅已就，桥外少人知。

玉麈涧

玉柄谈何有，松枝讲亦宜。积金清见底，漱齿粲花奇。

拜石轩

颠米吾从众，袍笏成往迹。爱奇何必同，兹轩有揖客。

青松宅

老盖千年意，先贤传人无。时时积雪霰，往往奏笙竽。

杨梅冈

郁郁连冈树，朱宣紫实垂。酸甜三百颗，微齼凭栏时。

款云亭

结构亭真好，孤云独往还。无端一昔梦，风月暂相关。

宜晚屏

烟扉坐翠微，翠作屏风叠。倒景足佳观，相看两奇绝。

（《一老庵遗稿》卷四）

王士禛

王士禛（1634—1711），字贻上，号阮亭，又号渔洋山人。清新城（今山东桓台）人。顺治十五年（1658）进士，官至刑部尚书。论诗以“神韵”为宗，笔调清幽淡雅，风韵和含蓄性。著有《带经堂集》等。

通安桥舟中

烟鬟纷出没，浓绿泼行舟。竹叶藏山坞，梅花映水楼。平生一丘想，今日五湖游。飒飒蒲帆驶，风烟直似秋。

（《带经堂集》卷九）

王攄

王攄（1635—1699），字虹友，号汲园。清太仓人，王时敏子。少即游于同里陈瑚门，为入室弟子。及长，师事父执钱谦益、吴伟业，诗文益进。著有《步檐集》《芦中集》。

登阳山

扪萝数里逐松声，群峭摩空类削成。海日自明无晓夜，山有浴日亭。湖天不尽有阴晴。一泓下注龙湫伏，千仞横开箭阙平。坐览众山凌绝顶，长风吹起暮愁生。

（《芦中集》卷一）

徐釚

徐釚（1636—1708），字电发，号虹亭。清吴江人。康熙十八年（1679）召试博学鸿词，授翰林院检讨，入史馆纂修明史。因忤权贵归里，游历四方，与名流雅士相题咏。著有《南州草堂集》等。

秋日同程昆仑郡丞暨重其杓石然明右尊诸子游大石山作

洗钵过峰顶，云归僧未还。霜浓枫欲醉，秋静藓皆斑。夕景回丹壑，飞泉湿翠鬟。登临思谢朓，佳句满青山。

（《南州草堂集》卷一）

张大纯

张大纯（1637—1702），字文一，号松斋。清长洲（今江苏苏州）人。夙抱雅尚，素负文名。吴江人徐崧编《百城烟水》，去世后，大纯对徐书重加纂辑，补缀完篇并刊行。著有《采风类记》《严居杂咏》等。

望阳山

四飞山翠欲纷披，绝顶冲开箭缺奇。日上平湖光闪闪，雨零曲涧响醂醂。鹤仙烟月归华表，龙母风雷出古祠。何日高朋同蜡屐，携壶揽胜更题诗。

（《百城烟水》卷三）

唐瑀

唐瑀，字仙佩，一字孺含，号雪井。清常熟人。华乾龙高弟，为汪琬等所器重。为诗远思深沉。尝至广陵入平山诗社，与名流唱和。书法雄秀苍劲。晚居沙溪以终。著有《雪井诗草》等。

云泉庵大石

云泉奇胜处，大石最知名。风磴回青汉，霞标拟赤城。平湖光似镜，幽籁响如笙。到此浑忘返，尘缘顿觉轻。

（《采风类记》卷四）

李奕拓

李奕拓，清初苏州人，生平不详。

射渎归舟

金姬冢畔雨蒙蒙，一片帆飞射渎中。水鸟沙头几点白，天桃村里十分红。歌凭风遏高还下，塔引船行西复东。何处更教幽兴发，云岩钟晚出禅宫。

（道光《浒墅关志》卷十一）

汪筠

汪筠（1644—1675），字禹次。清长洲（今江苏苏州）人，琬长子。少补吴江诸生，年三十二咯血卒。著有《菁庵遗稿》。

阳山高，赠友篪

阳山高哉石崒嵂兮，吾不知几千万仞。但见清秋削出芙蓉屏，峥嵘之势擅吴会，秀色盘礴钟精灵。梅兔沈子磊落者，家对前峰当面青。气吞云梦俯沧溟，志揽日月登天庭。十年濩落不称意，宛马亦等凡马形。由来万事多殊途，富贵直如浮云之有无。眼中之人皆庸夫，科头箕踞真吾徒。君不见，阳山山麓深百折，中有沈子能作达。沈子沈子无嗟咨，且向南山之南北山之北种药而采芝。

秋日杂感，寄阳山诸子三首

玉露披梧桐，秋空日华薄。褎回念兹辰，金飙起罗幕。岁云不我与，悠然感今昨。眷言兰蕙芳，幽香安所托。

天地渐萧飒，交情悲日暮。翻手作云雨，黄金为欢故。管鲍去已远，兹道不复数。愿焉同袍友，慎勿效秋露。

秋气日以深，万木日以凋。萧瑟却齐纨，寂莫悲鸣蜩。荣华有消歇，胡然竞纷嚣。不如南山云，往来暮复朝。

九月晦日登阳山浴日亭，观日月并起

夜半朔风生峭寒，万里沈沈静烟雾。缘厓直上余杭颠，目穷沧海浴乌菟。采云迢遥出海门，百道光芒散复聚。银钩金镜涌鲸波，上下荡摩同一度。呼吸万状炫陆离，羲和纤阿互奔赴。狂呼观止心眼开，我欲攀跻扶木树。

（《菁庵遗稿》）

吴雯

吴雯（1644—1704），字天章。原籍辽阳，后居蒲州。少明慧，博览群籍，自六经、三史以及释老、内典皆能淹贯。康熙间曾召试博学鸿词科不售。工诗，有元好问之风，性尤服善。著有《莲洋集》等。

阳山

薄日山风吹，长松乱清影。白云逗残雪，忽见前峰暝。野鸟下寒竹，孤僧汲修绠。聊欲遂幽寻，理策度西岭。

（《采风类记》卷四）

彭定求

彭定求（1645—1719），字勤止，号访濂，又号复初学人、南昀老人，晚号止庵。清长洲（今江苏苏州）人。康熙十五年（1676）殿试第一，官至侍讲，谢病归。少承家学，淡于荣利，为学以不欺为本，践行为要。著有《南昀文稿》等。

归舟从阳山下出浒墅关口占

隔断苏台旧路行，秦余山畔午初晴。不劳津吏来相问，赚得沙鸥漫自惊。

丹崖翠嶂雪余看，登陟周遭尚耐寒。苦为入城缘未了，石琴清冷几时弹。

（《南昀诗稿》癸巳集下）

陈炳

陈炳（1645—1725），字虎文，号阳山。清长洲（今江苏苏州）人。本梁溪人，九世祖臻，赘婿吴县阳山裘巷里缪氏，八传至篆，炳其长子。少孤，性至孝，无师，自力学，授徒以养母。妻俞氏卒，不再娶。诗追魏晋，而以王、孟为宗。工书法，兼长真行。尤精篆刻，得顾苓真传。与黄中坚友善。著有《阳山草堂诗集》等。

由唐家坞至白垩岭

寒气凝肌肤，仲冬风日冽。行迈虽已疲，敢辞历冰雪。暗壑蔽荆榛，狭径数十折。荦确无安步，扶策恐倾跌。薄云翳天宇，寒日中漏泄。岭石载厚地，怒立千尺铁。陟巅一眺望，群峰东南缺。城郭渺苍苍，修途烟一株。惊飙划然来，皮面几欲裂。田家秋禾登，尽室并欢悦。宁知旅途苦，我辈更骚屑。

大石寺

曳筇披榛莱，梯径窈窕上。招提望不见，巨石山半壮。威迟蹑嵚岑，裂缺松竹障。兹石天匠斫，怪奇难名状。修广无测度，积铁崖百丈。鹏蹲几何年，虎化空注想。其根盘千寻，其形如盂盎。逸兽度不及，殿阁中所藏。遥瞻势岌嶫，入口平如掌。初疑神仙窟，俄惊古佛像。窗扉万景集，潭洞寒气漾。穿穴披烟霭，行廊闻梵放。不知何年构，台畔多罗长。剔藓看古碑，字迹失偏傍。奇葩莫知名，岩溜滴方响。清凉洗烦暑，净业凄尘坱。回思火宅中，肌粟心惚恍。

（《阳山草堂诗集·青桂岩稿》）

山居述怀奉寄太史惠砚溪先生

宜栖阳山麓，茅宇三四椽。躬耕奉慈帏，俛仰艰粥饘。饥寒不可道，习性百炼铅。徘徊林莽中，慷慨慕前贤。分炊晏平仲，排难鲁仲连。二公岂不伟，名与日月悬。昔我气灏瀚，志亦期飞骞。蹉跎二十载，万事皆迍邅。壮心已零落，日就南荣眠。奈何发易霜，年命无百年。欲随广成子，吸景蓬莱巅。此意又诞妄，淹蹇空林泉。有时行歌去，长啸凄云烟。或与樵牧狎，或从道者玄。此是野人迹，朋旧谁为怜。惟我惠太史，古义相周旋。欢颜进旨酒，窗花笑春天。太史怀抱静，冰壶照晴川。文章挽披靡，奇正凌马迁。诗歌发元气，二谢差比肩。芙蓉出秋水，标格乃天然。嗟予茅檐下，草木为因缘。忍饥诵君诗，难和红树篇。相思不可即，登高望北燕。何时旌旗归，笑拂松风弦。

白龙寺（志先上人房）

古柏标深谷，浓阴冷殿中。山围龙母穴，云拥象王宫。啼鸟闲春昼，寒花倚晚风。翛然人境远，啜茗对休公。

（《阳山草堂诗集·风篷吟》）

沈朝初

沈朝初（1650—1703），字洪生，号东田。清长洲（今江苏苏州）人。世奕三子。康熙十八年（1679）进士。改庶吉士，授翰林院编修，累至侍读学士。以忧归，以毁卒。工诗文。著有《不遮山阁诗钞》。

忆江南词（选一）

苏州好，香笋出阳山。纤手剥来浑似玉，银刀劈处气如兰，鲜嫩砌磁盘。兰花笋。

（《清嘉录》卷四）

顾嗣立

顾嗣立（1665—1722），字侠君，号闾丘。清长洲（今江苏苏州）人。康熙五十一年（1712）进士，授知县，以疾归。喜藏书，尤耽吟咏，性豪于饮，有酒帝之称。博学有才名，喜藏书，尤工诗。著有《秀野集》《闾丘集》等。

过射渎有感

朱甍碧瓦照清渠，十八年前献子虚。寂寂离宫游幸少，倦游万里病相如。

（《秀野草堂诗集》卷六十）

徐昂发

徐昂发（？—1740），榜姓管，字大临，号䌹庵，又号畏垒山人。清昆山人。康熙三十九年（1700）进士，历任福建乡试副考官、江西学政。文才卓著，诗风刻峭清新，骈文追踪六朝，长于考证。著有《畏垒山人诗集》《乙未亭诗集》等。

偕大慈补公游岳园

朝从远公出，着屧恣幽寻。一径向花雾，众溪藏竹阴。茶香瓯泼乳，笋细玉抽簪。风勒奔泉响，璆然泛雅琴。

自岳园过西白龙寺遇雨

山午闹鸣鸠，敲门下竹兜。溪回还入寺，云出便沉楼。楮老生黄菌，松高结翠球。回看樵径灭，疏雨暝如秋。

龙母祠

仿佛明神降，鳞鳞小殿中。湘娥裁玉佩，月姊织香葱。壁吼青鼍雨，旗翻赤鲤风。山农喧鼓笛，载酒酹幽宫。祠后即龙母冢。

晋柏

干拔相拏攫，枝回自屈盘。乘龙鳞甲蜕，老凤羽毛残。皮蚀铜花晕，筋缠蜕影寒。羡他闲草木，曾识晋衣冠。

（《乙未亭诗集》卷二）

观阳山云泉庵大石追和吴原博史明古联句四十一韵

吾州卑犹山，大石万口诵。芒鞋独来游，赤藤还复共。风吹轻翼肘，意行捷飞鞚。山骨屼撑立，雾脚郁蒸滃。何年鼓垆鞴，造物开鸿洞。乘陼拱儿孙，岑峤班伯仲。斗状突相攫，落势奔可恐。其阳芝菌殖，其阴宏窦冻。石理纷鳞皴，龟兆等错综。女娲施手时，巨灵拥幢送。虩虩河鼓槌，𪅆𪅆土伯从，玄云叠千堵。妖罔锁百种。谽谺坤轴陷，赑屃鳌冠重。颓如龙割耳，踔若马脱控。仰似灵鳖浮，聚似群狙讼。腾虹矗石梁，劈壤砉幽衖。奔雷鬼斧鸣，凝血神鞭用。帝觞为落成，山秣亦效贡。坏形簇簪髻，侧睨欹瓴瓮。前飞雉霸秦，后却鶂过宋。授书偃蹇来，支机娅姹奉。日炙焦流金，砂伏灿生汞。深坳芥舟漾，浅罅戟牙中。袖嗤东海窄，阵骇常山纵。目眙嶔改视，肩耸但孤讽。循玩日屡移，刻画语未痛。上古闻夸蛾，负山厝朔雍。谁向勾吴偏，垒此怪石供。砺角来野牛，折膝卧铁凤。坚瘦霜雪饕，跷跧蹄股众。扫苔据两弓，枯僧结双栋。荦确伴天顽，寥豁倚崖缝。仙蜕鸟翮披，泥深鲸鬣壅。米拜端可受，李射俨欲动。棋枰铲凹凸，佛龛凿嵌空。青赑足糇粮，残碑供吟弄。诗服匏翁戛，咏效洛生齆。轻传比竹谐，狂作投奋碚。棼棼尘网间，扰扰蛮触哄。微尚寄岩壑，荡胸展云梦。却笑牛李痴，黄金掷高俸。

（《采风类记》 卷四）

曹栋

曹栋，清长洲（今江苏苏州）浒墅关人。生平不详。著有《快哉书》。

大石望湖亭

扪萝湿翠流，亭畔快哉游。湖外来双鹤，仙人挟彩舟。

（《采风类记》 卷四）

朱天成

朱天成，清长洲（今江苏苏州）浒墅关人，生平不详。著有《朱天成诗集》。

游大石

入山寻大石，楼阁望中分。水响林梢出，钟声天半闻。松亭藏鸟雀，竹坞宿烟云。独立高岩上，苍茫对夕曛。

（道光《浒墅关志》 卷一）

游岳园

杖策寻山坞，疏篱曲径通。水流晴树里，鸟语暮云中。香点岩梅雪，阴摇岸柳风。此时尘虑静，清磬出龙宫。

（道光《浒墅关志》卷十二）

沈德潜

沈德潜（1673—1769），字确士，号归愚。清长洲（今江苏苏州）人。乾隆四年（1739）进士，官至内阁学士兼礼部侍郎。论诗主格调，提倡温柔敦厚之诗教。著有《沈归愚诗文全集》，选有《古诗源》《唐诗别裁》等。

游大石　在阳山麓，旁有云泉庵。

卑犹推镇山，大石擅奇迹。造物试搏弄，鸿蒙划开辟。匪由愚公移，或是巨灵擘。峰横鸟侧飞，崖悬枝倒植。一柱危结构，飞梁险筇屐。阴洞吹寒风，终古翳昏黑。蒙密竹树交，掩映化人宅。静憩依蒲团，问饭经香积。已惭隙中影，偶得喧余寂。登陟缅曩贤，文采辨石刻。有吴匏庵、史明古诸公倡和诗碑刻。名山待人重，岩谷顿生色。事往目转睫，清词半湮泐。孰垂千载名，感叹情何极。

寻滴水岩

空岩拥归云，探幽屡迷误。山径落叶深，披寻得前路。隔林响淙潺，境转寒泉遇。阴崖山骨穿，虚窦水脉露。群沫下涓滴，岁久石疑蠹。中藏不息机，讵并奔流注？澄潭无纤埃，观心静浮虑。神骨自凄寒，清境难久住。行逢晚樵还，共蹋苍茫去。

（《归愚诗钞》卷五）

登阳山绝顶

秦余杭山不知几千丈，箭阙嵯峨在天上。扪萝陟磴身忽高，下界送眼难为状。群山起伏遥相从，仿佛长老呼儿童。山沓水合渺无际，但见太湖隐隐环西东。青天微茫不在外，白日恍惚沉其中。峰回境断阴风呼，行人到此寒肌肤。老湫昏冥龙所都，往年投符祷甘雨。神物出没雄牙须，山川终古閟灵异，唯有句吴霸业归虚无。章明妖梦占俱应，黑犬亡吴事前定。远道奔亡悔已迟，山中枉杀公孙圣。风前凭吊空歔欷，何处钟声入清听。此时日欲落樵径，寒云还山腰，诸峰若浮动，倏忽中断青巑岏。左望馆娃宫，右望钟吾山，夫差冷魄何足唤。愿为赤松弟子采药烟峦间，我虽老矣能跻攀。

（《归愚诗钞》卷九）

九日集阳山朱氏庄

黄叶声中白雁来，登高不用上层台。一时兄弟联吴越，四海文章属草莱。云外寺钟催晚照，天边岚翠落深杯。故交未赴萸囊约，目断篮舆首重回。迟陈虎文隐君不至。

说剑狂歌意气真，岂须木落感萧晨？坐饶白发天容老，家有黄花主不贫。霸业销磨余古迹，名山管领足词人。酒阑预订明年会，珍重尊前强健身。

（《归愚诗钞》卷十六）

郑轼

郑轼（1674—1722），字季雅。清元和（今江苏苏州）人。少年时已有诗名，后一变奇古，入大雅之堂。朱彝尊极推赏之，以“狷刚”许之。蒋廷锡亦奇其才。海宁陈公延至宾馆，与纂《赋汇》，卒于京师。著有《柘湖小稿》等。

赠刘尊师住阳山山房

霏霏玉屑寡寒温，从问金丹便不言。晨嚼水精留野客，夜呼山鬼掩柴门。饭钞钟乳三千两，书乞蟠桃一百根。莫见白龙轻出叱，萍浮水上喻乾坤。自注：山房地近白龙坞，故用罗公远事。

（道光《浒墅关志》卷十）

李绂

李绂（1675—1750），字巨来，号穆堂。清临川人。康熙四十八年（1709）进士，由编修累官内阁学士，历任广西巡抚、直隶总督，因参劾下狱。乾隆初起授户部侍郎。治理学宗陆王，著有《穆堂类稿》《陆子学谱》等。

清明日游阳山

偶尔看春上小舟，暖风凉日正夷犹。无端摇向阳山路，处虚疏林逼似秋。

负日危峰势蜿蜒，谩怜箭阙付荒烟。年年凭吊浑闲事，依旧看人扫墓田。

（《穆堂类稿》别稿卷四）

徐壎

徐壎，清长洲（今江苏苏州）瓜泾人。约生活于康熙、雍正年间，曾纂修《瓜泾徐氏家乘》。

经阳山白龙庙龙井

绝壁滃然一井开，白龙蟠处尽苍苔。光寒只恐朝飞去，影静犹疑夜卧来。雨过空山惊鬼怪，云从幽壑动风雷。亦知有母常灵异，祠庙年年展拜回。

（道光《浒墅关志》卷十）

尤怡

尤怡（？—1749），字在泾，号北山、拙吾、饲鹤山人。清长洲（今江苏苏州）人。家贫力学，初从顾嗣立、沈德潜学，复投名医马俶门下，业医卖字为生。淡于名利，往来皆一时名流。工诗，时论谓得唐诗三昧。间作古时文，类唐荆川。著有《北田吟稿》等。

秋夜宿朱氏秦余山庄

高馆秋深里，疏林露气多。清言杂樵牧，幽梦接烟萝。鸾鹤劳尘想，云泉待客过。明朝赋招隐，随意访岩阿。

（道光《浒墅关志》卷十二）

朱玉蛟

朱玉蛟（1691—?），字云友。清长洲（今江苏苏州）人。冀子。著有《白松草堂诗钞》。

憩滴水岩

劈削疑鬼工，石壁峭而俯。清泉滴悬崖，白云凝太古。谁将万斛珠，倾泻成雪乳。爱此琤琮声，倚筇日亭午。

自大石至龙潭

云峰屡攀登，陟险过大石。回眺象鼻岩，疑是巨灵劈。临崖玩云根，傍涧窥地脉。磴折路逶迤，境清人阒寂。迥随飞鸟上，暂逐归樵息。高霞乱落枫，夕飙摩古柏。下有泉一泓，清冷资膏泽。恍惚见潜龙，攫拏飞绝壁。

春日雪中舟自射渎至四飞山下

同云蔽四野，古渡风凄凄。急雪大于掌，孤舟下清溪。寒气怵毛骨，天宇无东西。首春俨穷冬，众鸟不敢啼。阳山万仞高，一望失崄巇。思携双蜡屐，冒冷探其奇。欲行局我足，浊醪满芳卮。忽忽樵径没，依依归棹迟。棹归遥复望，长歌早梅诗。

（《白松草堂诗钞》卷二）

登阳山绝顶观日月同度

阳山山高天之半，怪石嵯峨矗霄汉。五更跻攀到绝顶，仰首高天星斗灿。危崖独立凌长空，苍茫极目扶桑东。扶桑死霸犹未死，璇玑合璧今时逢。遥空一线烂舒彩，金波晃朗泛裨海。冯夷宫开烟雾清，天鸡叫彻霞光霱。火轮高捧随银钩，须臾阳盛阴潜收。恍如蜃楼万丈腾空起，天阊闪烁蛟龙游。眼前奇景豁胸臆，峰巅远眺兴何极。晓色曈昽万象呈，一声长啸千山碧。

（《白松草堂诗钞》卷三）

秋日偕诸同人宿秦余山庄兼示受采侄

爱汝茅堂静，开门对远峰。吟情联旧雨，秋思托芙蓉。醉酒烧红烛，深谈听晓钟。烟霞同有癖，明发笑支筇。

（《白松草堂诗钞》卷四）

毛曙

毛曙（1706—？），字旭轮，一字逸槎，号介峰。清吴县（今江苏苏州）人。著有《野客斋诗集》等。

箭阙行

阳山苍苍十二峰，箭阙孤秀青芙蓉。崒嵂排烟十万尺，极目神超荡虚碧。青春欲暮白日永，幽寻佳兴天资逞。窄涩荒蹊十里穷，千层攲磴连云回。覃葛倾壁倒绾衣，丰草阴林莽没胫。汗流力殚攀云烟，双崖阙立中天顶。祖龙试射邈何年，激面阴风犹是冷。万世雄图忽已非，一朝遗迹翻堪省。

（《野客斋诗集》卷二）

邵源

邵源，字涤夫，号涤庵。清长洲（今江苏苏州）浒墅关镇人。廪贡生。历任桃源、宿迁等县训导。学兼汉宋，善诗古文词，至老手不释卷。工楷法，得晋唐人秘。又喜作山水，笔致苍劲，卓然大家。年七十五卒。

游大石岩

巍巍大石岩，半是白云织。径绝梁犹在，秋深草未芟。老僧一瓶钵，古树雨松杉。谁识漳余子，幽栖意不凡。

（道光《浒墅关志》卷一）

箭阙

一箭开双阙，传闻自祖龙。如何幸东海，鞭石不成功。

（道光《浒墅关志》卷十一）

毕沅

毕沅（1730—1797），字纕蘅，亦字秋帆，号灵岩山人。清镇洋（今江苏太仓）人。乾隆二十五年（1760）状元及第，授翰林院编修，官至湖广总督。著有《灵岩山人诗文集》《续资治通鉴》等。

登阳山

飞鸟崚峋怯往还，支筇贾勇上孱颜。日衔绿树尽头塔，雨在白云生处山。闰岁节迟春较缓，芳林花落蝶初闲。到来大石山房坐，旧德清名跂想间。前明王济之先生别业在焉。

（《灵岩山人诗集》卷三）

唐仲冕

唐仲冕（1753—1827），字云枳，号陶山居士，世称唐陶山。清善化（今湖南长沙）人。乾隆五十八年（1793）进士，曾任苏州知府，后官至陕西布政使，代理巡抚。工诗文，勤于笔耕。著有《岱览》《陶山文录》《陶山诗录》等。

履勘阳山白墡泥经白龙庙作

濯龙出银海，养云藏玉洞。化为精白姿，堪供藻绘用。岂知隐士泥，竟比廾人贡。厉禁谁为开，虞衡竞相讼。质成愧廉平，适野勤倥偬。颇怪龙为灵，无端山得瓮。道旁经古刹，碣上读遗颂。坤腹孕鳞甲，云肤泽耕种。见田从典午，立庙盛南宋。气积腾光辉，日久遭琢砻。尚非金三品，已令市一哄。何如潜其良，毋俾争吾众。

（《陶山诗录》卷六）

顾宗泰

顾宗泰，字景岳，号星桥。清元和（今江苏苏州）人。与王鸣盛同从沈德潜学。乾隆四十年（1775）进士，官至吏部主事、高州知府。工诗文，家有月满楼，文酒之会无虚日，海内知名之士无不交投。著有《月满楼诗集》等。

琼姬墓　在阳山，夫差墓相近。

一夜乌啼月，香魂闷小邱。花疑红颊恨，柳似翠眉愁。罗绮浑非昔，泉台已入秋。若知倾国怨，肠断五湖舟。

（《月满楼诗集》卷三）

朱高浚

朱高浚，字丽中。清长洲（今江苏苏州）浒墅关人。诸生。乾隆四十五年（1780）以恩贡入太学。性颖敏，少即能诵解经传史汉，作诗古文词。性爱山水，诗学柳韦，书宗赵董。晚年惟怡情翰墨，不问家人生产。著有《学吟草》。

登阳山绝顶

秦余耸翠郁崔嵬，振策登临亦快哉。四顾湖山眼底合，三吴城郭望中堆。龙湫秘迹风云护，箭阙双崖日月开。欲按图经搜轶事，残碑遗井并蒿莱。

（道光《浒墅关志》卷一）

朱中慧

朱中慧，清人，生平不详。

七月晦日小华山即事呈荫公上人

此山逢此日，香火九华同。多少农家子，身灯贴肉红。

（道光《浒墅关志》卷一）

凌寿祺

凌寿祺，字戒甫，一字介甫。清长洲（今江苏苏州）浒墅关人。奎子。编纂有道光《浒墅关志》等。

阳山

溯从越绝志名山，地向东吴拥髻鬟。特与江湖资重镇，任于城市望孱颜。峰峦尽日朝阳里，形势将飞碧落间。阛阓金汤同巩固，人来浒墅远跻攀。梯盘蹬复路悠悠，只有穹窿在上头。十五峦光开箭阙，万千云态起龙湫。海天旭日三竿影，震泽群峰一气浮。拔地回逾八百丈，吴歌虽诞亦谁俦？高复高时深复深，层峦叠障隐丛林。春花冻雪重崖下，秋雨凝冰古壑阴。白垩生来山髓满，神龙伏处水腥沉。微茫但有樵人路，少长岩阿费讨寻。百里烟霞呼吸通，山中景物数难穷。岩悬乳窦甘泉碧，石长灵苗仙药红。何处亡王栖有迹，漫言术士答从空。我家旧日占肥遁，耕读重寻地一弓。

登箭阙

曾夸万丈记前闻，真个峰头远俗氛。五夜上方瞻慧日，三吴下界覆慈云。应同巨掌双峰擘，漫道高山一矢分。差喜梵宫凌绝顶，碧霞泰岱更超群。

大石次韵

此地多高人，未闻勒移刺。山深苔石斑，满坞疑文字。

憩龙山追和高青邱韵

风雨奔腾涧水浑，龙归曾此憩山村。至今云气前峰起，白日家家早闭门。

山樵诗

阳山山深地利厚，就中樵采亦成薮。山间不啻千百家，少皆樵子老樵叟。山上桑麻种不成，山樵还胜收香粳。吴中素称财赋地，山头却喜山粮轻。粮轻亩阔胜平地，樵人未识催租至。三亩四亩足养赡，十亩百亩多积聚。西风一夜响山松，深入涧壑登高峰。今年雨水山中足，柴长径没身难容。霜镰霍霍白云里，一片秋声深万重。童子皆来拾松子，土参亦复时时逢。

徐侯山

越王昔擒吴王处，鏖兵人去徒空山。至今犹自草木荒，野花滴滴成朱殷。徐侯何人遽称名，岩上无心云方还。

甑山

山本不在高，云雾兴即灵。兹山有七窍，气蒸接杳冥。何当傍松楸，山中结茅亭。早晚看云气，勿使岩户扃。

恩顾山

神龙回顾处，乃在此山阿。试问青囊客，寻龙孰与多？

晚秋金墅望太湖

弯环五百里，遥望水天宽。帆影中流驶，烟光别岛寒。人家黄叶树，古庙白萍滩。夏禹庙日暮渔歌远，回风起急湍。

（道光《浒墅关志》卷一）

阳山白龙祠

洪范曰肃时雨若，春秋旱暵大雩作。兹祠吴中祈祷久，时有灵旗光熠瀹。君不见，近日桂林陈相公，履硚未到雨弥空。至今列祠报功德，千秋香火龙神同。

云泉庵

一罅龙涎濆，涓涓不少停。精庐高架壁，峭石大开屏。笋作东坡馔，茶翻陆羽经。阳山此最好，浓似佛头青。

（道光《浒墅关志》卷十）

射渎

一射竟穿山，泾流尚不弯。吴王阊阖出，或曰吴王事。秦帝会稽还。漫以夸神力，俱无济国艰。虎丘遗剑迹，恰对白杨湾。

龙湫追次汪琬韵

龙已去荆湘，水尚晋时色。应有龙子遗，飞腾向天日。

晋柏次汪琬韵

虬枝滑如黍，从祠香火守。犹见龙归时，修柯相盘纽。

松花蕈

连朝微雨湿青芜，草木华滋清且腴。礼食芝栭崇内则，山家松菌说东吴。茯苓久作仙人馔，兰笋同充香积厨。颜色拟来名未称，中馗曾记释蔬无。

白龙茶

日利秦余五十金，更多清供足山林。雨前火后惊雷好，一路提筐采菽吟。古寺茗柯簇笋芽，僧家相约焙云花。共将石上壶泉水，来试山中龙井茶。水月洞庭无上品，白云虎阜第三泉。何如独秀深山里，免得文家剿说传。

岳园兰花笋

阳山土赤似丹沙，黑坟惟传隐士家。修竹万竿茁新笋，错疑空谷有兰花。来参玉版共招延，真个旃檀悟后禅。谁识自从头角露，流芳早已满山传。闻说当年惊蛰后，筼筜深谷守香苞。而今仕作山僧馔，也共樱桃启墅庖。山僧相赠竹园开，仿佛红尘一骑催。解箨莫教吹气淡，山林风味带将来。

阳山杨梅

饯春迎夏共传杯，光福青梅入馔来。待得枇杷洞庭熟，阳山五月有杨梅。

山前山后火云红，肤粟堆时墨晕融。背出掇头齐上市，本山各自说西东。

时里白

夏至逢庚便起时，太湖鱼上玉为肌。银波一泒来金墅，撒网津桥切莫迟。

佘公堤畔集渔船，一网拖来数万钱。争卖街头时里白，笑他但唤棒鲜鲜。

白墡叹

噫吁嚱！危哉白墡岭，坑深百丈大百井。自昔任土采充贡，探幽入险成古矿。论斤值数钱，一坞供四境。土人舍命来下取，拜别亲友缒以绠。裹粮篝火久复远，气阴地湿寒且冷。穴转正黑土正滑，出没虺蟒巨更猛。连宵竟日力锤凿，易几青蚨私庆幸。忽然崩坠震山岑，骨肉粉碎与墡并。呜呼！采金于山珠于渊，犹为宝藏灭形影。区区土价何足贵，陷之坎阱争驰骋。人生衣食天所赋，如此谋生乃可警。噫吁嚱！危哉白墡岭。

白石脂

阳山垩土凿成池，草际时时产石脂。红似朱砂白似玉，赤松采得此间遗。

（道光《浒墅关志》卷十一）

吴淳秦余杭山居

秦余杭山幽且奇，高人于此争栖迟。吴公伯善性孝友，隐于此山人不知。始居吴中近城市，读书敦行心怡怡。有兄痼疾二十载，早夜侍不须臾离。还当元季被兵革，乡邻奔窜东西驰。家人促之不肯去，去时兄病谁扶持？有人持刃闯入室，裸体负兄经岖崎。林间突出盗数十，飞矢交刺无完肌。以背受创胸蔽兄，背创流血交淋漓。创深竟仆兄竟死，护兄廿载终何为？呜呼！护兄廿载终何为？泣入空山人不知。

阳山草堂为顾大有赋

黄埭名人迹，青山隐士家。一生耽啸咏，八景閟烟霞。斸笋春删竹，疏泉夜煮茶。已荒夷白迹，传砚记相夸。

敬题先世秦余隐居

九龙山色看不足，遁入秦余最深曲。催租人不到空山，钓可得鱼耕得粟。读书朝朝对峦翠，冬来积雪千寻玉。山深人静不知年，回头梓里惟云连。芙蓉江水二泉茶，何如身不逋官钱？署得头衔志鸿爪，任他文学隐逸传青编。

甑山草堂

玉猿仙果已尘销，灵秀三间草屋饶。当座云生堪入画，到门水涨恰宜桥。一龛佛火修行早，百室人烟感德遥。太息阿兄绵故业，棣华落后景萧萧。

题阳山草堂

秦余看不厌，极目望青苍。人与石偕隐，屋依山面阳。辞金甘冻馁，拱壁视缣缃。记得觇鸿爪，游扬旧草堂。

（道光《浒墅关志》卷十二）

吴王夫差墓

何处卑犹旧迹遗，春秋古冢在山陲。三年报越雄心远，一死亡吴霸业衰。差免后人求宝剑，还闻小女葬琼姬。游踪未必苏台遍，长说当时作祸基。

龙母冢

阳山山西白龙坞，四山环拱如案堵。中有一冢自东晋，云是龙母安堂斧。龙母产龙龙母死，乡民厚葬择原膴。起冢立庙申报赛，赐额加封赵宋古。秩之祀典直至今，冢前莫敢为场圃。岁岁山中春夏交，阴森黯黯晦将雨。白龙归来展覲省，小如蜥蜴大弥宇。自昔台前有老柏，龙缘木泽不可拊。下有龙湫清且美，作雨兴云四海普。中吴万顷上上田，岁获有秋奉天庾。天教神物偶显奇，南徐舟上昭英武。惟母产龙是真龙，养得元珠妙吞吐。际会风雷念母慈，恩顾山头效彩舞。人间葬亲古今几万亿，孰如白龙坞中常保慈恩一片土？

前处士凌世忠墓

五世传遗墓，于兹二百年。大宗虚主鬯，旧物守寒毡。乡里称先德，溪桥访故廛。烟萝横暝色，惆怅夕阳前。自注：先高祖居甑山之宜桥，于明末捍卫一方，人尚有称之者。

（道光《浒墅关志》卷十三）

吴铠

吴铠，字万掄，号云楼、白豸山人。清长洲（今江苏苏州）浒墅关人。隆德子。曾与纂道光《浒墅关志》。

白鹰山园

数椽老屋枕溪湾，几许林泉只等闲。应恐愁多诗力灭，天教日看对门山。雨过云影落平畴，宿麦新秧一望收。休怪峰多巧障日，我来更上一层楼。

（道光《浒墅关志》卷一）

白龙寺听松堂

古冢巍然峙，峦光失远村。髈空开箭阙，直上划云根。绿印寻山屐，香霏过客樽。来归逢薄暮，月影下柴门。

（道光《浒墅关志》卷十）

龙湫

一潭止水净光寒，陡作风雷气郁蟠。应是此中有龙子，盘涡十丈激飞湍。

晋柏

东晋森森柏，虬枝屈曲缠。清阴环列岫，空翠扑飞泉。雨过麑留迹，风轻鹤避烟。上方龙象近，梵呗静中传。

（道光《浒墅关志》卷十一）

自题白鹰山庄

邻曲绝尘哗，笆篱密密遮。绿分欹岸柳，艳发过墙花。集禊才成帙，敲诗又费茶。卷帘看不厌，山翠落窗纱。

夏至逢庚便出梅，山庄新绿积成堆。黄鱼价减鲥鱼贵，早趁洋船风信来。

雨洒廉纤似织成，村边水阔岸初平。晚晴好月延窗上，一路蛙鸣断续声。

（道光《浒墅关志》卷十二）

张诒

张诒，字景谋，一字南溪。清崇明人，以避潮灾奉父迁于吴。为诸生试辄冠曹，嘉庆元年（1796）举人，历主靖江、安东、如皋、江阴书院，虚已服善，笃于师友，工诗文。以疾卒于苏州尚书巷。著有《观海楼集》等。

题白鹰山庄

中岁厌尘鞅，希踪谢荣辱。每过田野间，抗怀遵高躅。铠也从吾游，性情喜敦朴。暇日述其先，数世安耕读。尊甫绍前轨，农圃以自足。晴雨课桑麻，翛然远尘俗。生子授世业，仅仅先畴服。铠也事制举，入试冀天禄。插架杂万卷，烂然娱以目。开门对云山，入室饶饘粥。久绝闻见缘，饱享太平福。人生贵适志，何苦日蜷跼？因翁侣鸥闲，笑我方猬缩。他日共归耕，春山抱黄犊。

（道光《浒墅关志》卷十二）

姚承绪

姚承绪，字缵宗，一字八愚。清嘉定人。生活于清嘉道年间。诸生。博学能文，喜培植后进，成就甚众。肆力于诗，日课一首，吴中胜迹题咏殆。著有《吴趋访古录》《留耕堂诗集》。

阳山

距城西北三十余里，高八百五十丈，透迤二十余里，以面阳，故名。

吾闻阳山之高八百五十丈，群峰岌嶪相顾惊摧藏。下瞰太湖之水三万六千顷，洪波骇浪上与天地争低昂。相传此山本是秦皇游射处，舍舟登陆称余杭。箭缺一峰缥缈凌绝顶，射渎下注隐隐窥微茫。山亭浴日云涌现，乘风一径排天阊。其下又有白莲松化诸洞壑，神仙楼阁空际昭回光。化人来往尽是赤城侣，丹崖仿佛骖龙翔。又闻卑犹之山旧是夫差冢，生俘会稽死故乡。不及阖庐之墓结虎气，星精上撼抽鱼肠。但见犹亭蔓草黤黮蔽残陇，乌啼茂苑鹿走僵。吾登此山慷慨寄幽感，霸图不竞王业亡。吴王淫虐启秦政，山灵卒笑君德荒。君德荒，江山几度更沧桑。纷纷列岫争欲出奇势，四飞云气叆叇空斜阳。

箭阙

在山顶。秦始皇曾射于此，阙为箭镞所穿，下为射渎。顶有浴日亭，每年九月晦日，郡人登此观日月同升。又有半山寺，夫差杀公孙圣于此。

绝顶峰高挂夕曛，箭锋没石诧奇闻。如何饮羽夸神臂，不射纷纷逐鹿群。

白龙坞

中有龙母冢，冢前有龙湫、晋柏，白龙庙在焉。

一泓清水郁灵湫，茶笋年年此地游。高冢旧传龙母子，修柯曾阅晋春秋。雷霆劫后云山古，风雨藏来洞壑幽。愿酌寒泉荐芳杜，空潭泻影总悠悠。

（《吴趋访古录》卷三）

袁学澜

袁学澜（1803—？），一作景澜，字文绮，号春巢。清元和（今江苏苏州）人，世居尹山袁村。少从吴江殷寿彭游。八试不中，与叶调生、潘钟瑞等酬唱，以能诗著声吴下。著有《适园丛稿》《吴郡岁华纪丽》等。

姑苏竹枝词（选一）

阳山云日变晴阴，薄俗人情异昔今。尽把吴绵将妾意，难寻湖镜照郎心。

阳山有龙母祠，值三月十八白龙生日，多风雨晦冥，俗谓龙归省母。吴俗以茧丝为绵，极其柔软。贞元中，渔人网得古镜于太湖中，照见脏腑，怖而弃之于水。

（《适园丛稿》卷四）

贝青乔

贝青乔（1810—1863），字子木，号无咎，又自署木居士。清吴县（今江苏苏州）人。诸生。科场不利，游幕为生。同治二年（1863）就直隶总督刘长佑之聘，卒于北上途中。工诗，著有《半行庵诗存稿》。

家大人暨六泉叔邀同印丈（康祚）叶丈（廷琯）

程丈（庭鹭）往游阳山大石，归命作诗，即步程丈原韵

探奇饶胜缘，游侣群辐凑。整理双不借，入险铤而走。峭崪秦余杭，箭阙两崖斗。大石艮其背，卓立虬骨瘦。孤撑出天半，直上比悬溜。禅龛缀木末，钟乳滴岩窦。灵蕤孕暖香，霏微入清嗅。是时春欲暮，万绿堆众皱。排闼骇枯僧，避人窜饥狖。云气晴亘天，阴寒扑襟袖。屋后势倒崩，罅裂土花绣。磴道不受趾，人迹所罕遘。氿泉自穴出，谋耳暗中漱。上有古石梁，如屋初架霤。仰睇股先慄，高陟矧敢又。怀古摩苍崖，剜苔索前镂。胜国诸钜公，健笔凌世宙。山灵藉表章，刻划到荒陋。讵知三百载，漫漶失句读。回首迹已陈，继起谁其副？吾侪颇啖名，或共古人寿。纪词疥绝壁，永乞神鬼佑。路转访水帘，数里穿云透。前导仗樵子，趫捷若腾鼬。奔瀑落峰掌，歕欲循理腠。下汁陈小槽，妥帖出天构。积影摇夕光，明灭岚彩收。于焉慕幽栖，僧庐倘许僦。老湫窥蛰龙，苍岭叩灵鹫。会当蹑仙踪，次第撷其秀。藉口婚嫁毕，新盟动成旧。恋恋下层坂，林缺星光漏。

（《半行庵诗存稿》卷一）

蒯德模

蒯德模（1816—1877），字子范，晚号蔗园老人。清合肥人。同治初年任长洲知县，善决疑案。后出守四川夔州，官至江宁布政使。工骈文、诗词。著有《吴中判牍》《带耕堂遗诗》《合肥蒯氏四种》等。

通安桥

上下双塘路，纡回十里程。风声挟雨重，云气抱山平。橹曳溪流长，旗招柳色迎。麦苗与菜甲，即此是民生。

（《带耕堂遗诗》卷一）

范广宪

范广宪（1897—1980），字君博，又字子宽，号百琲词人。吴县（今江苏苏州）人。南社社友，星社创办人之一。民国时期曾担任苏州救火联合会主席、吴县商会监事长等职。擅书法，工文章，活跃于苏沪报界文坛，著有《吴门园墅文献》《吴门坊巷待輶吟》《苏州实录吟钞》《吴门竹枝词汇编》等。

光福竹枝词（节选）

梁溪移棹欲何之，遁迹阳山会有宜。笑我采风先问姓，此人此地起怀思。

秦余山居在阳山，锡山凌处士谟与烈父子隐遁处，孙世忠居甑山下之宜桥，构甑山草堂。

哭庙凄凉事已陈，不堪回首话胡尘。马王诡称相传久，十八人祠甲子新。

十八人祠在阳山，祀清初哭庙案金喟等，其事俱载《府志·杂记》。初，民间因避祸，诡称白马王庙。改制后，丁氏裔孙怀棨重新庙貌今名。

讨春天气燕来时，更喜游遨雨后宜。谁说山家无隽味，岳园香笋每怀思。

岳园笋，阳山土皆赤，惟岳园泥黑色，产笋肥大，香如幽兰，载吴林。

底物流传古辟邪，一拳小石认无差。倘人走近蜂能螫，乡语荒唐客笑哗。

蜂螫石在阳山下田间，辟邪甚古，耕人近之必遭蜂刺，载周必大《诸山录》。

阑珊春事雨潺潺，门对阳山飒沓间。终是诗人留胜迹，白龙坞里最幽闲。

明岳岱，字东伯，自称秦余山人，隐阳山白龙坞，善画能诗，尝采时人诗，辑为《今雨瑶华集》，有岳园。按今其地为观音庵。

阳山顾氏羡蝉嫣，万卷图书取次镌。夷白堂今无恙否，怀人风雨自年年。

明顾元庆字大有，长洲人。家阳山大石左麓，名其堂曰夷白，藏书万卷，择善本刻之其行世者，著有文房小说四十二种。

骚人情性爱幽闲，狷介清狂更放顽。故宅重寻裘巷里，独留诗集说阳山。

清陈炳字虎文，居阳山裘巷里，因自号阳山。性狷介，好镌印章，工诗。著有《阳山诗集》。

国亡安用说家为，独往青山是阿谁？纵掩清名逃不了，累人重读寄庵诗。

明韩洽字君望，长洲人。诸生。国变，自投泮水，家人救起之，妻死不再娶，曰：国亡矣，安用家为。无子，孑身入阳山，足迹不入城市。汤斌抚吴，慕其贤，欲见之，避去。著《蟾香堂集》《寄庵集》《阳山志》等书。朱竹垞称其诗为明季以来吴中第一。洽为郡学生，深潜笃学，于书无所不窥，性简亢绝俗，晚岁隐居羊山，自称羊山畸人，足迹入山城市，藜藿不充，晏如也。

阳山万丈谚相传，峰阙还疑一镞穿。今日登临怀往迹，好寻龙母与丁仙。

阳山一名羊山，又名万安，亦名四飞，别名卑犹，西有白龙寺。按阳山高出诸山，长亘数十里，分隶吴长二邑，二图之北长洲界。

满陌熏风送麦香，村童遥指二图乡。索醪偃笠耽行乐，醉睨山嵎踏夕阳。

二图里接阳山，在光福镇北十八里，一名曹巷。

阳抱山前白日曛，苍冥烟树杂霏云。蹇驴携得黄醅酒，揽胜先浇陆绩坟。

阳抱山在阳山西，有东吴陆绩墓。按绩字公纪，博学多识，孙权辟为奏曹掾，以直道见惮，出为郁林太守，年三十二卒。

（《光福竹枝词》）

附录：阳山新录

编者按：

《阳山新录》，明顾元庆、岳岱撰。二人生平详见前文。明代中期，顾元庆隐居在阳山大石坞，岳岱卜居阳山白龙坞，两人比邻而居，志趣相合，经常一起在阳山寻古探幽，诗酒唱和。嘉靖十八年（1539）九月，顾元庆和岳岱二人自云泉庵出发，北至鸡笼山、甑山，东逾白墡岭，至管山、澄照寺，南过耙石岭，西至净明寺，并登箭阙至文殊寺，最后回到岳岱的修绿山房。此次探访费时整整十天，在此期间顾元庆对阳山的寺观、古迹、泉石等题咏十五首，岳岱逐一唱和，共得七言诗三十首，后编成《阳山新录》。卷前有顾元庆序，卷末有岳岱识，兼具文学价值和史料价值。今按宣统三年（1911）国学扶轮社排印本，标校如下，以存阳山典故。

阳山新录

吴中山水，奇瑰秀拔，阳山尤为吴之镇。去城三十里，蟠矗特异，以其背阴面阳，故曰阳山。中有仙迹、佛老、灵奥之区，山人莫询，郡乘不载，故游者不知，知不暇悉也。余自埭川移家山中，岳子素尚丘壑，相与沉冥山水，志道攸同，虽一觞一豆，必命舆跻讨，遂得寺观七，古迹四，泉石二，晋柏一，山房一，共十五题，题各纪之以诗。首以大石，近而胜也；次以龙祠、澄照，废而伤也；次以文殊、净明、罐山、甑山，嘉其偏也；又次曰箭缺、丹井、耙石、仙洞、墙壁、水岩、晋柏，喜其怪而奇也；终之以修绿山房者，识君子之考槃也，遂名曰阳山新录云。吴郡顾元庆序。

大石云泉庵（元庆）

丹崖侧立山之阳，白日翻疑霄汉翔。绝磴飞梁还栋宇，短墙曲径自棕篁。山中麋鹿安安下，石上烟霞袅袅长。半壁诸公联石句，于今词翰有辉光。

和（岳岱）

一巘凌虚势欲翔，逶迤曲磴绕幽篁。山僧入定青春静，尘客来游白昼长。归院石云常栋宇，近檐花蕊自阴阳。人间我欲除烦恼，看取灵珠午夜光。

龙母祠（元庆）

神物千年产缪娥，依然庙貌此山阿。到门自觉龙蛇动，出谷常疑雷雨过。异代栋梁归浩劫，只令松桧孰㧑诃？迩来太守随车澍，一郡惊看润泽多。

和（岳岱）

石濑浅浅山木苍，五湖祠庙接潇湘。灵衣珠珮无消息，桂栋兰橑有夕阳。白酒土人来祷旱，绛帏玉女对焚香。季春岁岁龙归异，千古风云近草堂。

澄照寺（元庆）

仙泉古寺白云隈，短杖攀跻摇落时。夜静不闻辽鹤语，碑亡空忆谢涛诗。拄撑岁月还孤殿，拥护风云有缪祠。啸坐莓苔山寂寂，一尊斜日有余悲。

和（岱）

秋日荒山自可哀，昏冥聊借一衔杯。锦开双壁云中削，翠积连峰天上来。地冷佛香空草木，雨侵龙象半莓苔。唐碑宋殿俱零落，始信人间尽劫灰。

文殊寺（元庆）

虚无指点古招提，仄径千盘欲尽跻。仰面霏霏空翠湿，此身冉冉白云齐。庭中宿莽惊麋出，棋上新巢怖鸽栖。往日题名何处觅，黄昏松桧益凄凄。

和（岱）

翠峰高处隐招提，绣壁禅林众鸟栖。杯酒升沉看日月，杖藜岩壑动攀跻。尘心烦恼谁能释，仙客浮游我欲齐。回首上方烟雾锁，下山松柏思凄凄。

净明寺（元庆）

石径岧峣碧寺通，老僧终日少迎逢。停舆隔竹莺千转，借榻连峰翠万重。一缽山厨常作供，六时金界自鸣钟。廿年巾舄劳尘土，始觉空门万事慵。

和（岱）

石磴盘回绕上方，傍岩台殿倚苍苍。阶前银杏充僧供，炉底松花当佛香。高岭星河尝信宿，下山花竹又斜阳。却缘婚嫁皈依晚，未得辞家礼法王。

罐山道院（元庆）

度岭晶荧碧树开，杖藜应趁白云来。莫言物外浮丘伯，未识山中玄圃台。瑶草石坛长岁月，松风涧水不尘埃。翠房缥缈萧声发，会把流霞未拟回。

和（岱）

缥缈青山碧殿开，千峰紫翠一登台。好花忽向游人笑，浴鸟晴看小涧来。云外酒杯空日月，人间身累亦尘埃。蓬丘未遇还丹诀，城郭秋风望忽哀。

甑山寺（元庆）

南国风高秋可哀，空山无伴我重来。青林杳杳数峰出，白日荒荒一殿开。小径故教穿竹屿，长松何意护经台。衰年不厌闻清梵，暂省尘缘坐百回。

和（岱）

海上风烟白昼哀，林中碧寺客同来。霜清涧户蕉犹绿，秋尽山堂菊剩开。处世百年真过隙，携壶今日是登台。斋心未可捐身累，日暮人间首重回。

箭缺（元庆）

两峰中断山椒起，云是秦皇一镞穿。万壑松涛双屐底，三吴风物一尊前。濛濛元气玄崖湿，蔼蔼高云翠壑鲜。欲酹公孙呼不起，晚来幽独下苍烟。

和（岱）

箭缺中天积翠高，诸山西拥似奔涛。浮云客到春常湿，绝磴难跻石更劳。一片五湖看落日，双眸百里见秋毫。王乔自有芙蓉杖，忽听仙禽唤九皋。

丁令威丹井（元庆）

忆昔鹤仙丁令威，尚余丹井鹤峰陲。古苔不断侵重碧，止水空怜结细漪。伏火竟无丹客往，操罂还有野僧知。人间物外俱陈迹，华表月明空尔思。

和（岱）

仙井依然古寺中，试窥一鉴到晴峰，飞花水底红犹积，古藓山中绿自封。千载无人丹灶灭，一杯留客野僧供。我来矫首辽东鹤，华表秋云驻短筇。

耙石岭（元庆）

如画如塍一岭纡，仙人曾此种璠玙。莓苔隐见齿迹古，岁月凭凌石理疏。昆璞荆瑠非昔有，桃花流水是秦余。偶来只恐烟霞闷，落日停舆一笑舒。

和（岱）

种玉仙人去不返，只今花落惟空山。奇迹悠悠白石在，齿痕了了苍苔间。高天古寺已千岁，曲径飞云时一攀。青牛白鹿不可见，揽胜题诗真等闲。

鸡峰仙洞（元庆）

鸡峰崔嵬半插云，上有灵区断俗氛。背日一门通窈窕，经时四壁湿氤氲。丹砂狼藉千年迹，异草纷披五色文。我欲幽探启玄秘，却疑人世已千春。

和（岱）

窅然一洞通林屋，遥忆此山开凿初。高顶云门碧玉杖，空腹石床丹诀书。蛟龙不知造物閟，天地故着真仙居。我今投迹偶方士，白虎青龙爰驾车。

白墡岭石壁（元庆）

墡岭盘盘客倦跻，倚空半壁插涟漪。故开返照添新绮，旋着归云弄晚姿。的的珊瑚幽处结，濛濛萝薜崁中垂。买山吾欲终长啸，先向岩前纪近诗。

和（岱）

岭下春云寺欲迷，山头春日眼看低。吴侬白垩犹充贡，神爵黄麻徒尔为。二壁丹青开绮丽，千寻萝茑拂涟漪。尧封禹贡空寥落，茅屋山林有所思。

滴水岩瀑布（元庆）

翠岩遥望接氤氲，山石棱棱路不分。空外大声喧白日，风前飞沫湿青云。无人涧上怜幽草，有客溪中知美芹。茅屋松筠还谷口，只今吾欲避缁氛。

和（岱）

苍岩千仞接青云，岩下悬泉一水分。雨后迅流林谷振，旱时不竭古今闻。稼穑山田需岁稔，品题翰墨动新文。探奇历异平生事，不觉西林下夕曛。

西龙祠古柏（元庆）

何年古柏寺门栽，故老相传东晋来。世短世长忘日月，龙来龙去剧风雷。孤高未信神明力，蟠据还输造物培。谷口秋飙吹子落，种成又见栋梁材。

和（岱）

古柏苍苍东晋栽，无人不道栋梁材。嵌中蜥蜴龙能化，树杪风云气忽来。身上紫藤留挂锡，枝间香米落停杯。金沙宝树消烦热，红日清阴坐百回。

修绿山房（元庆）

修绿山堂千竹依，寒岚翠雾交霏霏。闭门卓午尊俎集，解衣长啸风尘违。菊花对酒丛丛放，木叶经霜冉冉飞。披豁共君忘日暮，扁舟重待月明归。

和（岱）

芙蓉黄菊相因依，故人清尊约不违。谷鸟吟风日款款，山云出竹晴霏霏。不愁向市少估值，且喜看花无是非。清溪之边东岭上，新月照君孤棹归。

吴多山水奇胜，而吾实产斯邦，游迹颇尽。会心处或为图，或为诗，辍复为人持去，今落落犹见于人间。嘉靖已亥九月秋，霖雨初霁，山高木空，乃与大石山人顾君，自云泉庵而北以至鸡笼、甑山，东逾白墡岭，以至礶山、澄照，南过耙石岭，转而西至净明寺，复奋趾登箭阙，憩文殊寺，乃归余修绿山房。凡兹游，浃旬而止，于仙释所居，泉石所乐，顾君咸纪述而吟咏之，余和之，共得七言近体诗三十首，缮写成帙，置之几案，他日卧游小斋，亦阳山一公案也。漳河岳岱识。

第六章

通安文钞

大石在阳山之西四五里，嵚危峻拔，特出众巘，跨者为梁，卧者为几，崚而立者为丈人，登之者非攀援弗克下。有流泉，风雨则其声淙淙然。泉石之交有松数株，盘屈偃蹇，若虬龙然，旁皆椽竹栱木，郁不可数。中有庵，曰云泉，或曰以其石之润而云泽而泉也，或曰以泉流云也。吴中山皆土少石，有亦不能奇，惟阳最多，惟云泉最奇，故曰大石。

李起

李起，字伯升。宋吴县人。嘉定十五年（1222）乡贡，上舍释褐。

重建阳山西白龙母庙记

起读《论语》，至“子不语怪力乱神”，为之叹曰：“余学夫子者也，恶可不守是式？”观阳山孕龙之祥，前后感应之迹深，言之近于怪，余则不敢。然明则有礼乐，幽则有鬼神，事神事人，其道一也。今高氏祖茔相望旧冢，不一里间，假若此有燕飨之堂，彼无游藏之所，以此事人可乎？故知郡奏院不倚，乃兴念撤旧为新，创祠宇于旧冢前，甚盛举也。后以疾辍其役，中间弟道州不俦，尝葺之。运干彦博自京来归，克绍乃考之志，厥裁广狭，悉仍乎旧，输财捐粟，殿宇宏丽，以两庑为屋十余间，经始乎绍定庚寅，落成乎淳祐壬子，首尾二十有三载，兴废盖有数也。一日，运干同叔弟来，丐纪岁月，余葬祖于高景，考葬于白鹤，与阳山为联属，得闻田夫野叟之详，义在乡曲，余何敢辞？

谨按，龙母居阳山三峰下，缪氏家女，东晋隆安中出行龙塘，忽有白衣老人求宿，母始辞之，老人屡恳不已，母首肯。倏失老人所在，还舍有妊，父母恶之，逐出，丐食邻里。明年三月十八曰，在龙冢上生一肉块，弃水中，块破化为龙，母惊而殂。寻有风雨雷电飞沙折木之异，既霁，见白龙升腾而去，众乃厚葬其母。太平兴国间，建庙于山南曹巷，熙宁九年，迁行祠于澄照东隅。建炎间，主僧觉明复一新之，绍定壬辰，庾使袁肃阐其祠宇，刘漫塘作记，然台郡祷祈例往澄照，而旧冢颠末漫弗及考。

今运干不费公私之财，自出己力，厥后雨旸之祈，秋冬之报，向恐屋将压焉。今轮奂如此，民喜而神亦喜矣。运干偕道州奉安，村人皆曰：“旦有云在山顶，见龙神夭矫于其间，岂非神喜于有所归耶？”余纪其实，因撰词一章以侑。

（道光《浒墅关志》卷十《寺观》）

金幼孜

金幼孜（1367—1431），名善，以字行，号退庵。明新淦人。建文二年（1400）进士，官至礼部尚书兼大学士，卒赠少保，谥文靖。著有《金文靖集》。

重修阳山白龙祠记

龙之为灵著矣，下上日星，浮游海岳，感风云霈，惠泽变幻，恍惚不可为象，则夫世之所称神灵，有逾于龙者哉？宜其肇迹之地，人益崇信，庙食之久，神愈彰应，而祀典之盛，累千百年为不替焉。

距姑苏郡城西二舍许曰阳山，有白龙祠，其神诞育之异，相传肇自晋隆安中，而其灵显感应，莫盛于唐，尤莫盛于宋元之间，锡号崇祠，后先相望。逮我圣朝，饬严祀事，命有司春秋致祭，著在令典。乃宣德五年，礼部郎中况伯律奉命来守是邦，是岁夏秋之交，阖郡大旱，禾则尽槁。伯律乃摅诚祷神，已而大雨沾溉，岁以获稔。仲秋之月，适当祀神，先期望夕，伯律斋宿公馆，梦神告以祠宇将倾，丐将修葺。翊日，以其故语诸僚佐，咸嗟异之，且天气澄明，灵飙颸爽，云彩发祥，蜿蜒焜耀，至诚感孚，神实降歆。既竣事，伯律周览祠下，喟然兴叹，以为神之泽被及一方，而祠宇倾圮若是，宜乎神之预协梦征。吾侪忝莅斯郡，讵可不思改创以答神庥耶？遂倡郡邑僚属捐俸，市材鸠工而重修之，而民之好事乐助者益众，未几栋宇赫奕，庙貌一新，既相与落其成，复谋勒贞石以贻永久。伯律乃致书请余文记之。

惟御灾捍患，神之功，而事神治人，守之职也。白龙之神，其肇迹之故，余不能详，而自庙食以来，历世滋久，能霈泽敷惠，以荫苏人，所谓有御灾捍患之功者。伯律出牧于兹，天子尝赐玺书，委以重寄，而能钦承德意，兴利除弊，和洽其政，人以大治。复以余力，修葺神祠，徼兹福祉，以惠其民，可谓能尽事神治人之职矣！二者皆不可不书也。予故表著之，以为苏人告，且俾后之继守于是者，读斯文，尚求如伯律之举于其政哉！

（《金文靖集》卷八）

吴宽

吴宽（1435—1504），字原博，号匏庵。明长洲（今江苏苏州）人。成化八年（1472）状元，官至礼部尚书。其诗深厚浓郁，自成一家。善书，作书姿润中时出奇崛，虽规模于苏，而多所自得。著有《家藏集》等。

阳山大石岩云泉庵记

吴虽号泽国，其西有山，亦连延不绝，阳山在稍北，视诸山雄伟特甚。其阴，石巉然起，如人负奇骨而伛者。当嵚崟礌硊间，有僧居在焉，号云泉庵。

成化间，予与太仆少卿李贞伯、吴兴张子静、松陵史明古往游。自浒墅北转入小溪，舍舟从平田行，仰见石势欲堕，举足甚恐。入门竹树幽茂，薜荔满墙，僧缘崖架木，有小屋在石下，益奇。客喜而就宿，联为长句。明日，太仆大书屋壁，复题名石上而去。

后二十年，予再还吴中，则太仆以下相继而逝，自叹不能独游，而徒得沈启南所作巨图，时取而玩之耳。一日有僧来谒，问其名，曰智韬，则庵之主人也。曰："山居辱公题咏后，游者接踵而至，大石之名，暴著于时，此皆诗人和篇也。"予既为书其末，智韬复请曰："庵未有为记者，更乞书之。"盖山之有庵，相传为宋珍护禅师所创，其扁则银青光禄大夫齐国公德刚所题，然莫能考其为何人也。石之大且奇者，散列不一，当时与客议，此可亭、此可堂且轩者尚多。今岁久，其地如梦中事，不能了了，况予且老，未知他日归休，再能游否。所幸主僧有开拓志，来游者或能成之，当再为书之刻崖石上。

（《家藏集》卷三十八）

王鏊

生平见前文。

阳山草堂记

阳山在吴城之乾位，盖众山所从始，顾君仁效结庐其下。仁效年少耳，则弃去举子业，独好吟咏，性偏解音律，兼工绘事。每风晨月夕，闭阁垂帘，宾客不到，坐对阳山，拄颊搜句，日不厌。或起作山水、人物，或鼓琴一二行，或横笛三五弄，悠然自得，人无知者。知之者，其阳山乎？因扁其居，曰阳山草堂。余间造而问焉，曰："子于是焉日对阳山，其亦有得乎？""无也。虽然，有一焉。吾观兹山，峰峦巉岩，得出没高下险夷之象；观其石，得谽谺吞吐之象；观其云烟，得开阖晦明卷舒之象；观其草木，得葳蕤霍靡荣悴之象；观其鸟兽蛇虫，得蟉虬蠉飞跳跃之象。以是发诸诗，形诸丹青，播诸丝竹，自视若有异焉，而不知其果异乎？无异乎？有得乎？无得乎？"曰："然！子之学，其将日进而未已也。虽然，盍亦求其本乎？"遂书其室以为记。

（《震泽先生集》卷十七）

方鹏

方鹏（1470—？），字时举，号矫亭。明昆山人。幼岐嶷。明正德三年（1508）与弟凤同年中进士。官至南京太常寺卿，引疾致仕。家居十余年，与弟凤同居南渎里，足迹不入城市，独坐一斋以著述为事。诗文典雅，无雕琢之习。著有《矫亭存稿》等。

游大石记

朱甥懋愚为予道大石之奇也，曰："先生昔寓浙省，凡睦、婺、瓯、栝诸胜，靡不历览。兹去大石无百里，莫或见之，岂以其近而忽耶？"予笑曰："诺。"乃于嘉靖丁亥三月戊戌，拉梁九皋节判与其子金、予子策及懋愚偕往。

先是，予弟时鸣寄宿半塘，入夜访之。明日己亥，朝雨午霁，同登虎丘。庚子，风雨蚤作，午后过浒墅，入竹青塘，夕晖半林，阳山在望。予亟欲登焉，众有难色，乃止。辛丑，舍舟登车，风日清美，松杉荫翳，仅五里，至云泉庵。守僧天然前引，扶登石级，偪侧如栈，憩小亭，读吴文定、李贞伯诸公联句。更折而上，愈险益奇，眇群峰于一拳，挹湖光之半面，超然有独立物表、遐举世外之意。命酒，数行而下，入凝翠楼饮焉。

夫游于斯饮于斯者，日相接迹，驺从之盛失之华，声妓之乐失之纵，行厨之丰失之侈，兹三者予幸无之。若夫以弟从兄，以子奉父，以甥侍舅，则他人之游者之或无也，亦足以自多矣。昔渊明每出，实二子举其蓝舆，安石过别墅，则中外子侄咸在焉。陶之真，谢之达，百世之下，闻者兴起。予不敢比迹二公，然南村之幽，东山之胜，与大石之奇，要亦不甚相远也，退而为之记。

（《矫亭存稿》卷五）

文徵明

文徵明（1470—1559），原名壁，字徵明，号衡山居士。明长洲（今江苏苏州）人。曾官翰林待诏。诗宗白居易、苏轼，文受业于吴宽，学书于李应祯，学画于沈周，为“吴门四家”之一。著有《甫田集》等。

跋李少卿书大石联句

予少以家庭子给事李公笔砚颇久。公书不苟作，或时得意，辄旁日挥洒，不然，经月不一执笔。每每怒詈拒人，故人亦艰得之。今人家所存，往往片纸数字，又多古人诗。若其自作及大书累幅者盖少。右《大石联句》，五百余言，而一时东南名胜咸在，可谓盛矣。且此诗自壁间大书外，仅仅见此耳。有好事者捐一石，抚而刻之，岂非吾吴中胜事哉？自成化戊戌抵今，二十有五年，而公之去世，亦已数年。缅想风范，俨然笔画间。吴中前辈如公者，渐不复得。予所为至慨于此者，岂独翰墨而已邪！

弘治壬戌十一月七日。

（《文徵明集》补辑卷二十二）

徐祯卿

徐祯卿（1479—1511），字昌谷。明常熟人，徙居吴县。弘治十八年（1505）进士，官至大理寺左寺副。天资聪颖，少长文理。与唐寅、祝允明、文徵明善而齐名，号“吴中四才子”。著有《徐迪功集》等。

《大石联句册》跋

李范庵高风直节，近时未见其人，而笔翰尤为时流所重。予自恨生晚，不获拜公后尘。大石为吴中奇绝处，予生其地二十六年，卒未尝一跻攀，可悯可笑。及颂云泉联句，而兹山胜概，如获目历观。范庵此书严栗劲度，又如亲睹其人。呜呼！贤哲凋逝凡几何，天下名山水不可殚记，岂必目奉而足涉哉！得其意象足矣。又闻鸣岐将摹此帖入刻而石已具。他日传示四方，则知慕范庵与大石者，又非特区区而已也。岁戊午尝与文子徵明同观，距今又七载矣。日月易得，抚卷并增太息。

弘治甲子夏五月朔日，东海徐祯卿谨识。

（《大石联句册》）

郑善夫

郑善夫（1485—1523），字继之，号少谷等。明闽县（今福建福州）人。弘治十八年（1505）进士，曾榷税浒墅，后为礼部员外郎，以谏南巡受杖。善书画，诗仿杜甫。著有《少谷集》《经世要谈》。

春雨游大石记

大石在阳山之西四五里，嵚危峻拔，特出众巘，跨者为梁，卧者为几，崚而立者为丈人，登之者非攀援弗克下。有流泉，风雨则其声淙淙然。泉石之交有松数株，盘屈偃蹇，若虬龙然，旁皆椽竹棋木，郁不可数。中有庵，曰云泉，或曰以其石之润而云泽而泉也，或曰以泉流云也。吴中山皆土少石，有亦不能奇，惟阳最多，惟云泉最奇，故曰大石。

今年春，予有事浒墅，浒墅距石迩，而未能即往也。三月朔，昆山令方豪氏过予，予方病肺，得豪则甚欢，言大石则又甚欢。时且雨，遂泛舟联句。抵石又得王龙臣，益欢，且出肴酒，酌梅花下，复联句至夜分。时群动阒寂，但闻所谓淙淙然者，脱然有游仙之想，又于枕上各赋诗，合若干首。明日晴，乃策竹上绝顶，盼太湖及洞庭诸峰，镌姓名岁月于石而后返。

（《少谷集》卷十）

岳岱

生平见前文。

《今雨瑶华》序

盖闻荆山之玉，无翼而飞；郁浦之珠，不胫而走。其登于章华，称以结绿。虽人莫增其美，亦必待人而举之。我国家垂宪，人文化成，天下平治日久，礼乐奄被。故有英淑之士，体道立言，步骤古雅，发扬时风。但人无三复之勤，家执一隅之解，文人相轻，知音难遇。岱家世戎勋，岂谙藻笔，躬耕之暇，乃窃慕乎古人，驱驰六义之途，不忘咏歌之道，自谓操缦有素，为山将成，稍成斟酌，异同综覆，今古遂叨。艺苑见称，词林不弃，缙绅先生，下交白屋，林丘高逸，道合素风。或千里而命驾，或三径以为邻，或以忘年誓好，或以讲讨昵亲。仕隐存没，共凡一十四人。并能发挥造化之微，吐纳风云之气。绮缛璨焕，珠璧圆融，态变则鱼龙并化，韵谐则金石齐鸣。故其洒翰托寄，对酒赓和，欣合怨离，缘情体物，投我箧笥，积岁成多。嘉靖戊戌之冬，岱归山居，检阅缄素，手录成编。于是略加拣选，又各赞述其才妙，命为今雨瑶华，所谓德音不忘，良有以也。嘉靖己亥秋七月廿有七日，岳岱谨序。

（《今雨瑶华》）

归有光

归有光（1506—1571），字熙甫，别号震川。明昆山人。嘉靖四十四年（1565）进士，官至南京太仆寺丞，与修《世宗实录》。工诗文，与唐顺之、王慎中并称“嘉靖三大家”。著有《震川集》等。

送陈子加序

昔余读书邓尉山中，于郡西太湖边诸山，无所不陟。惟独其北阳山大石，闻其胜，舟行时过之，而以不得登为恨。

大石傍有陈翁居之。生平不知城市官府，其容颀然，有太古之色。而其子子加，乃以文学俊秀游郡邑，荐于乡书。然子加之诚笃，犹翁之风也。子加与同县殷一清，每出入必俱。一清之诚笃，犹子加也。每计偕，二人者必同舟。而吾邑陈子达与相善。盖三君皆以嘉靖己酉膺荐，数诎于南宫。而予之被诎尤久。每下第还三千里，三人者，舟相先后。予时与子达同舟，时相呼过从也。岁岁逾淮渡江而别。

今年天子欲亲贡举之法，思得敦朴有道之士，则一清、子加宜褎然首选，而竟落第。余幸叨荐，而子达就调元城，一清方待舍选，子加以乞恩教饶之浮梁。余与三人俱在京师南熏街，寓舍相近。虽一时聚会，然自此当离析。虽子加与一清无时不俱，而今亦异向矣。念欲如往时下第，舟先后，相呼过从，不可得也。

于是陈翁年七十，子加之乞恩为禄养以此。子加将赴浮梁，过吴，归拜其亲。余以是序而送之，且以为翁寿云。

（《震川先生集》卷十一）

瞿景淳

瞿景淳（1507—1569），字师道，号昆湖。明常熟人。嘉靖二十三年（1544）进士，官至礼部左侍郎兼翰林院学士。总校《永乐大典》，与修《世宗实录》。卒谥文懿。著有《瞿文懿公集》等。

大石山人寿藏铭

大石山人者，姓顾氏，讳元庆，苏之长洲人也。顾在吴为著姓，入国初有讳仲贤者，任淮阳倅，三传至山人。曾祖以礼，以礼生琼，琼生岩，岩娶吴氏，继刘氏，生子七人，山人其仲也。始山人祖父性孝友，称为长者，有丈夫子八人，多以高赀雄里中。山人父倜傥，颇疏于治生，然好宾客，集方技，有侠士风。山人兄弟多纤啬殖产，山人独以图书自娱，意有所适，虽从说不弃，所纂述自养生家以及诸史，灿然杂陈，以故奇伟博习之士，尤多好之，久与之游。山人称说古今，亹亹不穷，间游戏翰墨，潇洒夷旷，得作者遗意。故山人虽穷居而隐然名重士林，缙绅先生多折节与交。

山人故居埭川，后徙通安里，有山岿然，光照庭户，山人玩而乐之，时与同志啸咏其间，因规太石坞为寿藏，表以贞松，曰：人生行乐耳，即有不讳，吾将葬焉，因自号为大石山人，且以生志属余云。

余少习知山人文雅甚都，窃怪其与众异趍，疑其有阮嗣宗之放达也，迩岁山人执父丧，予往吊之，山人貌甚毁瘠，杖乃仅起，心益重之。既余登山四望，穷勾吴之墟，慨然叹曰：嗟乎！此泰伯之所以从遁也。夫古人意有不存，即视天下犹敝屣，况下焉者乎？既而徘徊夷犹，南望震泽，东望胥口，伤子胥之不终，至为流涕，思欲起范蠡而挹其绪风，乃知山人之意远矣。今山人不以后事为讳，而属余以志铭，盖将齐死生等彭殇，超然与元化共游穷达之际，又恶足为山人言哉！山人配王氏，诰封詹事府少詹事、翰林院侍读学士王公朝用之女。子男四人，曰诰、曰谏、曰议、曰谡，各事耕读，不愧山人云。

铭曰：云触石兮山冥冥，龙翕忽兮雨下零。匆云收兮雨止，独山石兮青荧。岂动者不处兮，而静者永宁。吟山风兮玩山月，固将永托乎山灵。

（《瞿文懿公集》卷十二）

李攀龙

李攀龙（1514—1570），字于鳞，号沧溟。明济南人。嘉靖二十三年（1544）进士，官至河南按察使。与谢榛、王世贞等倡导文学复古运动，为“后七子”的领袖人物，主盟文坛二十余年，其影响及于清初。著有《沧溟集》。

介石书院子游祠堂记

伯刚先生既先后捐田二百亩郡邑诸生矣，寻又捐田一百亩，建介石书院，以祀言公子游其中，而宋著作佐郎王公蘋、明处士顾公愚从焉，以系师承，劝风俗也，则惟是其身自有之哉。

始先生在给事中时，上疏先帝广旷荡、抑邪佞者五事，忤旨谪居庸，一日而直声动天下。家居论学，师承所自在，风俗所自起，犹未敢一日忘其党也，岂以今之为文学者，乃吴于《六艺》视天下为蔚然乎？然文学于吴，自文学子游始。子游既学于中国，归而南北之学立，前知洙泗之间，龂龂如也，而谁以易之？惟是宁不赞《春秋》一辞。弦歌武城，必以所闻于孔子，宁倦后焉。行不由径，必以得之于澹台灭明，而惧夫其流异邪？今之君子，盖伤之曰：“于《六艺》焉，而吴视天下为蔚然，于理奚当也？孰与谈性命则称天，著功令则语圣之为快哉？遂至如许长伯号其徒唐林辈以《四科》，一堂之上，避席危坐，称天语圣，何颜闵之具也。愈严为颂，愈近绵蕞之戏。不然持说相难，颛门耀之，帖括自爱，谓道在是，所为《六艺》蔚然者，举以掩焉，而吴乃犹是其为文学。”微言以讽，诗之为教，弦歌之意乎？子羽度江，吴多剑术之士，未尝无传流斯异耳，岂其微哉！子游之为兹，厚于后世也，岂其本之则无沾沾

《六艺》，而子思唱之，孟轲和之，以附先君子之列乎？必不然矣。及观信伯所为，荐于胡安国者，学曰师承，识曰世务。然信伯说上，则独以心学，心学奚当于世务？徒所闻于二程氏者具是，即其主所不欲，卒不以夺其所闻于师，而迂阔自嫌也。见无非道与学，何必使自口出，及易其所闻，乃以其所欲，此于文学奚当焉？原鲁义不仕元，执在我而已。即质行如许衡吴沈，有不必信者。高皇帝大征大儒，尝一诣京师，归而伏思穿几，凡数十年，有可以得诸大儒，信又不但在我，则亦何尝论学也？

吾党诸生，居以蔚然于《六艺》，出以直声动天下，即田三百亩若固有之，"不素餐兮"，孰大于是？自孔子布衣养徒三千人，而子游与之矣，何以称嗜饮食偷儒惮事，安得有君子固不用力之言，而曰是子游氏之贱儒乎？此介石书院所为偃之室，从以二君子者，卒所捐田之志也，是为未敢一日忘其党云尔。

信伯，蘋字；原鲁，愚字。原鲁于先生为四世祖，先生名某，字伯刚，号淮东，嘉靖壬辰进士也。

（《沧溟集》卷十九）

童佩

生平见前文。

陵阳山房记

余少负不羁，窃有四方之志，每读舆图地记所载高山大川，其间岩壑泉石之奇峻，宫阙楼观之爽闿，羽毛草木之灵秀，异人逸士之怪诞，辄为废书而坐，澄怀定虑，若欲周环乎上下而后已。惟是尚平之□未毕，即三山五岳之地，又与吾越相去千万里之远，谋于方外之徒，咸谓当先其近且名者。于是裹粮往游，家丘邻壤，先后而得，凡吾足之所加，目之所注，其间怪诞灵秀，爽闿奇峻之迹，往往有如昔游。前人所谓嗜之既深，则有若通乎虚灵之中，岂不良然哉！

吴人顾愿父氏，与余同癖，少即弃去进士之业，筑室临池，读古书，其中所撰为诗文，能多出奇语。所居之北即秦余杭山，山为姬吴巨镇，尝产白龙于其下，下多囗田美稻。又有异人丁令威丹井，故其泉甘而水洌，舍之前即陶朱公去越之水，西入具区，近在三十里。其中多美鱼虾，形奇而味隽。愿甫暇则躬率僮子耕于坂上，或乘扁舟与渔人为侣，至于莳花养竹，灌畦种药，靡所不有其乐。即其所居山房，命之曰陵阳，盖志其寓也。

夫陵阳之为山，余所知有二：一在宣城，为陵阳子明幽栖之所。子明好钓鱼，尝得白龙放去，后于鱼腹获服食之法，乃得仙去。相传谓其止于兹山者百有余年，其事可不谓奇哉！一在楚，则为元征君结隐地，结居其间，皮袭美移书所谓征君行奇而操峻，舍明天子贤宰相退隐于陵阳，路见青山，傲视白云，然则又可谓伟矣！顾两山咸在吴国之南，去吴多者三千里，少亦千里，其名非有川岳洞天之振于天下，特以二人皆具高世之行，故为载于传记。吾知愿甫者故亦未尝过此，岂亦与余同山水之癖，而于历览舆图地记之间，深有得于二山之奇邃，与夫所栖之人之高尚，而即以之自寓也邪。昔司马长卿尝慕蔺生之为人，即以其名自命，以其时则相去也在百十年之上。若则愿甫者，又岂必尽识其山川，而后可以自寓也哉。况今之秦余杭，或谓之卑犹，或谓之阳，又或谓之四飞，盖其名未必一也，以吾愿甫既具子明之奇，而加以元生之操，则安知他日不为二人托始于兹山者乎。若则余杭也，他日又安知其不谓之陵阳也乎哉！

（《童子鸣集》卷五）

王穉登

生平见前文。

《大石八纪》序

余童丱时，好读稗虞氏书，见顾先生所撰著书数十种，盖慨然即知慕顾先生云。然疑顾先生为古贤人不可见。比长，来金昌，则知顾先生今世士，其居阳山大石，去余家又甚近。辛酉十月，始入阳山访先生，先生年殆八十，风流文采，籍籍有壮夫气，命余游山，指说坞中八景处，既又出其文八记授余为序。

余序之曰：夫九日之下，八埏之上，山河灵淑者岂鲜之哉？于是必有奇人幽侣、松皓芝客，烟霞丘壑之士、风雨蛟龙之英，为之考槃徜徉，商略歌吟，然后山川涧谷之秀有所寄托附丽，以获昭扬于代。若昔之箕山以许由著，桐江以严生载，谷口以子真播，鹿门以庞公表，霸陵以伯鸾闻，郎官湖以李白传，王官谷以司空图称，浯溪以元结号，斯皆地藉人胜，境由德显。由是后世裹粮蹑屩，佩图采真之流，知有箕山、桐江、谷口、鹿门、霸陵、郎湖、王官、浯溪之胜者，即皆知有许、严、郑、庞、梁、李、司空、次山诸人，相与叹赏咨嗟，照耀后先，是人与山川共不朽也。嗟乎！不其伟欤？阳山峩峩，作镇吴国。大石又当其秀，如夫蓉青黛，图书云气，不可形状，意其中必多产神异，然千载而上，始得缪氏之龙，千载而下，又得顾先生，而后八景之名，赖以显闻。余以是知海岳精灵之气，信不恒发也耶。

八景曰玉麈涧、青松宅、毛竹磴、杨梅冈、拜石轩、宜晚屏、款云亭、招隐桥，是八者，先生皆据有之，又为诗咏之，且记之，而余为序之。先生名元庆，字大有，余太原王穉登，少先生五十年，先生交余，忘其年，若汉孔北海、祢衡焉。

（《金昌集》卷四）

顾大有先生墓表

有吴征士曰顾先生，以嘉靖乙丑卒，丙寅葬，后四载为隆庆戊辰，其忘年生王穉登北归，始为文表其墓曰：先生姓顾氏，名元庆，字大有，吴之长洲人，家阳山大石下，学者称之曰大石先生。

顾为郡族姓，由晋元公以来，不知凡几叶，子孙皆居埭川。至先生父某出赘阳山李氏，李业故饶，无他丈夫子，悉举家财归其婿，逮先生时，犹藉外家赀得以无匮。数从诸先生游，肆力学问，少傅王公时为史官，载酒游大石，先生映竹间窥之，少傅公见先生濯濯姣也，召使前，试其所为文甚美，遂以女弟妻焉。是时王公方通显，吴中富人儿无不愿委禽其妹焉者，乃遽归一经生，先生亦善自晦，若未为王家女婿时，于是人并高之。比壮，好学不怠，三坟之篇，九丘之策，无不览观，属文缀辞，言必弘雅，而性尤好客，客至，亲为汛扫堂舍，时时击鲜治具，毋敢溷，所以慰藉之良厚。又善延誉后进，借其羽毛，以故人人自喜，皆以为得顾先生。

阳山在坞壁中，傍舍多田家子，代习为农人事，见先生佔俚状，初怪且笑，先生乃辄与谈稼穑，沾沾不休，其孅废业者劳苦之，阳山人后更爱近先生。山间旧无冠盖客，自先生来居，凡有大人长者或诸侯游士，楼船铙歌，怒马屏泥，麻沸填咽，里中皆惊，及走视之，无不造顾先生家。山人窃慕，艳以为荣，始有好学者，书声殷殷起陇间矣。先生由此名益重，四方之人，无不想望风采，往往从吴人客游者问起居。

前太守温公雅闻先生贤，下记属县曰：夫乡饮酒礼，所以老老贵德，表世维风也，而间者黑白混淆，淑慝不分，比之匪人，太守是愧。征士顾元庆，孝弟力田，黄发乐道，朴茂明信，清亮自然，韫椟多藏，博物君子，乡评月旦，允称耆旧，记到其辟至宾位，以称陛下尚齿尊贤至意。先生不拂其情，为一起，大冠危裾，襞积缓带，驾下泽，乘款段，前入学宫，与校官祭酒弟子诸生几杖酺爵，备三老之典，肃肃如也，雍雍如也，一时观听者称为得人。

先生预卜墓于大石之麓，茂松清泉，包带荒野，日与客琴酒游其中，风流旷达，无减于种白杨制挽歌者。又每戒其子孙，毋厚葬，棺仅庇骸，椁可容棺，盖棺掩土，不择时日。朱画玉匣，黄肠秘器，身之赘疣也，杨王孙探葬，庶几速朽哉。先生以成化某年月日生，嘉靖某年月日卒，春秋七十九。所著《檐曝偶谈》一卷、《夷白斋诗话》一卷、《紫府奇玄》四卷、《云树新编》三卷、《瘗鹤铭考》一卷、《云林遗事》一卷、《消暑珠》一卷、《大石八景记》一卷、文章诗赋碑铭诔序若干篇，次第行于世。子五人，某某早卒，议传其业，谡传其丹青，惟著述无传焉。呜呼！古之英彦沦谢，鸿硕云逝，则必有式墓门，表封树，置守冢，禁樵苏者，皆所以激厉颓俗，风美人伦，流传典刑，辅翊教化也。后之君子，过其墓，思其人，其将有感乎？余言矣夫。

（《青雀集》卷下）

雨航纪（节选）

（嘉靖辛酉九月）二十三日，从汝立濠上发舟，雨犹不止。晚及许市竹青塘，雨忽止，望阳山上丹霞如楼，意快甚。疾要朱君同访顾先生，朱君持白醪来御寒，饮未尽，抵达顾先生所，入大石山房，读童子鸣题壁诗，余前日所寄诗亦在壁间。先生灯下出示所撰《家山八记》，留宿大石山房，命作大石山房诗，且曰："必以是夕成。"乃入。余及陆丈对床卧，夜半开山窗，寒星光白如月，谓明日必天晴，晴即游大石。各起坐床上，作《大石山房诗》。诗成，不复卧，起视天宇，阴云复滓空，顾愿父来访。顾甫年少古心，曩尝闻其人于子鸣，及是始见，果不负子鸣言。已而顾丈出，携古图画器物示客，求余作研铭，命书《大石山房诗》于子鸣诗后。余与陆丈亟欲游大石，先生谓泥泞不可行，余不听。先生命子从政行，愿父亦愿行，余四人复入舟，抵山下，登陆，泥果泞，没屐齿，几颠仆。折道旁竹枝，杖而行，得不仆。大石在目前，积雨石色面面如青黛，各相顾叹以为奇。山僧出，迓客入庵，望太湖，湖上山青似眉发。余昔年游山，见山中僧与今不类，问之，已再易主矣。石梁亘庭中，著屐不可登，僧言吴、李诸公联句诗尚无恙。出庵，过顾先生家山，山中胜处凡八，历历奇秀，如先生记中所云。从政留客坐款云亭，畏雨作，不果下山，移舟复饭于顾先生家。日暮雨作，宿舟中不能行，与陆丈赋《游大石山诗》。明日舟中起，栉发，欲诣顾先生别，愿父已先设鸡黍留坐，坐半刻，与诸君别。

（《雨航纪·纪事第一》）

建造顾征君祠堂疏

伏见故征君顾大有先生，虎头芳裔，鹤发潜夫，南山北山，一丘一壑，博识类东方朔，不事汉廷；著书如司马迁，曾探禹穴。里门日圮，墓木风悲，俎豆全虚，祠堂未建，将遂成乌有生之号，无以栖木居士之灵。扬子玄经，何忍付之酱瓿；竹林旧侣，能忘感乎酒垆。昔孔北海曾为郑玄名卿，而郗嘉宾亦与戴逵买宅。古人遗则，今世成规。与其创在生前，孰若垂之身后？何须挂芙蓉于墓上，但请捐辫麦于舟中。盖八九茅茨，免使青山寂寞；树一双华表，待他白鹤归来。作亭图孟襄阳之容，买丝绣赵平原之像。造九品莲花，法藏尚有檀那；成五株杨柳，神祠岂无义士？谁是蔡郎琴畔客，略助床头之金；无非桓氏笛中人，少发庭前之廪。

（《法因集》 卷三）

龙柏亭记

阳山缪氏产龙事甚异，然载之山经，列之郡乘，传闻于故老之口，实赋咏于名流之笔端，皆凿凿乎，非稽神志怪之言也。今其冢隆然、柏郁然，自隆安迄今，有祷辄应，俎豆钟簴，千秋不废矣！往者郡邑大夫惮干旌之远涉也，移其祀于澄照，名东白龙，而此云西白龙。在东者衣冠之祭烝尝不乏，西则村翁伏腊而已。

今岁乙巳，吴中大旱，入夏五旬不雨，田皆龟坼，河流如线，桔槔声彻夜相闻，司农郎王公来董关政，悯农家作苦，慨然而叹曰：“我计曹也，将邦赋是毗，岂其赤地扬尘而望篝满车满哉，国家将安赖焉？”乃以六月二十一日斋戒往祷，睹兹柏之干霄，则竦然而叹：“寿哉木乎！微神物护持，焉得至此？此可亭而仰也。”周视祠宇崩圮，丹青剥落，遂告于龙曰：“神如不惜马鬣一滴以惠此下民，余亦何靳升斗之禄以新尔庙？”祷罢，至二十二日果得雨。二十六日白龙现阳山巅。明日雨盈寸。又明日复雨。七月朔，雨沾足。于是欢声遍原隰，莫不喜色相告，曰：“此司农雨也。”公即割俸，首建一亭于晋柏之下，署曰：龙柏。畚锸乍兴，甘澍复降，民益趋事，不日告成。乡之田畯父老相率乞余言记诸石。

余忆少时游阳山，夜宿岳山人家，天空无云，忽有缀炬于柏，灿如悬星，山人戒取石支扉，索绹盖屋，客无恐，龙归省母也。迨五更，大风拔木，雨随降，道上流泉可浮舟。厥明，杲杲日也。山人言：“龙性至孝，岁以季春三月归视墓，及期不爽。”自隆安去今几千载，而龙与柏俱无恙，岂不寿且灵哉？然龙虽灵，匪祷曷应，匪诚曷祷。祷而弗诚，即祷亦茫然耳。

夫天灾流行，旱魃为虐，盖靡国不有，暴尪移市之令，迎龙大雨之典，莫非有司之事，于王人使者无责也。司农公轸念民瘼，恻焉兴怀，祷而诚，诚而应，应之不一而足，病苗病农，咸获再苏，且也不难捐帑修庙以答神庥，此其为志，岂区区守一官徇一职而已乎？斯柏虽龙而久，可为公异日甘棠矣。其他关政宽平，不用一切檄檄，湔涤弊垢，左右洗手奉法，莫敢操赢诎之柄，千艘万舶，咸愿出途，请俟修关志者，此皆不书。

公名之都，字章尔，新城人，乙未进士。

（道光《浒墅关志》卷十《寺观》）

顾时

顾时，明人，和王穉登同时，生平不详。

龙柏亭记

夫吴为东南重地，田赋甲天下，民之食地力者亦夥玆于他郡，赖三时之耕，以赡一岁之需，百谷之所仰而生成者，雨泽也，可乏绝哉？

万历乙巳夏六月，丰隆屏迹，蓱翳潜踪，零陵之石不飞，天河之豨莫浴，不雨者逾月，则山泉竭，川泽涸，金欲流，石为铄，赤卤千里，望之若燔，民皆疾首蹙额，悲啼载道，莫可谁何。济南王公奉天子命，榷关税驻吴，目击时灾，乃曰："东南财赋所出，国用赖以足，无禾则无租，何以给大司农之征，且百万生灵嗷嗷待哺，无禾则无食，何以立生民之命。"乃为之斋戒，徒步祷于群望以及龙母祠。

夫龙母始自东晋，历朝崇祀，岁旱则祷，祷而辄应者有之，祷而犹然者有之。顾祷者之硕德何如耳，精诚何如耳。如其硕德足以合于神明，精诚足以格乎上下，雨即随之矣。王使君祷于六月甲子，内寅遂雨，己巳白龙横亘阳山之巅者弥时；庚午复雨，壬申又雨，七月一日癸酉，霈雨祁祁，甘霖遍三吴矣。不必鞭洞中之石，忤渊底之龟为也。而枯槁之苗勃然而苏，下民欣欣始有乐生之心，向日之悲啼皆转而为今日之欢歌矣。莫不颂使君之仁而且钦其硕德之宏敷，精神之昭著也。于是田悉有秋，上得以输国家之租，下得以全生民之命，使君其大有造于吴哉！使君乃不自德而归于龙神，捐俸建亭，以显神功之溥济，亭成而命之曰“龙柏”。盖以祠有古柏，世传白龙上下必于是，以故名其亭。吴民感使君之德，乃述其事而勒之贞珉，以垂不朽，此特识其祷雨之一事耳！至于榷政宽平，征科之仁恕，量贡以为赋，惠商以足国，又更仆未易数者，胡能扬榷其休。

使君姓王氏，名之都。

（道光《浒墅关志》卷十《寺观》）

陈仁锡

生平见前文。

阳山龙母记

阳山祀龙母迹甚异，其有关于穑人甚大。龙而姓之，母之子之，白衣语而娠，娠而弃之，块而龙之，母死而冢之祀之，自山巅迁居曹巷，再移澄照寺。龙去之楚，庙食长沙，诞之日神具来，士女咸集颇怪，然晋隆安以来未改也。尤异者，白衣摇櫓长沙，仅一夕而泛吴门，仙井濯鳞。帅漕率两邑而兴神物，绍兴己卯，所部以祷雨闻。乾道戊子，守臣以加封请，于是额曰显济，褒显应夫人云。国朝大学士金公幼孜、文定吴公宽、雨泉陈公鎏、幼海周公天球皆记之。宣德五年，太守况公伯律奉玺书减荒赋百余万，积岁大稔，终周文襄之世，余米满仓，而神与之语。嘉靖间，颐斋徐公届秋祭，吏循例请委小吏，公毅然不可，而神又与之语，此二公皆梦也。梦见于郡侯何居，且夫躬祭而有年者，颐斋也。方出郭而雨者，弘治孟郡公俊也。意疾痛则呼父母，丰年则畀祖妣，犹与享之，乃以成熟报欤？然他人梦梦，（二公）梦醒，神有语有不语耶？居民上神所不语，盖有略于祀者矣。况公斋宿而梦，徐公梦白蛇游于庭，已谒庙，壁上图白龙而惊报祀也。周室中兴，旱既太甚，至靡神不举，呼群公先正，莫我听闻，岂事神别有道欤？记称龙去其母若有患苦，蜿蜒二郡庭，若有控诉，今此下民亦有诉也，苦役赋甚。或又曰龙夭矫飞腾，鼓雷霆，润风雨，奚患苦之，有寝兴之间，乍往乍来，楚天接膝，奚控诉之有。然且有苦也，有诉也，况民乎？虽然，龙亦有民之责，天子独忧于上贤，能协赞于下，扶杖携筇，思见德化，不呼龙谁呼哉？嗟乎！今之为龙亦难，遗秉宿穗，降福既穰穰矣。公私之积皆空，徒嗟瓶罍丰凶之粟并贵，空羡仓箱。吏兹土者难，龙子龙孙，晨昏之际，职思其居，亦不易也。窃愿龙为其难尔。嘉靖之役，乡绅袁公祖庚为之倡，夫出云雨，与出金钱孰易也！

复龙母旧祀记

阳山之有龙母冢也，自晋隆安始也。龙子庙食于长沙，以三月十八诞龙日省母，士女毕集，晋以来未之改也。祀山岭千有余年，其始迁山南曹巷，自太平兴国始也。再迁澄照寺，绍兴己卯，帅漕以祷雨闻，则曰龙济。乾道戊子，太守姚宪以加封请，则曰显应夫人。国朝一创于况公钟，宣德五年，学士金公幼孜记之。再梦于孟太守俊，弘治庚戌，吴公宽记之。三歉于太公徐公节，嘉靖壬戌，陈公鎏记之。自徐公后又二十年，乡绅袁公祖庚倡助，周公天球记之。浒墅户部张公节、太守朱公文科、二守孙公成太、吴邑侯傅公光宅告成事，今距之又数十年。诸文学踵门以请，余喟然叹曰：龙而姓之，姓而缪之，母之子之，肉而块之，块而龙之，龙而白之，母死而去之，去之楚而诞之日鼓雷霆来之，异哉！异哉！以为异也，碑记所称白衣附楚舟给僦直，自长沙一夕泛吴门，舟子入庙门，风风雨雨，僦直之半，藏龙母帐中，谁为为之乎？后唐天成二年，殿西仙泉鳞物见，郡丞杨杭帅焫香鳞涌，谁为为之乎？此二事一见于绍兴庚辰，一见于绍兴壬戌。或又曰后唐天成二年，殿西仙泉鳞时见。窃有感于两太守之梦，况伯律奉玺书减荒赋百余万，神与之语，葺祠后积岁大稔，终文襄之世，余米满仓。徐颐斋梦白蛇蜿蜒庭中，若有所诉，以语雨泉公，秋祭吏请委官代不可，见壁间画如梦，为之捐赎，大有年。事之以有礼，报之以有年，而梦皆征于郡，疾病呼父母，丰年畀祖妣，其犹与享之，故以成熟报也。居民上而神之，所不语大都繇祀不亲，鳏寡罔恤，故他人梦梦，二公梦醒，今东南力困，粟贵十余年，神宜先醒。龙昔者有诉矣，今此下民亦有诉也，龙无意乎，敬龙必敬其民，高太史季迪赋阳山不云乎：“中有一泉长不枯，乃是蜿蜒神物之所都。”

阳山龙母冢考

东晋隆安中，山下居民缪女及笄，出行暴风雨，立龙塘侧。俄见一白衣老人与语，归妊，父母逐为丐。明年三月十八日，今龙冢上产一肉块，居民弃水中。倏焉块破，化而为龙，夭矫母前，若有所告，其母惊绝于地。雷电飞沙折木，咫尺不辨。既霁，但见白龙升腾而去。众乃厚葬其母，祠之山巅，恒雨旸祷必应。太平兴国间，建庙山南曹巷，熙宁九年，迁澄照寺东隅。建炎间，主僧觉明新之。相传龙子以怖死母，故谪居潇湘，每岁是日，必归山间，风雨凄冷。胡伟碑又云，每岁诞日，龙归省母，前期旬日，天气肃寒，四山烟雨，乍晴复合。正诞之辰，龙必见形，或长身寻丈，隐于众山之上，或小如蜥蜴，依于庙貌，暴风雷雨，澍沟号木，则其验也。绍兴十九年六月某日，奔云叆叇，盲风骤雨，卷去女墙数百丈，居人余氏吸入云中，负贩者吸而复坠，无伤焉。有士子焚谏书祠下，乃稍止。

昔有白须老人至镇江买船，自云从长沙来，与船人钱十千，约其至苏州阳山看亲处，还登舟，即令篙工悉睡。日暮抵浒墅，舟人至山下，于庙中像前得钱五十贯，乃以钱设僧供，辞谢而去。大吏以闻，绍兴二十九年四月，赐庙额曰灵济。乾道四年，诰封显应夫人。我明革夫人封号，止云阳山龙母之神。每年诞日，城乡毕集，祀龙母于东，祀龙于西，率以为常，谓之龙生日。

按宋范至能又以缪氏为邢氏，罗春伯《见闻录》诸书，谓湖广长沙浏阳道吾禅院旁有龙潭，即阳山白龙所居。而海盐乍浦之陈山有龙湫，扬州兴化之率头湖有龙潭，皆此龙别居云。

（《无梦园初集》江集卷三）

再游阳山记

游之难，难于天。初四日，微雨乍晴得月，次日又晴得日。阳山鼎建，已载小志。丁巳季秋，自白墡岭访丹井，龙张双睛以待，烛举山之半。此山四飞，环山如鱼之鼓鬐，而鲤鱼峰一带喷沫更佳，最宜黄昏，作一幅潇湘拖雨观。小憩禅龛，为弹汉宫，曲未终，秋叶满空阶。登台一望，峰如插天。王文恪公所题，即旧颜石壁处，一片芙蓉，混以庖厕，欲出之。周浚莲地，待龙部说法其间。鲤鱼峰而上有观音岩，稍进则亥龙石，旷而邃，宜阁，阁斯万顷杯、千山块，仍移长云峰诸杂构布其间，千古大快心事。是夜为禅伯适禅，为酒人适酒，为琴侣适琴，最喜作诗少耳。五更绵絮裹头，捧一壶阳羡茶候日出，执礼甚恭。因忆去年此山中看落日，会送友归广德，余有“欲为故人留落日，尚堪持赠数重云”句，盖饯日也。坐望海色渐红，红光中如烟微抹，海上山也。蒸起而煜，疑日久之未也。初如一星甚烁，曰日也。又久之星渐曲，曰日未也。疑别道出，左右顾，日轮忽拥，若焰中声盘旋浴。同人惊呼，浮空荡摩，海烟直上，众星如壁上诸侯，忽然自解。或曰：“宾之初筵杂客，无敢厕耳。”寺僧曰：“有住山数日不得观，或得日风散之，海与日混濛，微见黄，绝不类此日出时，海底如又日曰第二日。”余曰：“第一影耳。始海而湖，千流见霈而绛。始四飞之绝顶，而石壁千峰见霈而碧。”四飞有亭，箭阙最高处。余曰：“四飞，山名也，亭宜一住。”有狮子窝如紫鳞，径极巉，友人真长拂髯阔步而下数百丈，无慑色。余与语易之习坎，曰：“天险不可升也，正为有脚力人开一眼。”遂敛足逡巡礼白龙母祠，龙之母缪氏产龙，而冢于此。冢下方井，即白龙泉，产茶绝佳。就泉煮茶，移晋柏下。晋柏大四围，一本十四干，干如龙鳞，疑即龙也，不知何人伐其二干。龙岁一觐母，水深平地三尺。寺僧栖于楼，昨岁龙来空中，飞数千石块下。龙取晋柏一枝，掷于某家园中，悬数十丈，殿大圮。余谓旱则祷神，无事敝其庐而不之计，或宜闻于主祀者，以先圭璧之求欤。噫！宝阁成，石壁出，徐议龙祠矣。

（《无梦园初集》江集卷三）

阳山西白龙庙记

今之识龙母于东者鲜矣，况西乎？然何以东便厘祀也。移道里而近之，郡台必躬也，不躬不亲，不如勿东。自熙宁迁澄照，岁无坠礼，而龙母冢弗考矣。龙之神灵无不之也，何以天矫山椒，复还产所，乡人葬之若者必西。何以三月诞龙，正诞之辰，或长身寻丈，或小如蜥蜴，暴风号木若者必西。香台之上，柏大数围，龙挟以吐吞上下，伸爪雄挺，莓苔不生，若者必西。昔玉局观使李公起尝为西庙记之矣。尔时祠移澄照，台郡之旆不来，何以高不倚、不俦兄弟，暨不俦之子彦博葺殿庑居舍，凡二十年，始绍定，终淳祐，勒石宝祐之间。此三高君子，或知郡奏院，或知道州，或官运干，皆当世显人也，祀所自出，若者必西。白龙茶不减虎丘，产绝少，仅冢旁龙湫数十株，龙井数株耳，灵根护呵，若者必西。近如万历乙巳旱，部使君新城曙峰王公之都祷于东，乃西叩母冢，龙为见巽方，雨环冢而注，如李记中。山巅云涌，白龙而出，正在运干随道州奠位高山之旦也。于是王公骇奇为亭晋柏焉。复灵雨报之，欬笑波涛，如接膝而语，若者必西。故西庙之先乎东也，犹先河后海也，否者恐台郡东，而龙子龙孙自西也。虽然为白龙之母，东之可也，为三吴之母，大雷电，子在母无惊，而吾侪已乎，乃东祠不可泯者三贤太守云。

其一江右况伯律公钟，大学士金公幼孜记之。宣德五年，斋宿而梦入其宫，栋宇一新，不愧玺书神人安其职矣。其一陕西孟公俊，以御史擢守苏，记曰擢是出御史以重姑苏也，犹宣德之烦玺书也。考其年，弘治庚戌七月朔，如况公率属行祷例，未至而雨，乃构献殿。当是时，破残余址，垂六十年，不数月报竣。邮附长洲鲁丞请记于乡先生吴文定，文定乃举汉家故事，郡国旱，则公窃官长以次行雩礼申告焉，又以非其人不歆其祀危论焉。合观雨泉陈公鎏之记，质劲不浮，可谓不谀官长矣。

先是，太守山右徐公节，梦白蛇蜿蜒庭中若诉，以语雨泉公，公不解。及秋，白龙当祭，叱吏请委小官代者，灌献已，见壁间图像似梦，遽出羡金，告御史合成之，妙在雨泉不解，令公深思，自得以交于神明。倘或语三公曰：西有母冢，是三吴大司命也，愿听履声，则必往。然诚信如三贤守自东也，自西也一尔。或曰：龙庙食长沙，白衣摇橹，龙自言之。三君子之文，皆不书，何居夫屈才士于长沙，则鹏鸟志悲龙也。居不择地，可谓能守官，破肉块于龙塘，则母氏劳苦，龙也诞不离侧，可谓能事亲怪也，亦常矣。君子道其常，此三公之文，有体要而传信也。

崇祯壬申大旱，吾侪言之当事，给白墡岁修之侵牒。最喜近山长者朱公希文，诚而勇锐，议撤，予伐木先之，僧慧云克勤厥事。予按前人记载，锡山唐大受岁为阖寺连床之供，郡人沈镃主调瀹汤茗以待四方来客，流传至今。朱公好义，当不在高不倚父子兄弟下，君子有终，予日望之。呜呼！王司农之辙不远，倘关使者踵行盛事，自东徂西，徼龙之灵，二千石同召父杜母，干旄所至，何惜迂余杭十里，攀晋柏一枝，一探穴中兴云泼雾之状，能无意乎？况径坞幽靓，峰岭回合，间道直跻阳山绝顶，亦一奇也。

余又考始元间参知政事张公，以航海馈运功白龙，严设像卫，捐田世祝，是龙有功于全海也。漫塘刘公宰不云乎，邻郡海盐之陈山，有龙君祠，相传龙生阳山，南徙浙中，岁归省母，必住陈山，今此郡祀龙母，未祀龙君。绍定间，庾使袁公以为请母子异宫，示有尊。夫妇分享，示有别。四子长幼相从，示有序，请下礼部，照陈山设祠例。报曰：可。是因严事龙母而及龙君，非因龙君而废龙母之祀也。国朝厘正祠典，诸岳渎尽汰封号而存其质，是以阳山称白龙母之神，敕有司春秋亲祀，若东而弗西，是祀白龙之神，而岂祀白龙母之神哉，有其举之莫可废矣。如予耳目睹记，长洲侯江公盈科、吴侯袁公宏道，岂弟父母奇情壮采，溢于文章，袁六休记与进之随太府乞灵祠下，同登山巅。才跻箭阙，云雾倒峡，田畴皆满，而又云数年前犹见白龙挂晋柏枝上，如一匹练。则是郡邑之祀皆西，且西而屡也，岂虞缺祀哉？

箭阙老僧介白称西龙祠上人，万缘朴雅，余一见之，相对一头霜，相思千载柏。遂题“三吴慈母”赠之，将有事于山门，稍为商佐经费。盖曰：不遑将母孝子有深思焉，夫龙亦犹是也。癸酉六月，书于无梦之四飞阁。

（《无梦园遗集》卷四）

钱谦益

生平见前文。

复介石书院记

故太仆寺卿伯刚顾公在谏垣，以言事谪居庸关外，久之，得还吴，卜居大石山下，为楼于山之麓，以祀吴公子游。而宋著作信伯王公与其始祖原鲁先生祔焉，颜之曰“介石书院”。济南李攀龙为之记。楼之上有云泉庵，庵僧司祠中香火，久而忘其故，弃三贤神主于墙角，将奄为己有。太仆玄孙苓请于兵使者宋公，逐僧而复故祠额焉。既蒇事，而请予书之。

予惟佛氏之塔庙，与吾儒之祠宇，多托于名山巨石修竹茂樾之间，各有疆理，无相越也。天池之斥墓地，使千年之古刹，化为昆明之劫灰，吾不忍以屋庐火书之论张之。大石之修先祠，使百年之俎豆，比于甘棠之憩茇，吾不敢以舍宅布地之缘盖之，各成其是而已矣。登斯楼也，楹桷雕焕，灯火青荧，先贤之像设，俨然在焉。已而观太仆之缔构，寒泉鏦铮，如聆其清声，修篁击戛，如见其直节。俯仰彷徨，有不忾然而兴起者乎？后之君子，其尚相与瞻仰而引之弗替也哉！若夫吴公之后，中吴之名贤多矣，何以独祀著作？以其地则保佑之祠，著作故在震泽之乡校，而阳山非其所也。攀龙之记，颇推论著作所以得配子游者，其言支离傅会，非予所知也。嘉苓之志，为记其修复如此。崇祯辛巳十一月朔日，虞山钱谦益记。

（《牧斋初学集》卷四十一）

文震亨

文震亨（1586—1645），字启美。明长洲（今江苏苏州）人。震孟弟。天启五年（1625）恩贡。选授陇州州判，改武英殿中书舍人。

与纂大典，监造御屏，图九边阨塞。明亡，寓阳城，忧愤投水死（一说绝粒死）。书画咸有家风。著有《长物志》等。

跋《介石书院图卷》

贤子孙欲张大其祖德也，名位显则势力随之。登高而呼，顺风臻响，即垒九成等一篑耳。云美以诸生复其祖太仆公介石书院，使吴公著作与其先处士俎豆士凭后先。中丞台察四方名硕，乡之贤士大夫正论不谋乐成复始。而海虞一记与济南先生遂并垂天壤，学宪八法又与先相国兄交擅墨池，假令云美从槐棘附丽，得之不足为太仆重。第以清流英彦，破首鼠、搏负嵎，使苻竹自雄者，不得高咏大风，文其强项，是即太仆折槛家法，处士穿几学问也，天下已任于此可以占云美矣。太仆梦中北面著作，故举以配。云美语余并记，以补济南、海虞两先生所未及云。

协理校正书籍事务中书舍人文震亨识。

（《介石书院图卷》）

尤侗

生平见前文。

大石山重立先贤子游祠碑记

吾吴阳山，盖有大石云。有明嘉靖间，给事顾公存仁于其地建介石书院。介石者，大石也，中祀先贤子游氏，而以宋著作佐郎王公蘋、明处士顾公愚配焉。久而废矣。

逮吾代康熙壬戌，有陈太守常夏，即其地建关帝祠，延有道黄子虚堂主之居，未果。又十年，黄子退老修炼于此，因从土人访问先贤遗址，鲜有存者。乃于右偏杰阁重设木主，以奉香火，而征予为记。

予惟吴自太伯开疆，犹习断发文身之俗，至春秋时崛起者二人，一为延陵季子，一为言氏子游。季子以义让称，迹其历聘列国，观四代之乐，辨十五国之风，彬彬乎闳览博物君子也，然文学犹罕闻焉。及言子东游洙泗，名在四科，归而其教大行，有子游氏之儒。则吾吴文学，言子其祖也。

虽然，言子不独文学著也，政事亦优焉。其宰武城，一曰学道，再曰得人。夫学道则教化兴，得人则风俗正。以蕞尔邑，曾子居之，去则薪木无毁，反则墙屋复修，弟子待先生忠敬如此，岂非弦歌之遗风乎？以澹台灭明斩蛟夺璧之勇，进于孔门，雍容就七十子之列，南游至江，从弟子三百人。武城之一变而文也，子游教之也，而况于吾吴乎？吾吴文学于今为盛，十室之里，匡坐而吟，三尺之童，操觚以作。冠裳接于朝，著书卷遍于海隅。溯厥渊源，微先贤之功不及此。以春秋之例比之，仲尼在鲁，天王也。二三子散而四方，各居大国，言子之长有吾吴，不亦宜乎？是故，祀季子者宜在延陵，祀言子者宜在姑苏，万世不祧可也。

继子游而起者，代不乏人，而独以王、顾两公从祀者。予按济南生《记》谓："王信伯学于程氏，以心学事其君。顾原鲁义不仕元，伏思穿几，凡数十年，皆儒林之心表表者，故仍其旧云。"予独喜虚堂，固儒家子而逃于黄冠，盖隐君子之流，乃能慨然复古，知所师承，可谓不背本矣。是为记。

（《艮斋倦稿》文集卷九）

徐枋

徐枋（1622—1694），字昭法，号俟斋、秦余山人。明吴县（今江苏苏州）人。崇祯十五年（1642）举人，入清不仕，隐居于涧上草堂，与宣城沈寿民、嘉兴巢鸣盛称"海内三遗民"。工诗文，善书画。著有《居易堂集》等。

白龙寺募凿池救田序

江南之田以水为命，得水则瓯窭污邪悉为膏腴，不得水则尽石田矣。此其大概也，而山田尤甚。西白龙祠居秦余杭山麓，而其田傍祠，亦山麓也。地皆高仰，不能蓄水，而去通渠远甚，抱瓮翻车，无所施力。夏五六月时雨不至，则立视其苗之槁矣。昔万缘老师悲愿弘深，悯山农勤苦，瘠田为累，以为祠中仰徒众，乞信施，犹易为力，于是慨然捐资尽得之。而年来旱暵为虐，山田荒芜，粒食维艰，征输莫贷，虽山农阴食其福，而祠中常住则较难矣。况今继万公者为月坡开士，不特能守其传，更且克大厥绪，徒众繁衍，檀信络绎，固十倍于万公时，皆仰食于兹，故其难益倍也。癸卯秋，谋凿池田中，变瘠土为沃壤，而檀信亦有愿襄其事者，故乞序于余，以布告同人。吾愿同人随其机缘，各展神力，使一泓湛然，浸润山麓，则宁独常住百世之利哉。凡分钵中之一粒，沾香积之一炊者，亦皆食德于无穷矣。昔襄国城濠枯竭，佛图澄敕龙取水，咒愿三日而隍堑皆满。耿恭军至疏勒，无水济众，乃仰首吁天，掘地而水随锸至。世出世间，心之既坚，事无不办。当今东南民力殚矣，头会箕敛，敲骨吸髓，而乃欲出其余资以成招提胜事，岂易言之？然以月师之愿力，檀信之精诚，吾知其当如敕龙吁天，无不立应也。此池成而渴者得润，槁者得苏，垢者得净，瘠者得腴，饥者得饱，不意即吾土而睹八功德水也。诸檀信其亟成之。

（《居易堂集》卷七）

张英甫传

张英甫名隽，晚号苍眉，吴郡长洲人也。英甫故陈氏子，幼育于其舅张翁，故姓张氏。初英甫贫甚，几无以自食，英甫奋曰："苟如是，何以为人？"乃售其城居，复尽卖其妻嫁时衣装，而去城四十里居于乡，曰金墅。金墅滨湖，饶鱼米，人以织席为业。英甫饶心计纵横术，钩距废居，十不失一。尝以甲之钱易乙之谷，甲乙俱无所亏，而钱谷皆赢，他人效之，莫能得也，不数年而家产千金。其妻秦氏亦能劳苦，早夜织席以佐之，于是英甫缮室宇，置膏腴之田。世变之交，米价踊贵，后赋役日繁，民间以田为陷阱，而英甫则预置其田于善所，止供之外，无毫厘之费，于是但飨谷贵之利，而终岁不闻追呼。时家益殖，蓄健丁，耕百亩，身则涉汝颍，至襄邓，往来售所积，获利尝什倍。性嗜茶，访于故家之善茶事者，每岁春秋，必诣峒山，身为贸易，而自制之最精，于是售茶复什倍。晚年而家业益大振。英甫心计纤悉，利析秋豪，然性亦喜游侠，围棋饮酒，诙谐滑稽，精音律，尝临觞度曲，引声窅眇善凄断，坐客皆欷吁，隔户听之，莫知其为老翁也。

英甫长身骨立，面瘦多髯。其家与余湖庄相望，然余十年始识英甫，盖余隐居金墅，不入城市，不见一客。先公析产，庄奴为伪契以售人者二百余亩，英甫与其友惠孟仁为余履亩而归之。初庄奴盗售事觉，亲知莫能为计。金墅豪姓为惠与秦，售二姓者什二三。或谓当先从事于易理，其余者则二姓不得不还。英甫曰："不然，乡人愚顽，若舍二姓而先之，其心不服，莫肯吐。且二姓以为怯，将生心。不如先理秦、惠，秦、惠既还，而余自出矣。"如其言，不终日而二百余亩皆复故。

余素不问生产出入，历年逋官租积七十余金，而贷息耗费又复不訾。英甫呼余家苍头之任事者，切责之曰："若受主恩两世矣，若任何事而致欠官租七十余两，若主朝不谋夕，断不能偿，即竭力以偿几金，而不足以供倍称之息、无名之费，是日愈久，逋愈多，费愈繁，息愈重，即捐身家何益？若既任此，若必先若主死矣。"苍头涕泣，不知所对。英甫复曰；"若能从吾，吾能为汝一日清完，何如?"苍头以首叩地曰："是再生我及我主也，敢不唯命!"英甫曰："凡官租正额之外一切繁费，若自任之。"英甫即日捐资七十余金，勒令书领券，督令三日内尽完之。余遘疾病，则英甫任医药之费；余遘祸患，则英甫挺身捍之。尝同余内亲王生从余渡太湖，回旋二百里，英甫怀刃自随，时余犹握发也。又数年遂卒，英甫竟无子云。

野史氏曰：吾交英甫而叹曰：异哉英甫。性纤啬，家累千金，而平时敝衣冠，食淡如窭人，每临事以计数，不出一钱。及其周余之急，大者完官逋，一日而捐七十余金，前后十五年，其缓急有无者倍是，而英甫不令妻孥知。英甫年六十，余以文为寿，絮述官逋事，以东汉俊厨为喻。英甫匿不以示人，观其意，若惟恐人知之者。是岂今人之所能及哉，是岂今人之所能及哉？呜呼，异矣。

（《居易堂集》卷十二）

徐乾学

徐乾学（1631—1694），字原一，号健庵。昆山人。康熙九年（1670）进士，官至刑部尚书。推崇程朱理学，训诂推崇古注而不废宋元经说。家有传是楼，藏书甚富。著有《憺园集》等。

佚圃记

吾姻家蒋君云九筑生圹于阳抱山下，构别业于其左，有门、有堂、有寝、有书室、有小阁，翼以亭轩，花阑文砌，流水潺潺，时与客觞咏其中，而名之曰佚圃，遂取以自号，用庄子佚我以老之语，谓我终老于斯也。予与何涵斋、韩慕庐、金醇还诸君访之，留饮二日极畅，将别，曰：尔其为记之。

予惟《庄子·大宗师》篇语凡两见，大概以人生死、成败、得失皆造化所为，其机密移非知力所与能，人不当致爱恶于其间，而以我意解之。佚之与劳，相反之辞也，人生之劳与佚其不可必者矣。而凡人莫不以劳为苦，以佚为乐，勿论贵贱穷通，自少至老，食荼茹苦，以蕲快然自得之一日，比比皆是。顾其人生而多劳，或生而多佚，又至不齐之数也，其必先劳而后佚，既佚而不忘其劳，斯可谓之快然自得矣乎。君为兵宪雉园公之孙，赠文林郎雪园公之子，以嗣长房为宗子，奉事孀母，养生送死，竭尽孝道，于诸父兄弟无间言。少游胶庠有声，交四方名士，缓急无所靳。又善治生，所受产本薄，事亲交友读书之暇，即饬庀家业，门屏内外事，事有纲纪，囊箧细碎，简括无漏，及于壮岁，所积比分赀赢数倍。于是立宗嗣，置家塾，鸠宗睦族，百事振举。有子六人，并醇谨能持门户，君当除县令，弗肯投牒，一意督课诸子。长君擢科，候补部主事，五郎方与计偕，奕奕竞爽。凡君所为早夜勤劬，以及训迪诸子成立者，不可谓不劳也。及今头发皑皑，而后以佚老自称，年已将六十矣。

君精明强健，治家如治国，夫岂不知晏安之为鸩毒，敢一日而忽诸，特以为四时有序，吾血气渐衰，志虑日消，不得不佚尔，君岂恣睢自放者哉？惟不惜其劳，而克享其佚，此之谓能佚也已。昔司空表圣居王官谷，遇胜日引客坐生圹中，赋诗酌酒裴回，客或难之，曰：君何不广邪，生死一致，吾宁暂游此中哉！表圣气节凛凛，与秋霜并严，非颓然自废者，其达生高致，何与君相类也。予故诠次《南华》语义，并引司空侍郎事，以志君本末，君其谓之何？

（《憺园文集》卷二十六）

彭开祐

彭开祐，字孝绪，号椒岩。清娄县（今上海松江）人。康熙十五年（1676）进士，曾任河间知县、武冈知州，并有政绩。归田后，著述自娱。卒年七十九。工诗古文，著有《省庐诗文集》等。

《阳山诗集》序

余以脚疾，息影穷庐者逾数年，学殖荒落，尘封砚床。孝廉陆子圃玉，时挟其诗文过从，披览忘疲，快谈更当七发。圃玉以公车往，自春迄夏，余复卧疴将起，圃玉尊人汉岑来，视余病榻间，慰劳款语外，出一编示余曰："此吾友虎纹陈子所著诗也，往常共游屐，互倡酬，其人与诗皆古处。今雕版成，以书来，道远未获走谒，欲请一言弁之。"时猝未及展，窃心喜曰："为陆也友者，其为诗也必工。"

恙既却，秋窗凭几，作半趺坐，爰取虎纹诗卒业焉。山川顾盼，朋帚燕游，访古探奇，怀人赋物，罔不出其沉郁之才，缠绵之思。吮毫挥洒，油然跃然，既已高涉风骚，亦惟性情自泽，不禁为之心折。且闻其食贫垂老，久不得志，而盈帙所具，曾无一感怆郁伊写其抑塞怨愤之态，斯则居怀旷以达，宜其吟情之恬以永也。至切两亲之卜兆，以丹阳范舟，远盼故交，不惮险历危涛，曲走五千余里，岿岚蛮雨，滩触石溪，撼雷一叶，萍踪托命于长篙短桨，而弗顾弗怖，则虎纹之仁孝，什佰寻常，又汉岑所亟为称述者。

圃玉既归，频来晤语，并共话虎纹诗。圃玉曰："阳山佳集甚伙，大约神追魏晋，而以王孟为宗，楚游诸篇，格力益遒上。”余曰：“诚然，然其诗正未可以一律限。”往余有湘南之役，尝经岳阳，篷雪夜灯，寒樽孤咏。辄忆燕公昔守潭州，晁氏评其诗，谓凄惋得江山之助。是名山大川，实足使才人荡胸，而弥发其奇。虎纹川涂历涉，道亦经此，则其诗风格之弥进宜亦类此。又况诗例得穷，穷则愈工，虎纹一老布衣，不求闻达，不计生产，专意悉力而为诗，其诗之日益工，亦何能限所至哉！夫虎纹孝亲笃友，我仪其人，当于古人求之。诗复绝去町畦，力追正始，其诗当于古诗人匹之，而益叹汉岑之与虎纹为吟侪为良友，其得朋允也。圃玉惊才飙发，博物罕俦，而独服膺虎纹之诗，其服膺尤允也。圃玉再三过，促余言，言不能尽诗。聊书以附之简端。

七十二老人茸城弟彭开祜拜题。

（《阳山诗集》卷首）

黄中坚

黄中坚（1649—1719），字震孙，号蓄斋。清吴县（今江苏苏州）人。为诸生有名，后移居郡城，屡举宾兴不售，遂弃举子业，肆力于古文。家虽中落，犹自慷慨，里人所贷千余金，悉还其券。著有《蓄斋集》。

周烈女小传

烈女周氏者，长洲金墅里人也。父某，以服贾力田为业。生二女，女其长也，许字彭山何氏子衷宸。女容质端丽而性贞静，寡言笑，不窥户外，且善作家，勤于纺织，习针刺，其主中馈，能办一二十人馔，殉节时年一十九，即今丙辰六月廿　日也。

先是二日，何以疾卒于家，次日赴于周，女方治汤饼，闻赴，茫然不知所为。少选，谓其妹曰：吾力尽矣，汝可代吾为之。于是入房涕泣，时其父行贾于外，其母以女尚未字，不应伤情故婿。亟沮之，女不之顾也，而泣转哀，夜以继日，泪注如雨，不复仰视。黎明，泣渐止，平旦，其母先起，出，妹亦相继起，以女倦于哭泣甫睡，不欲惊也。无何，女亦起，盥洗毕，即妆梳，簪珥有倍于常，自袒服以至膝衣，无不易以新而洁者。其母不知也，独其妹见之，颇讶其姊方悲哀无绪，何反容饰如此，辄相随不去，女绐之曰：今日吾倦，未能佐吾母，吾事皆汝事矣，汝宜先出，勿俟我也。妹出有顷，其母入，则门扃矣。叩之不应，推窗，窗亦牢闭，则皇遽，呼人梯屋而进，而女已悬梁死。于是里中奔走聚观者，顷刻数百人，咸叹息，有泣下者，以女能从容就义也。死之明日，其姑某氏在病中，忽见一少女披麻带疏而前，呼氏为姑，氏诘之，女对曰：吾即汝家媳妇也，方吾来此，见群鬼聚于门，吾叱之，皆退矣。言讫，遂不见。氏惊悸以告家人，曰：得毋周家媳妇亦有变耶？遣问之，而周之讣已至矣。

时有孝廉陆君在新蔚文者，馆于何之族，闻其事，驰谓其翁曰：呜呼！何君夫忠臣烈女，著于史册，千古荣之，不图今日出自君家，此乃君家祖宗积德所致也。夫人孰不有死，欲死而不朽实难。纵令君之子得以娶妇成立，必不能光显门里，传名后世，无惑也。今既得烈女以殉死，则烈女可以不朽，而君之子亦不朽，是其死乃贤于生。君宜勿以丧子为忧，而以得贤妇为庆。于是率其乡里，具呈有司请表焉。余所居光福里，去金墅不远，故备访其实作传。

赞曰：夫男女之事，难言之矣。即葛女改适江郎，犹相传为美谈，况其未婚者耶。呜呼！素无内则之娴，大家之诫，而能抗节死义如此，即共姜之誓柏舟，曷以方诸？

（《蓄斋集》卷九）

阳山先生小传

阳山先生者，吾友陈炳虎文也，世居吴郡长洲县之裘巷。裘巷在阳山西二里许，故先生自称阳山人，而人称之为阳山先生。陈氏故素封，鼎革之际，遭寇盗破家。先生生于乙酉上元前二日，弱冠丁外艰，困甚，不克竟学。已乃教授村塾，寒暑一衣，衣垢，则俟人定后自浣之，且复衣之。课蒙之余苦志读书，然不乐习举业，而惟肆力于古诗文，尤爱杜工部诗，其为诗，必奉以为法，有“松顶红裙拖绿上，山腰白鸟破青飞”之句传诵于人，由是其名日著。又好镌篆，颇自负，或告之曰：“摹印须用汉篆，宋元人法，不足学也。”乃一切弃去，博求古法书及汉印谱，心校手摹者久之，遂精其技。而草篆书体亦并工，世以其诗及二者比郑虔三绝云。

性伉直狷介，不肯一毫干人，亦不肯一毫挫于人。怒则口吃，尝曰：“吾宁饿饿死，断弗弗受人怜也。”遇有道者，必虚己下之，一言之益，佩之终身不忘。其意所不合，虽王公大人，望望然去之若恐浼。尝送其亲戚葬，姻党会葬者率多豪子弟，语不相得，怫然欲去。是时天甚寒，风烈，积雪没胫，归途且二十余里，主人意其必不能去也，凌晨竟去矣。镇守京口固山某者闻其名，延为塾师，日偕其宾佐弟侄游金山，方张乐设饮，群聚嬉笑，先生乃独立崖间，面江水仰天大哭，人惊问故，不之顾也，亦不言所以。于是人皆以为狂，然先生实非狂也。甫四十丧偶，遂不复娶，人劝之，曰：“吾方欲供甘旨以养老母，此非吾所急也。且吾有弟可以生子续先人后，吾复何求哉！”晚年学益进，其诗稿成集未授梓，而人多愿助之梓者。时过余舍，儿辈出纸笔索书，书辄拍案大叫自喜，然每越数日则曰：“吾书今又善，前者犹常境也。”虽一饮食间，亦以指加膝作竖画状，盖其笃志若此。所得束脯及四方馈遗，半以供琴书笔墨之费，余悉以赒其弟侄。穷交有急，不惜典衣相赠。独宝爱一砚，刻其阴识之，且曰：“吾将以殉葬。”余笑曰：“唐太宗欲以兰亭记殉葬，尚乞诸高宗，君何以得自擅耶？”先生亦笑曰：“吾身之不知何有于砚，但令后之人，知此砚为陈虎文所爱，斯可矣。”余于先生六十时许为作小传，又四年乃克为之，并系以赞。

赞曰：余年十七而识先生，闻其为人，盖峭厉难近，而与余独久而无间，何耶？然每风雨联床，纵谈今古，辄跃然有远举之意，吾知其胸中之块垒良多也。陈伯玉曰：前不见古人，后不见来者，念天地之悠悠，独怆然而涕下。金山 哭，其以此乎？若曰生乃与哙等为伍，犹其浅焉者矣。

（《蓄斋集》卷九）

《陈阳山诗集》序

余年十七，客喔关，始遇陈子虎文，时同坐十余人，惟陈子周旋有礼，余虽口讷，不能申款曲，结殷勤，然而心识其为人，其后音问希阔，至二十余年，徒闻其善为诗而已。

岁己巳，陈子来访，余一见欢然道故，遂忘形骸，若相聚已久者。迄今相聚复二十余年矣，又若未尝久者。顾其诗则日益工，盖陈子之于诗也，其亦勤矣。忆方继见时，陈子已孑然一身，四海为家，而陈子不自悲其穷也，所口咏而心维者，则惟诗。今年垂七十，齿发日衰，而陈子并不自知其老也，所遣兴而寄意者，亦惟诗。夫人竭一生之心力，而从事于一艺，未有不极其至者。余观陈子之诗，其始也，上下今古，漱撷芳腴，务为争新斗巧之言。继则吐弃一切，而一以少陵为宗，故其言苍古朴至，有奇气。迩年以来，又参诸陶谢王孟以挹其气韵，故其言淡而不枯，醇而能肆。凡其屡变而益上者，非好之笃而用力深，固不及此。

然余于此窃重有慨焉，古之诗人，有以一篇一句之善而遂传诵于天下，名闻于后世者，彼独何以得此哉！岂非幸而遇其人故耶？欧阳永叔称梅圣俞诗，为二百年以来所无，又谓世徒喜其工，而不知其穷之久，而将老以为惜。今陈子之诗，视圣俞诚不知何如，然圣俞列官于朝，所交皆当世名公巨卿，其穷未甚，而老亦未至，欧公顾惜之如此。若陈子之穷困以老，使其得遇欧公，不知当若何惋惜也。或谓陈子性耿介，不屑苟合，故宜无相知有气力者为推挽。夫士贵以礼自守，使陈子而惟脂韦汩没以干一时之誉，虽能诗，亦安足贵。然则陈子之不见知于世，在陈子只自成其高，而其所以可慨者，固在彼而不在此也。要之珠藏于川，玉韫于山，虽其弃掷埋没而光气之辉然者，终必不可得掩。陈子之晦于今日者，安知其不大显于后世欤？予既与陈子交有素，而无力以张之，遽喜诸同人之为刻其诗也，于是乎言。

时康熙壬辰秋日，同学弟黄中坚拜撰。

（《蓄斋二集》卷五）

王闻远

王闻远（1663—?），字声宏，一字叔子，号莲泾居士。自称华亭人，一作元和人。唐甄婿。家富藏书，日以校藏为事。知交数十人，皆畸人逸士。其藏书之富、知交之广，久为士林所钦。著有《孝慈堂书目》等。

《阳山诗集》序

昔吴公子札聘鲁，请观六代之乐，为之歌诗，乃辨其声容，觇其风气，而知盛衰之所由分。后之说诗者，遂推札为鼻祖。汉魏六朝，代有作者，洎唐顾况、张籍辈出，洵足踔履一时。宋元以来，诗虽噍杀靡败，而朱乐圃、范至能、宋子虚、袁子英诸公皆卓然杰特者也。胜国若高季迪、杨孟载、即厕之三唐名贤中，亦复何让。吴人之能诗，盖自昔然矣。

山人陈虎纹先生，诗声猎猎者四十余年。吴下后起，莫不希风问业于先生。而先生之论诗，谓必有格有律，有声有韵，顿挫魁垒，盘旋一气，始可为诗。余读先生诗，句以意胜，意以气胜，讽之有遗音，挹之有余味，包括汉魏，奄有齐梁，具储王李杜钱刘之精英，上下数千载，罔弗得其格律声韵之美，岂独陵轹时辈，直欲抗衡前哲乎？嗟夫！今之所谓掉鞅词苑者，类皆承袭宋人粗厉生涩之习，横流陆沉，强者险僻怪幽、修饰绘藻以为新奇，弱者空踈狂易、聊且率略以为冲澹，彼虽尽心力而为之，然伧父伎俩，究于格律，声韵何有焉。乃末学肤浅，不能规橅先生之诗，反欲抵隙蹈瑕，痛加訾謷，以与先生树敌多见其不知量也已。

先生性甚傲，貌甚臞，孑居绝俗，终身贫窭，其乐陶然，于书无所不读。工书法，尤精汉篆。先生诚高世之士，宁仅仅执骚坛之牛耳哉！昔欧阳公作五代史，陈师锡序之，半山讥焉。余虽吴人，然不工诗，不尽窥先生之根柢。先生顾忘其年，而下交倾倒于余，且以余为知言，而命余序其诗，得毋来半山之讥乎？序则我，岂敢聊述其所知于先生者如此。先生诗凡数集，集各异名，详载自序，故不及。先生名炳，世居长洲之阳山，学者称为阳山先生云。

时康熙龙集壬辰秋中，华亭后学王闻远书于采莲泾之孝慈堂。

（《阳山诗集》卷首）

徐葆光

徐葆光（1671—1740），榜姓潘，字亮直，号澄斋，别号二友老人。清长洲（今江苏苏州）人。康熙五十一年（1712）探花及第，曾奉旨充册封琉球副使。仪度秀伟，诗文雅赡，兼工书法。著有《二友斋诗文集》等。

阳山陈先生墓表

阳山先生讳炳，字虎文，姓陈氏。本梁溪人，九世祖讳臻，赘堉阳山裘巷里缪氏，始迁长洲。八传至玉符公讳篆，生二子，先生其长也。少孤，性至孝，无师自力学，授徒以养母。娶俞氏先卒，时先生年四十，无子，人劝为嗣续计，曰："吾供母菽水，力不办，俟弟有子可也。"及母丧未葬，故人守辰州，许具赀。冒暑五千里谒之，守适去官，困而归。旦夕铢积，负土成。诗集自名始闲，言此身先惟以葬为事也。抚弟士元成立，为娶妇，先卒，营葬母茔旁。中岁修脯馈入颇饶，既葬亲后一身，赢余率为周恤尽已有，时乏不妄丐，万一有求，人知其诚必诺。无资则典假应之，客词色少倨，辄拂衣起，时面折人过，一出于至诚，无或怨者。

余少于程子湘亭所识之，臞然古貌，少髭，口吃，谈诗则滚滚不自休。工篆，初学赵寒山宧光，后出其上。摹印章法秦汉，与顾苓相上下，尤自矜惜。每曰："吾铁笔不妄为俗人下。"平生不杂交，交则终身不变，与尤太史西堂、惠密云砚溪、施考功觉庵诸先辈为诗友，皆器重之。尝游京口及楚、金、焦、洞庭诸胜，得诗分卷，辄自序以名其集。晚年屏迹尧峰、天池、竺坞诸山寺中，与高隐衲士商论古学。康熙戊戌，余奉使海外过家，先生为一出山赠诗为别，时年七十余矣。雍正丙午，余以艰归，求葬亲地山中，过篁村迤西诸刹，僧少长率工诗，其篆刻宛然先生手摹。入其室，几上一编，必阳山诗集也。先生居山，化泽在山，设友教乡国，所施宁止此耶。

先生器蕴宏远，耻为章句学，不乐以诗名。有句云："四海无家真释子，一生何意作诗人。”呜呼！此可以窥其志矣。篁村张君墨岑、陈君篔山为道先生山居事尤悉，尝曰：“我葬亲俭，我死棺三寸足矣。”其老友震孙黄君好事，为如寸度，削制一具，且为作小传惟肖。今不赘入，略书其大者，以表诸墓。

呜呼！先生闇修八十一，生以乙酉乙巳卒。虽固穷兮行无匹，自知死日归其室。有女无子子以侄，遗文空山自作述。生徒请表词无溢，噫嘻，吃吃著书人间出。

雍正辛亥四月，赐进士及第、奉直大夫、翰林院编修加三级、圣祖实录纂修官徐葆光撰。

（《阳山诗集》卷首）

蔡家驹

蔡家驹（？—1744），字昂若。清吴县（今江苏苏州）洞庭山人。诸生。工制义，不徇时好。晚年专事古文，熟掌故而深于经学。性伉爽，友于兄。著有《丙余集》。

《阳山诗集》序

阳山陈先生既殁之六年，其高弟陈君篔山以徐太史葆光所撰墓碣来谒，且征向所为先生诗集序。盖岁辛丑，余以文为贽，见先生于天池。先生奖而进之，谓可教以学古。既往还久，心念余贫，太息言：“我老矣，无能为子谋。”相勖勉者甚。至余甲辰省试罢归，先生属余序其诗，迫促再三，撰稿以呈，而先生病不起矣。

余友李君客山，向余论先生之诗曰：“先生于书无所不读，手披口吟，无间寒暑。其为诗始学杜少陵，中出入于王孟，晚化其迹而卓然自名为一家。汰其酬应者什之二，垂后无疑也。”又尝于天池山僧古求处，见客山所与先生书，论诗谨严，一字得失，反复辨难，于先生为诤友。又其诗学甚粹，其人伉直不回，盖非阿所好者，而折服先生如此。余益以知客山之言信而可征，而先生之诗为足称雄于近代也。

然余奉教先生时，先生年已老，孤孑一身，寄居萧寺，左图右史，恬如宴如。自邑中前辈，争重先生高行。下至乡曲细民，顽钝无礼让者，闻先生名，亦莫不肃然起敬，谓守道君子也。夫以一老布衣而至贤不肖向慕若此，非其行义甚高且洁，而能得此于人乎？则先生之见重于人者，又在乎素履之洁清，而不专倚于诗也。诗以先生重，而先生不以诗重也，仅拟先生于诗人之列者，其无乃见浅欤？余既以懒，不自收拾，所作序稿，随手散失。而先生殁后，箧中所弆，亦什不一存，感先生之知我，为更补而序之，以授篑山，无虚昔日见命之意焉。篑山将梓先生遗稿，并请徐太史表其墓，其事师之诚，亦庶几不以生死易其情者哉！

雍正九年五月望前三日，洞庭后学蔡家驹拜序。

阳山先生小传

阳山先生，今之隐君子也，居阳山西二里，故以所居地称阳山先生。先生少孤，授经以奉母，妻俞氏殁，不再娶，年八十余卒，无子，以从侄嗣。宾友葬之于珠环山。先生吴中老布衣耳，无势力声援可以奔走。人然士无贤不肖，不敢呼先生字若名，而曰阳山、阳山云者，岂不以其德哉！

先生事亲以孝闻，待弟以友闻，与人交以诚信闻，有自力于文章者屈辈行下之，其于当世富贵显者睥睨视之，岸然不屑也。亲丧未葬，走五千里，谒一为守故交，甫至，守适罢官，困而归，杜门不复出。先是，守京口固山某闻先生名，币聘为家塾师，暇日邀先生游金山，宾佐咸会，张乐设饮，先生立崖间，面江水仰天大哭，一座尽惊。先生既以不能为脂韦态，益困于时，家益以窘，自辰州归，负土营兆，几不能具朝餔，与先生契者，延致先生于家，其子弟熏先生德，而闻其论议者皆为善士。无何，又谢去，居天池山之寂鉴庵，山中人咸知重先生，曰：“此阳山高士也。”而先生亦老矣。

先生于学无所不窥，读书靡间寒暑，常至丙夜。工诗，有集若干卷行世。善草篆，日书数十纸，时于膝上作竖画状，得先生赠诗若字者，片纸寸札辄炫于人以自矜，盖重先生德也。昔商邱宋公抚吴时，日亲礼于风雅之士，士以诗被知遇者，声望赫然起，后或掇巍科，通籍登仕宦以去。而先生早负诗名，中丞意中亦知有先生矣。少自表暴必不湮没，老而卒穷饿于山林寂寞之墟，盖先生之德内重而无求于人，中刻苦而不苟谐于俗也。先生姓陈，名炳，字虎文，病剧时力疾归阳山，曰：“狐死正邱首，吾其终客邸耶？”于雍正三年卒，卒之六年，而徐太史葆光表其墓。

蔡家驹曰：孔子美狷者有所不为，而孟子恶乡原讥其阉然媚世。士有志于圣贤之道者，将何取法哉！董仲舒有言曰：知自贵于物，然后知仁谊。如先生者，其知自贵者耶？余家篁村，去天池不三里，尝以文章受役于先生。昔人谓执鞭所欣慕者，余于先生亦云。

（《阳山诗集》卷首）

缪曰芑

缪曰芑（1684—1756），字武子。清吴县（今江苏苏州）人。雍正元年（1723）进士。选庶吉士，授编修。省亲归，遭母丧，遂不复出。晚年嗜学，弥笃于张子《西铭》之旨，独有所悟。曾倡设锡类堂于城南，次及育婴堂、普济堂，皆为区划尽善。著有《白石亭稿》等。

重修阳山西白龙寺记

出郡城北郭门外，折而西，道三十里，为万安山，以背阴而面阳，故亦名阳山。山之东西麓并有寺，俗皆以白龙名，居而寺者向有僧渭仁经营走募，构造僧舍若干楹。

寺之其所由者，前记东晋义熙时，里妇产龙卒，葬于岭之西，前有龙湫，岁旱，乡人祷雨辄应。宋绍兴间，有司以闻，诏于庙祀，赐号显应，此寺由始也。故明万历中，僧万缘月城买山为樵，置地以耕。而入本朝，僧智仙又为殿宇，增仪像，规模未极，惜焉而逝。迫乎岁久，僧徒寥落，殿宇倾圮，危将废乎。于乾隆庚辰，有僧耀乾具词有司，俟久未行。适于辛巳炎夏，亢旱无滴，田禾枯槁，民共惶惶。其时，抚宪陈同本城州县祷于此寺，日滂沱，秋后丰登，可谓山之灵也，神之应也。

蒙抚宪陈感神之应，即捐俸重修殿堂廊庑，金容仪像，焕然一新。时僧耀乾谒余求记，以为永祀征之所由，今复得二人踵而成之，饰所未具，娇娇焉其善继前志者哉！

余按《周官·大宗伯》，以槱燎祀风师雨师。而汉制以己丑日祀雨师于北地，古者大雩之祭自山川名源，渊泽井泉，凡有益于民者，莫不严恭将事，为民请命之意无弗至也。显应之有祀也，由斯意也。盖庙也，而寺因之，而自琳宫梵宇，绀碧日辉，大雄如来之教行，而显应之祀间废，惟其像存耳，盖寺也，而庙因之矣。夫祭有其举，莫敢废焉。神之凭依是庙，代远而有赫矣。乡人旱暵必请，孰知其愿藉寺以垂耶，寺之盛祀之所由寄也，且佛氏无上至圣，神之灵应，莫不相倚也。盖护卫般若台狮子座而为护法善神，则非余所及知矣。

（道光《浒墅关志》卷十《寺观》）

萨载

萨载（？—1786），满洲正黄旗人。翻译举人，授理藩院笔帖式。累迁江苏苏松太道，管苏州织造，授江南河道总督。卒赠太子太保，赐祭葬，谥诚恪。

龙母神道碑记

古者圣王先成民，而后致民力于神，然民为神主，民仗神依，一切旱干水溢必祷于神，以为民请命。故凡能御大灾，能捍大患，均得祀焉。

苏城西北，有万安山，即俗呼为阳山，山之麓有龙母冢，冢前有寺名曰白龙寺。相传东晋隆安中，缪氏女感神异而孕，产后化龙而升，母遂惊绝，葬于此。凡遇岁旱，祈祷即应。宋绍兴己卯奏赐神号，前明郡守孟俊重葺，吴尚书宽作文记之。迨我皇上御极之己卯、壬午两岁，夏苦不雨，田苗将槁，是时，大中丞陈公两次步祷于庙，均得雨泽，因将庙就新。里人尚书沈文悫公作文志其事。此皆仰尊神之庇佑，历载诸乘志者也。

今年夏，苏郡亢旱，农民望雨情殷，余抚斯土，心甚忧之，乃率属步祷于神，而屡祷屡应，辄得甘霖大沛，岁获有秋，于乎是何神之灵，抑何响之应，斯固有以参天地之功，协川渎之神妙也。惟是神墓所宅，周围界地，墙垣久经倾圮，非惟殿宇之剥落堪虞，且恐世湮年远，左右有地居民妄听无识堪舆蛊惑，贪图风水，混肆侵占。而墓碑未立，亦非所以昭示来兹。窃思民间一坔之埴尚禁樵采，况乎神明赫奕，庇佑生灵，何独无以保护之。爰饬有司，就其旧址颓垣垒石为墙，以清墓界，立碑碣、建石坊以表神墓，并金容璀璨，梁栋增辉，庶以妥侑尊神而永庇乎人民。

事成，率同苏州布政司增福、按察司龙承祖、苏巡粮道朱奎扬、苏州府知府孔传炯、长洲县知县姚其旋、原署长洲县现任娄县知县张履观、元和县知县纪澄中、吴县知县杨宜崙等，备具牲醴，报以馨香。自兹后民无水旱，年谷顺成，神之呵护于斯土者，正是无穷，是不可不勒诸贞石以垂示来兹者，咸尊祀之勿替云。

（道光《浒墅关志》卷十《寺观》）

钱大昕

钱大昕（1728—1804），字晓征，一字辛楣，号竹汀。清嘉定人。乾隆十九年（1754）进士，擢翰林院侍讲学士。力倡治史，既博且精，对转变一时学术趋向影响甚大。著有《潜研堂丛书》。

夏烈女传

烈女夏氏，吴县廪贡牛开穹之孙，儒士沂之女，世居太湖滨之金墅镇。幼有至性，父母甚爱之，许字长洲王本石。未昏而本石夭，烈女闻之，即不饮食，母令之食，以不饥对。母察其举动如常时，弗之防也。其夜母已就寝，烈女易衣裳，缝纫上下连属讫，搴母帐视之，母问：儿何不睡，曰：欲再看吾母耳。又至弟妹所，泣下若将别者，归至房自经，家人莫之知也。诘旦，户未启，母呼之不应，排闼视之，大骇。比敛，颜色如生，衣领间微露红纸，出之，则王氏聘帖也。时乾隆十四年四月廿六日，年二十有六。又六年，本石兄衣言迎其柩合葬乌龙山之南麓。癸丑秋，顾子礼璜为予述其事，去烈女之殁四十余年矣。

论曰：女子之义，从一而终，女而未嫁，圣人固不以从一之义责之也。而或终其身不肯字，甚且甘以身殉，彼其诚一之至视死如归，务求乎心之所安，是亦巾帼中之夷齐矣。夫孝与节一也，女之孝者，莫烈于曹娥、先络，是两女者，岂非可以无死者哉。君子不强人以所难，而尤乐道人之善，此予所以贤烈女而乐为之传也。

（《潜研堂文集》卷四十）

李根源

李根源（1879—1965），字印泉，一字养溪、雪生，别署高黎贡山人。云南腾冲人。为同盟会元老，在云南响应辛亥革命，后曾任北京政府农商部总长、代总理。曾寓居苏州多年，留心地方文献，经过实地探访，著有《吴郡西山访古记》《洞庭山金石》等。

吴郡西山访古记（节选）

（民国十五年四月）十六日（二十七日）晨晴，午后二时大雨。

豫定游阳山东北麓箭缺山、东灵济庙，访王节愍、徐文靖墓。

通安桥镇后有圌山，俗名如山。上午七时，经城隍庙，有《长洲县禁碑》二：一、乾隆十二年；二、道光四年。又道光元年曌西城隍庙铁炉。登如山，山顶平可数亩。过大石坞，访宋滕章敏公（元发）、王节愍公（伦）、明太仆寺卿顾公（存仁）墓，不得。节愍使金，大节过于苏武。其子之孝，较黄向坚尤难能。其丘墓竟湮没，可慨也。章敏，《宋史》有传，墓铭东坡著（余原籍益都云门山有公题名摩岩，余曾拓藏之）。存仁，苓曾祖也。云泉庵路右有顾氏墓，是否顾太仆墓？无碑字，不敢定。登长坂，多杨梅树，味美过于邓尉产。达云泉庵，庵卑陋残破，有康熙二十二年三月龙明南造钟一。后石梁横架两岩间，刻

“仙桥”二大字。登仙桥，达玉皇阁，方广不及一丈。嵌壁碑三：一、成化十四年十二月十六日，吴兴张渊子静、松陵史鉴明古、长洲李甡应桢、吴宽原博、颍川陈瑄廷璧入云泉庵，观大士石联句，弘治元年三月，邑人张浩书，僧智韬刻石，计四十一韵（王文恪与唐子畏有登阳山大石联句，亦是此宋韵四十一韵，王、唐步吴、李韵耶？吴、李步王、唐韵耶？未注明，待考。王、唐诗未刻石，可惜）。二、《巡视民隐过云泉寺诗刻》，弘治九年春月，中山李浒宗汉书，下镌山图；三、正德六年，监察御史广信谢琛诗刻。三世佛殿已毁。旁摩岩“夕照岩”三大字，尤弘彝题（侧刻小字数行，“吴门尹陆锡”等字隐约可见）。登观音阁，阁圮，佛身埋土中，仅露佛头。至石龙亭，亭毁，人造石龙横卧群石上。南下有“仙枰［砰］”二字摩岩，明崇祯十六年三月，河南王铎书。袁枢题吴颖芝先生旧题曰“大块文章”，余为书之，付僧摩岩。

西行观戈氏墓，有坊三标四，石马、石羝、石虎各六，大池、碑一：《清赠通议大夫候选知府东原戈公墓志铭》，乾隆十八年十二月，协办大学士梁诗正撰，礼部尚书嵇璜篆额，礼部侍郎许王猷书丹。茔山广二百亩，大圹也。旁王一亭墓（咸丰六年）。至宋氏墓（有前明万历戊午科举人八世祖圣简公墓、鹍仲公墓、叔明公墓等碣）。经吴氏墓，上下两大冢，旁建丙舍，旗竿夹石二。至壁虎科村，有江大圹产荡竹（池边青石一方，字隐隐可见，旧碑也）。

过金芝岭，有亭（嘉庆辛酉建）。联刻：“路转峰回多境界，南来北往足盘桓。”岭上青峰庵，明昆山朱恭靖公（希周）读书处也。殿悬木榜二：一、“云通灵鹫”，乾隆己酉李本立书；二、“福祐斯民”，道光己亥张琢成书。南行米丹山下，有金氏墓坊（嘉庆甲戌十一月建），达白龙山，又名白鹤山，有古墓一，坊二：一圮，一无字（左距数丈有咸丰六年钱锡熹墓），至文星阁，阁毁基存，高约三丈。旁大古冢一，旗竿夹石四，巨池一。宋尚书右丞相华亭朱谔墓，竟无迹可求。入灵济庙（旁古澄照寺遗址，晋丁令威宅也）。祀龙母及白龙。存宋碑五：一、《吴郡阳山灵济庙碑》，绍兴癸丑三月，胡伟撰，詹焆书，吕彦通刊。二、《平江府阳山显济新庙记》，绍定壬辰夏五月，漫堂叟刘宰撰。三、《加封龙母为庆善荐福慈惠灵佑夫人告敕》一道，绍定六年正月十六日（钤尚书吏部之印）。署名者：少师右丞相鲁国公弥远，知枢密院事参知政事清之，兼给事中泽、兼权舍人院铸等。四、上层刻“加封白龙为忠烈公告敕”，下层刻“加封白龙妻为顺懿显应夫人告敕”（年月、钤印、署名与龙母敕同）。五、第一层刻“加封白龙第一子为嗣灵协顺侯告敕”，第二层刻“加封白龙第二子为嗣惠协济侯告敕”，第三层刻“加封白龙第三子为嗣泽协佑侯告敕”，第四层刻“加封白龙第四子为嗣烈协应侯告敕”，（年月、钤印、署名与龙母敕同。）三石共刻七敕，敕字行书，极流畅之致。史弥远、郑清之等佥名，各具姿态。宋代敕书程式备见，是可重也。元刻三：一、上层刻“江西省等处行中书省钧旨”一道（大德二年八月十五日）；中层刻“田粮单册”（大德二年八月日）；下层刻“长洲县榜示皇帝圣旨”（大德四年二月日）。二、《重修阳山白龙祠记》，大德己亥三月十八日，前进士郡人胡应青记，平江路儒学教授杜光起书，江东建康道肃政廉访副使陆垕篆额。三、平江路总管内劝农事道童祈雨文并大书题记（后至元二年丙子四月）。明石七：一、东安杨贡祭白龙登澄照寺五律诗刻（天顺戊午仲春）；二、湖南欧阳暄诗刻（五律一首、七绝一首）；三、道南赵旸诗刻（成化三年秋八月）；四、《重修阳山白龙神庙记》，弘治庚戌翰林侍读吴宽撰，陕西按察司副使刘翰书，礼部主事杨循吉篆额，苏州府知府孟俊等立；五、《重修灵济庙记》，河南按察司副使郡人陈鎏记并书篆，苏州府知府徐节等建；六、《重修白龙母庙纪事》，万历十一年六月十二日，郡人周天球撰；七、周天球书《功德碑》二石（举人钱士元、浙江按察副使袁祖庚、刑部尚书钱邦彦、兵部尚书凌云翼、刑部郎中钱有威、贵州布政司参议杜诗等，万历十二年甲申三月）。清碑一：《重修阳山灵济庙记》，同治十二年，江苏巡抚合肥张树声撰书。吴郡碑刻，府学、虎丘、林屋为最，次当推此。木榜四：清德宗二、张树声一、张之万一，庙中停柩数十，蝇蚋血水遍地，恶臭不可向迩。故事苏地不雨，必于是焉祈祷。今连年苦旱，虽不尽由于此，然地方名迹，以时清除，则有司存，不得谓非人事不修矣。寺僧广度，年七十，苏州姚氏子，知书，云寺中香火，前清由巡抚署年给银四十八两，今分厘未获，寺僧饘粥无所从出。池中仆篆书“灵济神庙四年加封”碑额一方。庙西南为封村大王庙。将至山城湾（北距约百余丈）有大墓，凡冢三，中一洞穿露棺，前石马二、石羝二、石虎二、石标二、大池一，询土人是坟姓氏，无一肯告。一再询之，有邵姓者强应曰：“姓蒋抑姓姜？记不实。数十年前其子孙自山东来，乡人不通其言语，一祭即去，至今无人来。余不之知。”余以地望、坟制断之，似为蒋公恭棐之墓，蒋公葬二都福字圩，山城湾，二都地也。抑为莱阳姜氏祖墓？无碑字可考，仍阙疑。南去百余丈山城湾村后（大路西约数丈）。箭缺峰文殊寺下古墓一，坟圈已无，石马二立，石羝、石虎埋桑园土中（右后为张承志堂界、曹师哲界）。再后约二十丈，又一大墓，石马、石羝、石虎各二，坊二已圮，桥三、池一（右为恒善堂褚界，登箭缺山大道也）。两坟坟围及碑石、碑座、坊头等，多被山城湾南头第一户凿碎砌墙。又第二户门前砌路砖数百方，皆宋元前物，是必自古冢中掘出者。土人云：两坟均姓徐，久无子孙来，是为明徐文靖公（汧）考赠翰林院检讨（铨）墓及文靖次子（柯）附墓，再后之坟为文靖墓，俟斋先生营建也。道光乙巳，苏州府知府桂超万重修。今坟围桥路犹有重修迹象。汧当清兵陷苏时，具衣冠殉于虎丘新塘桥下（其地余拟请颖芝先生书“明徐文靖公殉节处”八字，刻石彰之）。鲁王建国，赠太子太保、礼部尚书，谥文靖，《冯志》称忠节，乃清谥。汧，明臣，死明难，从明谥，正也。文靖凛凛大节，自宜馨香百世。今其丘墓荒残，无人过问，诚令人想念桂太守不置也。

天大雨，避村中四小时。稍霁，不能登箭缺，由白墡岭归。经京堂吴界。界下为朱氏墓（建一尺青石碑，刻“父朱会文、兄朱汉卿墓，丙子七月，男汉臣立”）。上为吴蔚老祖墓，碑题“上土穴庶母生圹碑，庚午十月少峰记”。左右两岩，青石嶙峋，下成巨池，产白泥。凡青石燃烧至最高度，成石灰，此殆受地中热力变白垩耳。吴西山惟洞庭产青石，余皆黄白石。近有人觊觎开采（可为瓷器原料）。焦山、金山、高景已开凿破碎，无可补救。此山踵而行之，不免太杀风景。余当告地方有司，严禁之（左坑石上刻“陆界”二大字）。入白墡岭官道，逾岭有燕来堂王界。达白墡坞乐善堂韩界、百忍堂张界，东村人正伐古冢，出石如山积。余劝止不纳。适有村人从穹窿打醮归者，余曰：“君等非崇信神鬼者耶？冢中人神也鬼也，君等如是，得不畏神鬼之谴责耶？”村人目笑。存之问其姓名，亦不答，亦足见乡人视此为寻常事久矣。沿旧道至清文林郎云南府通判周公墓，坊阴题“宫詹世泽，康熙丁酉清和月，愚弟彝书”。

归通安桥，晚间闻乡人云：“今晨来湖盗数十，劫西华，尚须抢东渚云云。”太湖盗匪，据余所知，有河南、巢湖、江北、安徽诸帮，以河南、巢湖两帮为最凶悍，迭出巨案，多属此两帮匪为之。近乡中富绅悉迁城中，乡居农民绝无自卫力，惟以一穷字与匪相拚。故余尝谓城中兵多、警多、富绅多，乡间则匪多、赌多、鸦片烟多，有地方责者不可不知之。

十七日（二十八日）　阴雨

豫定游青涧、凤皇山、管山、鸡笼山，访陆丞相、王文靖、吴尚书墓。

是日为余四十八岁生辰。民国乙卯九月，先考见背，余方亡命日本，家人不以告。次春闻信，方声讨帝制，组织肇庆军务院，羁牵国事，不能奔丧。誓终身逢此日茹蔬不称庆，以赎不孝之罪于万一。今次出游，避客则得矣，未能侍老母承欢笑，亦大憾事。

上午八时，经宝庆堂吴界，逾石狗岭，入青涧，至珠环山，俗名青涧，西即鸡笼山之北面，有候选道三峰汪公墓，池一，标、石狮、石马、石瓶各二，碑刻乾隆二十三年、嘉庆九年汪和诰封文，阴镌圹山图。墓旁村户杂仆明碑座、志石及无字碑多件。过青涧，东至清封儒林郎苍筠陆公墓（乾隆五十五年二月立石）。墓左四尺碑无字，前碑亭已圮，碑断为三，字泐，额存隶书“凤皇山纯孝先生墓”。后为吴氏新墓。前左大古冢一，尚遗圹圈青石三方。至问心庵，壁嵌《重建伏象山问心庵记》（咸丰五年六月书条一石）。停柩屋中，存诗刻残书条一石（有“三月新霁，同刘幼功、吴观侯游支硎山”等字，明末清初刻也）。又康熙二十四年腊月，陈公墓道、何公墓道，共二石。寺左金氏墓。至凤皇山无锡秦氏墓，坊题“孝友传家”（乾隆二十三年四月，中钤乾隆玺印）。有石羝、石虎、石马。秦墓右有巨墓，凡四冢，围广约二十丈，已被掘洞穿者二，石椁外露。前距数丈又一巨冢，围已掘去，制作与上同，一姓古冢也，前倒青石坊柱，古井甚深，昔祠基也。秦墓左田边倾石羝一，半埋土中，石砌断续，墓道长可数十丈，侧卧石虎二、石羝一、坊头二，青石凌乱，随处皆是。有大坟一，围石挖尽。又坟三，被掘，掩棺石反仆坑上。再左为凤皇左坞，墙基周约五六十丈，翁仲二、石羝一，均仆。坊一，圮。龟趺一，坟存，围石掘尽。前左王、张、周三姓新建坟，周姓坟围后遗青石坊柱，余以三处大坟姓氏询土人，无敢应者，群现惊惶状。余温谕之，终不肯言。惟云：“长远无人来，姓氏均不知。”余谓：“既有此三处大坟在汝等村后，前问汝等，均曰除秦墓外，他无所有，此何故耶?”一妇人曰：“自吴荫培来后，众相传告，凡来寻坟，不可轻指，指则必罚云云。”凶狠之状，较花园山、九龙坞、官山坞村人尤有过之。有地方责者，置而不问，其奚可？余意秦墓右之墓，或即明王文靖公（璲）及弟翰林院侍讲（琎）墓，璲以元进士官于明，茔葬在洪武朝，风气朴古，故无翁仲、石马。秦墓左之墓，或为明监察御史练公（则成）及子赠御史（哲）、孙御史（纲）墓。再左，或为清吏部尚书吴公（一蜚）墓。吴墓，谕祭葬也，然余终未敢确定。能得地方官拘传守冢人，从严审讯，当自得其实。近代名墓尚如此，吴右丞相陆凯墓，究从何访耶?

逾茶陀岭，达姚家墩，凤皇山东面也。过颍州吉壤坊（嘉庆十三年三月立），达管山，又名嶬山，田间有郁承忍堂新墓。至北阴三法司庙，有乾隆二十年屠玉国造圆石炉座、嘉庆二年碑、道光四年碑、木榜二：一、冰监堂（庚寅长夏，姚孟起书）；二、赏善罚恶（康熙二年三月联，翰林院庶吉士王亦曾撰）。爱棠书院久圮，址存。右东岳庙，后为旧庙基，周六七十丈，大建筑遗迹犹存。登管山，山尽奇石，峥嶙可爱。山畔有玉皇殿，甚陋。左侧摩岩“管山”二大字，大明嘉靖壬寅五月，中州柳川□，在山道士吴元奎立。再上，又广三尺，高四尺，摩岩一方（似诗刻，有“重阳”等字）。款署“柳川题”。登绝顶，箕坐毡茵，东畝平畴，炊烟万井，村树阴浓，新秧漾碧，眺览久之，心神交鬯。

下山访宋翟茂实夫妇墓，其墓志吴颖芝先生曾拓赠一纸，题曰“《宋故夫人李氏墓铭》，绍定元年七月二十一日，门下客孙光国撰”，先生并告余曰：“友人朱鸿逵营墓管山，购石得此志，终寻获原墓，重封表之。”先生并添立墓碣云云。余遍询土人，无告之者。遂沿管山北麓行，至花塘坞，凤皇山顶北面也，葬李氏墓，无碑，墓柱刻“何人采得长生草，自古终归不老山”，冢中人自撰语，可谓达观。彼争权攘地，杀人盈野，至死而不悔者，究何为也耶？达萧家巷，复入青涧渡鸭毛岭，沿鸡笼山西麓归通安桥宿。阳山北面连续诸山游观毕矣。

十八日（二十九日）　晴

豫定游阳山西南麓及西南诸独立小山、西白龙寺、昭明寺，访郑尚书起潜、郑虎臣、朱柏庐先生墓。

上午七时，自通安桥沿如山麓南行，经顾氏墓道，至元头巷，有慈来庵（乾隆壬辰杏月建），度桥，桥石古青石大碑也，字泐。过陈氏墓道坊（道光四年建），标二圮。经吴氏墓，至严家弄老虎墩，有古墓，圈毁；坊二圮；石虎、石羝、石马各二；碑二：一仆一无字。侧有嘉道间造墓一，询土人：“坟为何姓？”均答不知，其户部尚书临淮郁公（新）墓与？郁公官永乐朝，理邦赋十余载，密而不刻，朝野称贤。志载其墓在阳山西麓，疑即此，未敢定也。

过青山嘴，有童氏墓、凌氏墓。达枣浜张家坞，中有施墓，标二，大池一，坊三：一圮，一题“青山吏隐”（嘉靖壬戌二月吉旦），一题“碧峰云憩”，坟圈约五六丈，极精，中葬三冢。

过晚香堂界，入西白龙坞，沿山麓行，山多大池，古冢不少，掘伐形迹亦随在而见。至白龙寺香花桥，桥坊圮，旁有朱南樵墓，左立《朱氏祖茔永禁不许续葬碑》（乾隆三十二年九月），上有大古冢一、旗竿夹石二、坊一圮。路右为戈氏墓，坊二、大池、石羝、石虎、石马各二。求宋会稽县尉郑虎臣墓，终不获。虎臣即押配贾似道，拉其胸杀之于漳州木棉庵以复父仇者，吴中奇士也。至西白龙禅寺，有古柏一株，老干森虬，其志载之晋柏耶？不可知矣。存宋碑二：一、《准平江府赵发拨田碑》（字九行，嘉熙四年五月）。二、《重建阳山西白龙庙记》，朝散郎主管成都府玉局观李起撰，朝议大夫主管台州崇道观王炎书，朝请大夫郑羽题盖，宝祐改元，岁昭阳赤奋若，承直郎差充江南东路转运司干办公事高彦博立石。明刻六：一、《白龙霖雨记》并图（凡二石），记万历甲辰八月，周时臣撰，薛明益书；图万历乙巳七月，周时臣、李达合绘。二、《阳山龙母灵异行实》，万历三十三年乙巳中秋，陈地述。三、《司农王公霖雨亭记》（王之都），万历三十三年菊月，京闱乡贡进士伊应镗撰，顾赤书。四、《感澍亭记》，万历乙巳重阳日，前上饶令吴县李鸿渐撰，长洲杜大受书。五、施衡诗刻（司徒王公祷雨辄应，喜而漫赋）。六、《龙柏亭记》，万历三十三年，太原王穉登撰，长洲杜大受书，郡人陆士仁篆额。清刻五：一、《重修阳山白龙寺碑》，乾隆二十六年九月，翰林院编修缪曰芑记；二、《龙母神道碑》，乾隆四十年孟冬，江苏巡抚萨载撰；三、僧永澄置田碑（道光十年十一月）；四、《重修白龙寺韦驮殿山门记》，道光十六年望月，僧永定撰；五、无年月碑二：一阳山唱和诗二石（曾孙苏缙跋刻），二御前大臣碑。木榜六：一、“光涵尘刹”（太子少师江苏巡抚慕天颜题，为已发大和尚立，康熙十七年岁次戊午嘉平，娄东八十八翁王时敏书）。二、“昙花现瑞”（康熙二十五年丙寅清和月，南昀彭定求题并书。白龙大殿，为已发和尚创建之也。丈六金身，规模宏敞，俨然阳山首刹。浩大巨功，永注不朽云云）。三、“天龙拥护”（题阳山白龙寺，裕亲王）。四、“重振宗风”（书为师韶和尚，兰陵缪曰藻）。五、“闻喜声”（乾隆壬子，枫江徐福椿题）。六、“瞻奇仰异”（道光五年杏月，为假庵老和尚法鉴，芝轩潘世恩）。又砖刻“潜龙”二字，康熙四十六年，照智立。炉三（一、雍正十二年程继昌造；二、乾隆四十年陆东明造；三、道光十一年永澄妙灿造）；磬一（道光八年）；钟二（道光八年、道光十五年）。龙母殿后巨冢，碑题“龙母神墓”，明苏州府知府况钟建。墓前井三，水清冽。井上殿宇新坍未修，殊可惜。

出寺，遍访秦余山人岳东伯（岱）阳山草堂遗迹不得。东伯，嘉靖时人，著《阳山志》者也。《阳山志》见《峭帆楼丛书》。经蒋行浜大寺巷，有松林古刹，僧海修建，壁砌灿然昂禅师残碣三石。至曹巷忠安王庙，额题“无私三吴”，嘉庆丁丑，翰林院修撰吴信中书。

山麓苍蒲泉，泉自山穴中出，清芬可口，吴荫培题石建池旁。泉东北山半，有明参将程孟雄墓。孟雄，安徽休宁人，明亡，隐二图镇，殁葬于此。乡人又云：“程墓左近有鲁肃墓。”究在何处？不能实指。泉南古净明寺门砖额曰“日长山静”（嘉庆庚午建），井栏刻“大慈”二字。余曾出重资求朱柏庐先生（用纯）墓，乡民周龙福者，于深草中揭出墓碣一方，题曰“别驾朱公墓”，此明指挥佥事朱质墓也。旁尚有数冢，志载质墓附葬子希范、希阳、希虞。范志，朱希周撰；阳志，王执礼撰；虞志，王锡爵撰；表，申时行撰，名墓也，应护持之（见《观复堂稿》）。

西行阳抱山，访柏庐先生墓。北麓新葬姚梅溪墓。西南有太学梯庵任公墓、启宇任公墓、教谕朱公之墓、太学道川朱公墓、庠生与升朱公墓（婿顾恕孝、孙弘业立）、睢阳后裔朱公墓（大明万历丁亥岁仲春吉旦，曾孙应麟立），又有元征东行省儒学提举朱公德润墓，吴荫培题碣。德润，即与倪云林叠成狮子林假山者也。此墓颖芝先生告余曰：“旁为吴陆绩墓。”然朱墓建碑而陆墓尚付阙如，其犹有疑义耶？仁德堂钟墓界内有青石羝二、虎二，狼籍于地，此必为朱氏祖墓基地（以发先生《祭阳抱山墓文》注云：十世祖，秘书检阅文字府君；九世祖，长洲县儒学教谕府君；八世祖，镇东儒学提举国史院编修府君；七世祖，中书舍人前户科给事中翰林院侍书府君；六世祖，尚志先生府君；五世祖，赠通议大夫南京吏部右侍郎府君；高伯祖，赠通议大夫南京吏部右侍郎前御史府君。余按：十世讳应得，九世讳琼，七世讳吉，六世讳永安，五世讳夏、讳文，今惟琼德润墓存，余则无从指证，悲夫）。过蒋氏墓庐，额题：“清赠荣禄大夫兵部右侍郎佚圃蒋公暨配赠一品夫人沈太夫人墓祠，八世孙炳章敬书。”再进为“阳抱草堂”，查昇书，后堂祀佚圃先生栗主。庐后墓坊（中左圮，右存），有石羝、石虎、石马、青石坟围，围后丈余有古冢，乡人云吴鲁肃墓，子敬冢抑何多耶？待考。寻柏庐先生墓，终不得。此山掘伐之冢甚多，柏庐先生如在被掘之数，天道难论矣。又明国子祭酒昆山魏公校、山东巡按吴江盛公昶，亦葬阳抱山中，询土人，无知之者。

至二图镇，过万安桥、唐家圩桥（砌桥青石坊柱二）。至道君先王庙，沿锦山东麓行，访宋兵部尚书郑公（起潜）及其考奉议郎（时发）墓，遂至昭明寺。寺面穹窿，殿悬“锦峰堂”额，僧亮鑒书，门右砌《助理役田碑记》，万历丁未三月，邑人石汝砺撰。询昭明读书台，僧不知。理宗御书“锦峰”二字刻石亦不知，又问虞集碑何在？亦云不知。遍寻寺内外，于乱砖堆中得虞碑，搬去砖土，洗刷视之，字精湛完美，虽断为二截，尚无碍也，题曰“昭明寺记”，翰林待制儒林郎兼国史院编修官虞集为文，翰林侍读学士大中大夫知制诰同修国史李源道书，集贤直学士奉□大夫邓文源篆额，至治二年十二月甲子，□持沙门妙柏大师一真建，庭植罗汉松一株，大数围。寺后多文石，旧基至广，今之殿宇卑陋极矣。寺中香火人知郑尚书墓，导之往，在锦峰东麓，确为宋代古墓（前右及后左二冢，前古杨梅一株，右大石向阳山耙石岭），当告保墓会立碣表之。遥见贞山西北玉屏山半有庙。北麓有芙蓉庵。山下有伊氏、蒋氏坟，皆名墓。

至小茅山真君殿，有康熙二十六年朱珩海造炉一、俞君玉造炉一，康熙甲午朱云仲造钟一。志载明礼部侍郎周诏墓在小茅山觉海庵，询道士、村人，无知者。逾龙山，经研溪，经学惠公（周惕），别号研溪，即本于此。欲赴东渚访惠氏两经师墓，并至西华，游秀峰寺，畏湖盗，不敢往。折过龙潭桥，登彭山顶，顶平，下临彭山崦。东渚、西华、姚冈距此不远。

至恩顾山六十三人墓，面灵岩（同治壬戌立碣）。下为城隍庙，上为祖师殿，古名集庆庵，有嘉庆十二年三月《胡布政因善推善碑》。沿山巅行，自北下至平王山，顶有刘王庙，新建钟炉，皆光宣间物。下山经来凤桥，登元山顶，下至顾山泾。小舟来迎，东南行，泊阳抱山下同善桥宿。时七时矣。

阳山东独立小山有十：曰甑山、曰小蜀山、曰徐侯山、曰白豸山、曰如山、曰元山、曰平王山、曰恩顾山、曰彭山、曰阳抱山，星罗棋布，今皆跻其巅，快何如之。锦山乃自玉遮北来，出小茅，伏龙结阳抱，崛起阳山，其迹至显著也。

（《吴郡西山访古记》卷三）

征引书目

《石湖居士诗集》，［宋］范成大撰，清文渊阁四库全书本

《金文靖集》，［明］金幼孜撰，清文渊阁四库全书本

《吴都文粹续集》，［明］钱穀撰，清文渊阁四库全书本

《石田先生诗钞》，［明］沈周撰，明崇祯十七年瞿式耜刻本

《石田稿》，［明］沈周撰，稿本影印本

《震泽集》，［明］王鏊撰，清文渊阁四库全书本

《松筹堂集》，［明］杨循吉撰，清金氏文瑞楼钞本

《祝氏集略》，［明］祝允明撰，明嘉靖刻本

《矫亭存稿》，［明］方鹏撰，明嘉靖十四年刻十八年续刻本

《改亭存稿》，［明］方凤撰，明崇祯刻本

《少谷集》，［明］郑善夫撰，清文渊阁四库全书本

《今雨瑶华》，［明］岳岱撰，清宣统三年国学扶轮社铅印本

《静观堂集》，［明］顾潜撰，清玉峰雍里顾氏六世诗文集本

《鸟鼠山人小集》，［明］胡缵宗撰，明嘉靖刻本

《皇甫司勋集》，［明］皇甫汸撰，清文渊阁四库全书本

《玩鹿亭稿》，［明］万表撰，明万历万邦孚刻本

《皇甫少玄集》，［明］皇甫涍撰，清文渊阁四库全书本

《隆池山樵诗集》，［明］彭年撰，明刻本

《震川集》，［明］归有光撰，四部丛刊景清康熙本

《瞿文懿公集》，［明］瞿景淳撰，明万历瞿汝稷刻本

《疣赘录》，［明］顾梦圭撰，清雍正七年顾怀劬刻本

《仲蔚集》，［明］俞允文撰，明万历十年程善定刻本

《沧溟集》，［明］李攀龙撰，清文渊阁四库全书补配清文津阁四库全书本

《童子鸣集》，［明］童佩撰，明万历梁溪谈氏天籁堂刻本

《王百穀集十九种》，［明］王穉登撰，明刻本

《松圆浪淘集》，［明］程嘉燧撰，明崇祯谢三宾刻清康熙三十三年陆廷灿补修《嘉定四先生集》本

《无梦园初集》，［明］陈仁锡撰，明崇祯六年刻本

《无梦园遗集》，［明］陈仁锡撰，明崇祯八年刻本

《吴都法乘》，［明］周永年撰，清初抄本

《妙远堂全集》，［明］马之骏撰，明天启七年刻本

《寸碧堂诗集》，［明］汪膺撰，《钝翁类稿》附录本

《敬亭集》，［明］姜埰撰，清康熙刻本

《望古斋集》，［清］李继白撰，清顺治刻本

《牧斋初学集》，［清］钱谦益辑，《四部丛刊》景明崇祯本

《介轩存稿》，［清］程邑撰，清顺治十五年刻本

《山游诗》，［清］归庄撰，清康熙刻本

《寄庵诗存》，［清］韩洽撰，清道光二十年刻本

《百城烟水》，［清］徐崧、张大纯纂辑，清康熙二十九年张大纯影翠轩刻本

《艮斋倦稿》，［清］尤侗撰，清康熙刻本

《采风类记》，［清］张大纯纂辑，清康熙四十九年张霖庆藻堂刻本

《居易堂集》，［清］徐枋撰，清康熙刻本

《中山集诗钞》，［清］郝浴撰，清康熙刻本。

《尧峰文钞》，［清］汪琬撰，四部丛刊景林佶写刻本

《一老庵遗稿》，［清］徐柯撰，民国《辛巳丛编》本

《憺园文集》，［清］徐乾学撰，清康熙刻冠山堂印本

《带经堂集》，［清］王士禛撰，清康熙五十年程哲七略书堂刻本

《芦中集》，［清］王摅撰，民国五年钱耀伊钞本

《南州草堂集》，［清］徐釚撰，清康熙三十四年刻本

《菁庵遗稿》，［清］汪筠撰，《钝翁类稿》附录本

《南畇诗稿》，［清］彭定求撰，清康熙刻本

《阳山诗集》，［清］陈炳撰，清雍正九年陈氏刻本
《蓄斋集》，［清］黄中坚撰，清康熙刻本
《秀野草堂诗集》，［清］顾嗣立撰，清道光二十八年刻本
《乙未亭诗集》，［清］徐昂发撰，清康熙徐氏刻本
《归愚诗钞》，［清］沈德潜撰，清刻本
《穆堂类稿》，［清］李绂撰，清道光十一年奉国堂刻本
《白松草堂诗钞》，［清］朱玉蛟撰，清乾隆刻本
《野客斋诗集》，［清］毛曙撰，清乾隆二十二年敦厚堂刻本
《潜研堂文集》，［清］钱大昕撰，清嘉庆十一年刻本
《灵岩山人诗集》，［清］毕沅撰，清嘉庆四年经训堂刻本
《陶山诗录》，［清］唐仲冕撰，清嘉庆十六年刻道光增修本
《月满楼诗文集》，［清］顾宗泰撰，清嘉庆八年刻本
《浒墅关志》，［清］凌寿祺撰，清道光七年刻本
《吴趋访古录》，［清］姚承绪撰，清道光十九年刻本
《适园丛稿》，［清］袁学澜撰，清同治十一年香堂溪草堂刻本
《半行庵诗存稿》，［清］贝青乔撰，清同治五年叶廷琯等刻本
《带耕堂遗诗》，［清］蒯德模撰，民国十八年刻蒯氏家集本
《晚晴簃诗汇》，徐世昌辑，民国间退耕堂刻本
《吴郡西山访古记》，李根源撰，民国十五年上海泰东书局铅印本
《吴门竹枝词》，范广宪撰，抄本